MARTIN VAN CREVELD

Kampfkraft

ARES VERLAG

Martin van Creveld

KAMPF-
KRAFT

Militärische Organisation und Leistung der deutschen und amerikanischen Armee 1939–1945

6. Auflage

ARES VERLAG

Umschlaggestaltung: DSR – Digitalstudio Rypka, Dobl / Markus Österreicher

Aus dem amerikanischen Englisch übertragen von Tilla Stumpf (Hauptteil) und Nils Wegner (Vorwort 2020)

Bibliografische Information der Deutschen Nationalbibliothek
Die Deutsche Nationalbibliothek verzeichnet diese Publikation in der Deutschen Nationalbibliografie; detaillierte bibliografische Daten sind im Internet unter http://dnb.d-nb.de abrufbar.

Auf Wunsch senden wir Ihnen gerne kostenlos unser Verlagsverzeichnis zu:
Ares Verlag GmbH
Hofgasse 5/Postfach 438
A-8011 Graz
Tel.: +43 (0)316/82 16 36
Fax: +43 (0)316/83 56 12
E-Mail: ares-verlag@ares-verlag.com
www.ares-verlag.com

Hinweis:
Dieses Buch wurde auf chlorfrei gebleichtem, unter den Richtlinien von ISO 9001 hergestelltem Papier gedruckt. Die zum Schutz vor Verschmutzung verwendete Einschweißfolie ist aus Polyethylen chlor- und schwefelfrei hergestellt. Diese umweltfreundliche Folie verhält sich grundwasserneutral, ist voll recyclingfähig und verbrennt in Müllverbrennungsanlagen völlig ungiftig.

ISBN 978-3-99081-068-2

Layout: Ecotext Verlag, Mag. G. Schneeweiß-Arnoldstein, A-1010 Wien
Druck und Bindung: Livonia Print Ltd., Lettland

Inhaltsverzeichnis

Vorwort zur deutschen Ausgabe 2020

Dieses Buch wurde in den Jahren 1979/80 geschrieben. Ich erinnere mich noch gut an die Wochen und Monate, die ich damals als junger und unbekannter Forscher in Freiburg im Breisgau verbrachte, vor allem im Militärgeschichtlichen Forschungsamt (MGFA) und im Bundesarchiv-Militärarchiv (BArch-MA). Durch die Fenster des letzteren konnte ich französische Soldaten beim Exerzieren beobachten. Zu jener Zeit glaubte man allgemein noch daran, daß der nächste Krieg ganz ähnlich wie der Zweite Weltkrieg ablaufen werde. Das heißt, als ein gigantischer Kampf zwischen zwei gigantischen bewaffneten Mächten, oder besser: zwischen zwei gigantischen Bündnissen bewaffneter Mächte. Jedes davon mit weit über einer Million sofort kampfbereiter Soldaten. Jedes davon mit Boden-, Luft- und Seestreitkräften. Jedes davon ausgerüstet mit den mächtigsten modernen Waffen, von Panzern über Flugzeugträger und Unterseeboote bis hin zu Jagdflugzeugen und Bombern und Raketen aller Arten und Größen. Das eine Bündnis, mit der Farbe Rot versehen und als sehr, sehr böse bekannt, würde von Osten her angreifen. Das andere Bündnis, mit der Farbe Blau versehen und als sehr, sehr lieblich und herzensgut bekannt, würde sich bemühen, im Westen abzuwehren. Sie würden hierhin oder dorthin manövrieren, hier und da eine Schlacht schlagen, vorstoßen oder sich zurückziehen, Siege erringen und Niederlagen erleiden. Wenn sich der Staub gelegt haben würde, dann wäre der Preis für den Sieger kein geringerer als Deutschland – vorausgesetzt, es bliebe überhaupt etwas davon übrig.

Gott sei Dank ist es nicht dazu gekommen. Statt dessen begann die groß angelegte konventionelle Kriegführung, in sich zusammenzuschrumpfen und zu verschwinden, wie ich in meinem erstmals 1991 erschienenen Buch *The Transformation of War* vorhergesagt hatte. Tatsächlich hatte dieser Schrumpfungsprozeß schon eine ganze Weile früher begonnen; die meisten Menschen wollten es bloß nicht wahrhaben. Der bei weitem wichtigste, eigentlich beinahe der einzige Grund für diese Wandlung waren die drohenden Atomwaffen, von denen zur damaligen Zeit die USA angeblich über 30.000 und die Sowjetunion angeblich über 20.000 verfügen sollten. Mehr als genug, um die ganze Welt viele Male in die Luft zu jagen. Im Schatten einer solchen Bedrohung wirkte jede Art konventioneller Kriegführung mehr und mehr unbedeutend, ja sogar albern.

Ich will damit nicht sagen, daß der Krieg an sich begonnen hätte, zu verschwinden, oder daß er jemals verschwinden wird. Was ich meine, ist, daß er sich verändert hat und sich auch weiterhin verändern wird. Von groß hin zu klein. Von zwischenstaatlich hin zu innerstaatlich. Vom Krieg auf Grundlage einer Arbeitsteilung zwischen einer herrschenden Regierung, einer kämpfenden und sterbenden Streitmacht und einer zahlenden und leidenden Zivilbevölkerung hin zu einer Art von Krieg, in dem alle drei Elemente fast ununterscheidbar miteinander vermischt sind. Von hoher Intensität hin zu niedriger Intensität. Die Gestalt des Krieges verändert sich, doch seine grundlegenden Prinzipien bleiben die gleichen und sind es schon immer gewesen.

Das vorliegende Buch wurde nicht in der Absicht verfaßt, die grundlegenden Prinzipien des Krieges zu ergründen. Die können Sie in meinem Werk *More on War* von 2017 nachlesen. *Kampfkraft* unternimmt vielmehr den Versuch, anhand eines Vergleiches zwischen Wehrmacht und US-Armee 1941–1945 die Grundsätze der effektiven Verwaltung und Führung militärischer Stärke in Kriegszeiten herauszuarbeiten, einschließlich der Bereiche „Militär und Gesellschaft“, „Kriegslehre und Kriegsbild“, „Führungsprinzipien“, „Heeresorganisation“ und etlicher anderer. Die zugrunde liegende Annahme ist, daß sich weder das Wesen des Mannes – bitte verzeihen Sie die Nichtbeachtung, meine Damen! – noch das Wesen des Krieges ändert. Daraus folgt, daß die besagten Grundsätze heute genauso bedeutsam sind, wie sie immer schon waren.

Zuletzt noch etwas Persönliches. Seit 1976 haben meine Frau und ich viele, viele Male Deutschland und Österreich besucht. Wir haben auch in diesen Ländern gelebt, und zwar nicht nur in einer einzigen Stadt, sondern in zahlreichen. So gut wie überall, wohin wir kamen, wurden wir herzlich empfangen und/oder haben Freunde gewonnen. Ihnen allen möchte ich in meinem eigenen Namen und im Namen meiner Frau Dvora danken.

Martin van Creveld
Mewasseret Zion, Israel, im Juni 2020

Vorwort zur deutschen Ausgabe 2005

Als dieses Buch 1979/80 geschrieben wurde, befand sich der Kalte Krieg auf seinem Höhepunkt. Leonid Breschnew herrschte im Kreml und die Sowjetunion war auf dem Gipfel ihrer Macht. Und hatten nicht die sowjetischen Streitkräfte gerade die Landung kubanischer Truppen in Angola gedeckt, den Äthiopiern geholfen, die Somalis zu besiegen und Afghanistan überrannt? Währenddessen schienen auf der anderen Seite des Atlantiks die USA unter Präsident Jimmy Carter von einer Krise zur nächsten zu schwanken. Insbesondere hatte der Vietnamkrieg tiefe Spuren hinterlassen, die Amerikas Selbstbewußtsein unterminiert und die Fähigkeiten seiner Streitkräfte in Zweifel gezogen hatten.

Als das Pentagon nach Lösungen suchte, war eines der Dinge, die es tat, die Hinwendung zur Militärgeschichte. Wie jede Geschichte ist die Militärgeschichte ein ganz besonderes Tier. In guten Zeiten wird sie oft bestenfalls als Randthema behandelt; was haben einem schließlich Leute, die schon lange tot sind, zu sagen, das wir nicht schon längst wüßten? Andererseits hat sie, wenn die Zeiten schlecht sind, die Tendenz, aus ihrem Versteck in den Mittelpunkt zu treten und ihre Muskeln spielen zu lassen. Und gegen Ende der Regierungszeit Carters sahen die Dinge so schlecht aus.

Die Gruppierung, die die Antworten zu haben schien, war bekannt als die „Militärreformer". Ihr wohl wichtigstes Mitglied war Steven Canby, Oberstleutnant der Reserve und in Harvard ausgebildeter Ökonom. Dann gab es Edward Luttwak, Politologe und Autor des Buches *Coup d'État oder Wie man einen Staatsstreich inszeniert* (dt.: 1969), das so gut war, daß man sagt, jeder Offizier eines Entwicklungslandes habe es gelesen; dann Oberst John Boyd, ein früherer Kampfpilot, der zum militärischen Denker wurde; Pierre Sprey, ein Flugzeugingenieur; Bill Lind, ein brillanter Einzelgänger und Störenfried, der einen großen Einfluß auf die Militärdoktrin der USA haben sollte – und ich selbst, der einzige Nicht-Amerikaner und einzige akademisch ausgebildete Historiker der Gruppe. Unsere Hauptunterstützer im Pentagon waren Andy Marshal, der intellektuelle Kopf des *Office of Net Assessment,* der direkt für den Verteidigungsminister arbeitete, und der Kommandant des *Marine Corps,* General Alfred (Al) Gray. Unsere Hauptverbindung im Kongreß war Senator Gary Hart, der später Präsidentschaftskandidat der Demokraten wurde, aber durch eine außereheliche Affäre mit einer schönen Frau auf einer Yacht, die angemessenerweise *Monkey Business* (Unfug) hieß, aus der Bahn geworfen wurde. Ein anderes Mitglied dieses militärischen Reformzirkels im Kongreß war ein junger Abgeordneter aus Wyoming namens Dick Cheney.

Es folgte eine außergewöhnlich produktive Zeit, die von etwa 1979 bis 1987 andauerte. Ich weiß nicht mehr, wie oft wir uns mit oder ohne Kaffee oder Bier getroffen haben. In unzähligen Diskussionen, Büchern, Artikeln und Briefen (es gab damals noch keine Computer, und selbst Faxgeräte waren Zukunftsmusik) versuchten wir herauszufinden, was mit dem US-Militär falschgelaufen war und wie man es ändern konnte. Während wir nach Anhaltspunkten suchten, überprüften wir militärgeschichtliche Ansichten. Alles war Wasser auf unsere Mühlen: amerikanische Militärgeschichte, auswärtige Militärgeschichte, Strategie, Ausbildung, Taktik, Führung, Personalwesen, Technologie und alles Mögliche.

In den späten 1980er Jahren begann der Zauber zu verblassen. Zum Teil war gerade unser Erfolg daran schuld. Ein paar Leute, bewaffnet mit Schreibmaschinen, hatten einen enormen Einfluß ausgeübt und ließen alle in der Armee und im *Marine Corps* über *maneuver warfare* reden, wenn sie es auch nicht immer verstanden. Später, als die US-Streitkräfte in den Golfkrieg zogen und ihn gewannen, brach das Interesse an der Militärgeschichte wieder zusammen. Ihren Platz nahmen alle möglichen Arten von Theorien aus Sozialwissenschaft und Betriebswirtschaft ein. Mit diesen Theorien ausgerüstet, gingen die Streitkräfte in den Zweiten Golfkrieg, mit den desaströsen Resultaten, die schon bald deutlich wurden. Ich für meinen Teil habe keinen Zweifel, daß die Militärgeschichte, wenn dieser Krieg schließlich beendet sein wird, erneut gefordert ist, in die Bresche zu springen; in der Tat sind erste Anzeichen dafür bereits sichtbar.

Aber das ist alles Schnee von gestern. Das Buch „Kampfkraft“, das hier der deutschsprachigen Öffentlichkeit in einer neuen Auflage präsentiert wird, ist ein Produkt seiner Zeit. Zwei weitere bedeutende Werke dieser Zeit waren William Linds *Maneuver War Handbook* (1985) und mein eigenes Buch *Command in War* (1985). Obwohl einiges an Forschung hierfür in Deutschland geleistet wurde, insbesondere am Militärgeschichtlichen Forschungsamt, das damals in Freiburg i. B. ansässig war, so war moderne deutsche Politik doch das letzte, woran ich gedacht hatte. Was ich im Sinn hatte, waren der Vietnamkrieg und die Schwäche der US-Armee sowie die Faktoren, die sie verursacht hatten, und die Möglichkeiten, wie diese geändert werden konnten. Mit einem vergleichenden Forschungsansatz wollte ich die alles überragende Frage beantworten: Was hat dazu geführt, daß die deutsche Wehrmacht so gut kämpfte, wie sie es getan hatte? 25 Jahre später glaube ich immer noch, daß diese Frage für einen Militärhistoriker nicht nur legitim, sondern auch wichtig ist. Und ich glaube immer noch, daß wenigstens einige der gegebenen Antworten richtig sind.

Da 25 Jahre nach ihrer Erstveröffentlichung auch die englische Originalversion dieses Buches, *Fighting Power,* nach wie vor verlegt wird, scheinen die meisten Leser mir darin offenbar zuzustimmen. Im deutschsprachigen Teil der Welt hassen das Buch einige, andere mögen es. Zu meinem Ärger habe ich bemerkt, daß einige Teile der letzteren Gruppe einen hohen Prozentsatz jener einschließen, die es als eine Entlastung der Wehrmacht bezüglich ihrer Verwicklung in Kriegsverbrechen, den Holocaust, usw. sehen. Lassen Sie mich die Gelegenheit nutzen, diesen Leuten klar und deutlich zu sagen: Ich will weder mit ihrer Interpretation noch mit ihnen selbst etwas zu tun haben. Im Gegenteil scheint die Faktenlage mir zu zeigen, daß große militärische Leistungen und die Verwicklung in eines der schrecklichsten Verbrechen, die je begangen wurden, sich nicht notwendigerweise ausschließen. Dies ist allerdings ein erschreckender Gedanke und einer, dessen Bedeutung weit über die Wehrmacht und den Zweiten Weltkrieg allein hinausgeht.

Ich war und bleibe ein Wissenschaftler und Historiker, dessen Anliegen die historische Wahrheit ist. Für eine bestimmte Zeit überschnitten sich meine Interessen mit denen anderer Menschen als auch mit denen des Pentagons. Jedoch war mein Hauptinteresse, die Frage zu beantworten, die mir so wichtig erschien. Diese Frage bleibt trotzdem aus mehreren Gründen auch heute wichtig und wird solange wichtig bleiben, wie Männer gegen andere Männer in den Krieg ziehen. Ich hoffe, daß ich erreicht habe, was ich mir vorgenommen habe. Sollte das der Fall sein, habe ich den von mir gewünschten Zweck erreicht.

Martin van Creveld
im September 2005

Vorwort des Autors zur deutschen Erstausgabe

Das Buch, das hier dem deutschen Leser vorgelegt wird, entstand 1979–1980 als technische Fachstudie zur Verwendung im amerikanischen Verteidigungsministerium. In jenen letzten Jahren der Präsidentschaft Carters befanden sich die amerikanischen Streitkräfte, vor allem aber das Heer, in einem schlechten Zustand. Die niedrige Besoldung und der ungünstige Ruf, in dem das Militär nach Vietnam stand, führten zu Rekrutierungsproblemen, denn die Streitkräfte waren nicht einmal mehr für einen Querschnitt der amerikanischen Gesellschaft attraktiv, von den besten Elementen ganz abgesehen. Die Folge davon war, daß die Qualität des verfügbaren Personals, das ausschließlich aus Freiwilligen bestand, abnahm und weithin für ungenügend gehalten wurde. Dieser Faktor wirkte sich wiederum sowohl als Ursache wie auch als Ergebnis eines entstehenden Personalproblems aus, da sich viele der erfahreneren und besser qualifizierten Offiziere und Angehörige der anderen Dienstgrade weigerten, ihre Verträge zu verlängern und aus der Armee ausschieden, um einer einträglicheren zivilen Beschäftigung nachzugehen. Schließlich war die Moral, jener schwer faßbare, aber überaus wichtige Bestandteil jeder Streitkraft, die diesen Namen verdient, auf einem Tiefpunkt angelangt, und diese Tatsache stand in der Vorstellung mancher Leute in engem Zusammenhang mit dem Fehlschlag der Befreiungsaktion für das amerikanische Botschaftspersonal, das in iranischer Geiselhaft gehalten wurde. Man kann die Situation in einem Wort zusammenfassen: Krise. Vor diesem Hintergrund und als Teil ausgedehnter Bemühungen um die Einführung von Reformen entstand die vorliegende Studie. Mit Hilfe der Militärgeschichte und besonders eines detaillierten Vergleichs zwischen den amerikanischen und deutschen Streitkräften im Zweiten Weltkrieg wurde eine Antwort auf die Frage gesucht: Wie sollte eine moderne gefechtstaugliche Streitkraft aufgebaut sein, und wie kann ihre Kampfkraft im Krieg aufrechterhalten werden?

Wie aus der Frage hervorgeht, war der gewählte Standpunkt begrenzt. Gegenstand der Untersuchung war nicht die Ideologie der Wehrmacht (außer in dem Maß, wie ihre militärische Leistung davon beeinflußt wurde), auch nicht ihr Verhältnis zur deutschen Gesellschaft oder ihre Verwicklung in die Verbrechen, die vom nationalsozialistischen Regime begangen wurden, sondern allein ihre Kampfkraft, die nach dem Urteil von Laien und Fachleuten gleichermaßen außergewöhnlich hoch bewertet wurde. Anders ausgedrückt: Die Probleme, die sich aus der Tatsache ergeben, daß die Wehrmacht nicht irgendeine Armee war, sondern die des nationalsozialistischen Regimes und seiner Gesellschaft (ganz zu schweigen davon, daß sie den Krieg verlor), wurden soweit wie möglich bewußt beiseite gelassen. Diese isolierte Betrachtungsweise war zwar künstlich, aber notwendig. Sie war eine Vorbedingung für die Offenlegung der Faktoren, die hinter der Kampfkraft der Wehrmacht standen, und, was sogar noch weit wichtiger war, für die Übertragung einiger dieser Faktoren in die völlig unterschiedliche amerikanische Umgebung.

Dem Leser sei das Urteil darüber überlassen, ob der Versuch, die außerordentlich hohe Kampfkraft der Wehrmacht zu verstehen und zu erklären, erfolgreich verlaufen ist. Doch lege ich Wert auf die folgende Feststellung: Nichts in dieser Studie sollte als Freispruch der Wehrmacht von ihrer Mitverantwortung für die Geschehnisse von 1933 bis 1945 verstanden werden. Im Gegenteil, gerade die herausragende Organisation der Wehrmacht (auf jeden Fall in den unteren Ebenen), das durch und durch professionelle Offizierkorps und Stärke und Geschlossenheit ihrer Gesinnung ermöglichten, daß sie als Instrument bei der Durchführung einer rücksichtslosen Aggressionspolitik, die von vielen Verbrechen gegen die Menschlichkeit begleitet war, gebraucht und mißbraucht werden konnte. Eine große Mehrheit der Offiziere und Mannschaften, die ihre Qualität bei Angriff und Verteidigung auf jedem Kriegsschauplatz und überall, wo der Krieg ausgetragen wurde, bewiesen, war auch dazu bereit, den schrecklichsten Befehlen zu gehorchen und sie auszuführen. Obwohl die Wehrmacht selbst den Angriffskrieg nicht begann, obwohl sie nicht primär für die Konzentrationslager und die Ausrottung der Juden verantwortlich war, wären diese und andere Verbrechen ohne ihre aktive oder passive Wirkung unmöglich gewesen. Auch wenn man zu dem Eingeständnis bereit ist, daß die Wehrmacht ausschließlich ein militärisches Instrument war, bleibt doch eine schwere Schuld, von der sie nicht freigesprochen werden kann und von der die meisten heutigen Deutschen, so hoffe ich, sich auch nicht freizusprechen versuchen.

Daher verfolgt die deutsche Ausgabe dieses Buches ein Ziel, das in gewissem Sinn dem ursprünglichen genau entgegengesetzt ist. Vor neun Jahren bestand meine Absicht darin, den Amerikanern Methoden vorzuschlagen, die der qualitativen Verbesserung ihrer Streitkräfte dienen sollten. Diese Studie fand im Pentagon eine positive Aufnahme und leistete einen bescheidenen Beitrag zur Einführung des sogenannten „Kohortensystems“ (eine Methode der Personalverwaltung, bei der die Mannschaften nach der Grundausbildung nicht verteilt werden, sondern langfristig in ihren Einheiten und unter denselben Offizieren zusammenbleiben). Insoweit war diese Studie erfolgreich. Nun aber lese ich das Buch eher von einem anderen Standpunkt aus. Es untersucht die Art und Weise, wie man eine vorzügliche Organisation dazu bringen kann, jedweden Zielen zu dienen, wie furchtbar sie auch sein mögen; gleichzeitig sollte es auch als Warnung gegen die Macht der menschlichen Organisation an sich verstanden werden. Und diese Warnung bezieht sich auch nicht auf Deutschland allein, denn fast ein halbes Jahrhundert nach dem Ende des Zweiten Weltkrieges besteht in der heutigen Welt kein Mangel an Organisationen zur Planung und Ausführung furchtbarer Dinge. Gegen sie, fast noch mehr als gegen die Wehrmacht an sich, richtet sich dieses Buch in Wirklichkeit.

Martin van Creveld
Jerusalem 1988

1. Das Problem

Im Verlauf der gesamten Geschichte sind manche Armeen besser als andere gewesen: die Römer zur Zeit Caesars, die Mongolen zur Zeit Dschingis Khans, die Franzosen zur Zeit Napoleons – sie alle sind Beispiele überlegener Kampforganisation. Obwohl militärische Leistung ohne Sieg unvorstellbar ist, ist doch der Sieg keinesfalls das einzige Kriterium der militärischen Leistung. Eine kleine Armee kann von einer größeren überwunden werden. Angesichts unglaublicher politischer und wirtschaftlicher Nachteile können qualitativ überlegene Streitkräfte ohne eigenes Verschulden vor einer Niederlage stehen. Bei dem Versuch, militärische oder andere Leistungen zu bewerten, darf deshalb nicht nur das Ergebnis zählen, sondern es müssen auch innere Werte herangezogen werden, andernfalls kann nicht einmal der Begriff der Qualität aufrechterhalten werden. Innerhalb der durch ihre Größe gesetzten Grenzen entspricht der Wert einer Armee als militärisches Instrument der Qualität und Quantität ihrer Ausrüstung, multipliziert mit ihrer „Kampfkraft"* wie dieser Faktor in der vorliegenden Studie genannt wird. Sie beruht auf geistigen, intellektuellen und organisatorischen Grundlagen und findet ihren Ausdruck in Disziplin und Zusammenhalt, Kampfmoral und Initiative, Mut und Härte, im Willen zum Kampf und der Bereitschaft, notfalls zu sterben. Die „Kampfkraft" läßt sich, kurz gesagt, als die Summe der geistigen Qualitäten definieren, die Armeen zum Kämpfen bringen.

Während sich Waffen und Methoden der Kriegführung ändern, ist dies beim Wesen der Kampfkraft nicht der Fall; auch wenn sich der relative Anteil der oben angeführten Einzelwerte von Zeit zu Zeit verschiebt, sind die Werte selbst doch heute größtenteils dieselben wie für Caesars Veteranen vor 2000 Jahren.[1] Obwohl gute Ausrüstung bis zu einem gewissen Grad fehlende Kampfkraft ausgleichen kann (was auch umgekehrt gilt), so ist doch eine Armee ohne Kampfkraft bestenfalls ein zerbrechliches Instrument. Die Geschichte bis in die neueste Zeit bietet eine Fülle von Beispielen für Armeen, die – wenn auch scheinbar stark und gut ausgerüstet – allein aufgrund der fehlenden Kampfkraft beim ersten Gefechtsschock Auflösungserscheinungen zeigten.

Worin liegt das Geheimnis der Kampfkraft? Seit Xenophon haben Schriftsteller versucht, diese Frage unter anderem durch den Hinweis auf den Nationalcharakter, auf das Verhältnis zwischen Armee und Gesellschaft, auf den starken Einfluß religiöser und ideologischer Überzeugungen oder auf den Primärgruppenzusammenhalt zu beantworten. Es ist in der Tat leicht, das Bild einer idealen Armee heraufzubeschwören: Sie müßte aus Männern bestehen, die geborene Kämpfer sind, von ihrer Gesellschaft hoch geachtet, gut ausgebildet und diszipliniert sowie gut geführt. Wesentlich schwieriger ist es jedoch, eine Organisation zu beschreiben, die diese Eigenschaften pflegt und bewahrt. Die vorliegende Studie unternimmt den Versuch, dies am Beispiel einer historischen Organisation zu tun, die in fast schon erschreckender Weise Kampfkraft entwickelte: des deutschen Heeres im Zweiten Weltkrieg. Die Geschichte, so sagt man, besteht aus Reputationen; und wenn der Ruf einer Armee ein Maßstab für ihre Qualität ist, so ist das deutsche Heer mit Sicherheit unübertroffen.[2] Die meisten Historiker nehmen seine Überlegenheit en passant zur Kenntnis, aber einige haben doch versucht, ihre Ursprünge zu erklären.[3] Manche haben sie auch dazu benutzt, sonst unverständliche Tatsachen zu erklären, wie zum Beispiel, daß „Ultra" nicht die große Wirkung auf den Zweiten Weltkrieg hatte, die zu erwarten gewesen wäre.[4] Der hohe Gefechtswert des deutschen Heeres hat dazu geführt, daß man es als Maßstab benutzte, an dem andere, weniger erfolgreiche Armeen gemessen werden können.[5] Und schließlich hat zumindest ein Historiker ein ganzes Buch in der ausdrücklichen Absicht geschrieben, zu beweisen, daß die Wehrmacht im Zweiten Weltkrieg nicht besser war als andere Armeen, nur um zu dem Schluß zu kommen, „daß sie [die Wehrmacht] sich in den ersten Jahren des Sieges als so sensationell erfolgreich und in den Jahren der Niederlage als so zäh in der Verteidigung erweisen sollte, daß ihr ein hoher Rang in der Geschichte der Kriegsführung sicher ist".[6] Wenn man den Sieg als Maßstab für militärische Qualität nimmt, dann hatte die Wehrmacht sicherlich einen hohen Anteil davon aufzuweisen. Ihre Feldzüge in Frankreich 1940, in Rußland 1941 und Nordafrika 1941 und 1942 gelten immer noch als Meisterstücke der Kriegskunst und sind fast schon legendär. Ihre Feldzüge in Norwegen 1940 und Kreta 1941 sind Beispiele für Triumphe im kleineren Maßstab, die durch haarsträubende Kühnheit errungen wurden. In der Auseinandersetzung mit Gegnern, die schwächer waren als sie selbst, bewies die Wehrmacht eine beispiellose Selbstsicherheit und Entschlossenheit.

Bei den wichtigsten dieser Siege sollte man bedenken, daß die Deutschen sie – weit entfernt von materieller Überlegenheit – angesichts beträchtlicher zahlenmäßiger Unterlegenheit und häufig genug unzureichender logistischer Vorbereitungen errangen.[7] Wie schon viele Autoren gezeigt haben, war die Wehrmacht 1939 nicht auf einen Konflikt vorbereitet; er hätte nach Hitlers Zeitplan erst vier Jahre später ausbrechen sollen. Teils aus Zeitdruck und teils gemäß einer bewußten Entscheidung der nationalsozialistischen Führung hatte keine tiefgreifende Aufrüstung stattgefunden; so war ein großer Teil der Ausrüstung der Wehrmacht veraltet und 80 Prozent ihrer Einheiten blieben auf Pferdebespannung angewiesen. Selbst bei den berühmten Panzerdivisionen, um nur ein Beispiel zu nennen, waren zwei Drittel der Panzer ausschließlich zu Trainingszwecken entwickelt worden. Den Nachteil, einen „Arme-Leute-Krieg" führen zu müssen, glich die Wehrmacht durch die Entwicklung eines hohen Maßes an Kampfkraft aus, die sie dazu befähigte, Frankreich trotz zahlenmäßiger und materieller Unterlegenheit innerhalb von sechs Wochen zu besiegen, im Gegensatz zu den vier Monaten, die die erdrückend überlegenen alliierten Kräfte benötigten, um sie wieder zu vertreiben. In Rußland brauchte eine stark unterlegene Wehrmacht nur fünf Monate, um die Tore Moskaus zu erreichen; um sie auf ihre Ausgangslinie zurückzuwerfen, brauchte der bis dahin grenzenlos überlegene Gegner volle zweieinhalb Jahre. Der Ruf der Kampfkraft der deutschen Wehrmacht beruht jedoch in der Hauptsache nicht auf ihren Siegen, so glänzend sie auch waren. Hier wird nämlich der Historiker mit einer Armee konfrontiert, deren zahlenmäßige Unterlegenheit in einem Verhältnis von eins zu drei, zu fünf, ja sogar zu sieben stand, je nachdem, welche Front oder Waffengattung man betrachtet. Und doch lief sie nicht davon, und sie löste sich nicht auf oder ermordete ihre Offiziere. Stattdessen kämpfte sie verbissen weiter. Sie kämpfte weiter, obwohl Hitlers Krieg zu keiner Zeit in Deutschland wirklich populär war.[8] Sie kämpfte weiter, auch wenn in ihrem Rücken die Heimat in Trümmer gebombt wurde. Sie kämpfte weiter, obwohl viele ihrer Generale – und später auch zahllose Historiker – ihren Obersten Befehlshaber nur als rasenden Geisteskranken betrachteten.[9] Sie kämpfte bei Narvik und El Alamein. Sie kämpfte noch Jahre, nachdem alle Hoffnung auf einen Sieg vergangen war. Selbst im April 1945, so eine nachrichtendienstliche Übersicht der Alliierten[10], kämpften ihre Truppenteile weiter, wo immer die örtliche taktische Lage überhaupt noch erträglich war. Zu dieser Zeit hatte sie schon 2.000.000 Soldaten durch den Tod und mehr als 1.000.000 durch Gefangenschaft verloren, Soldaten, die für immer in sowjetischen Gefangenenlagern verschwinden sollten.[11] Trotzdem bestanden ihre Einheiten, auch wenn sie nur noch 20 Mann aufwiesen, weiter und leisteten Widerstand, eine unvergleichliche Leistung für jede Armee.[12] Auf der Suche nach einem endgültigen Kriterium der Leistung hat Trevor N. Dupuy, Oberst a. D. der US-Army, zwei verschiedene Versuche unternommen, die Kampfkraft der Wehrmacht mit quantitativen Mitteln zu bestimmen. Beim ersten Versuch wird ein mathematisches Modell der Schlacht konstruiert, das bedeutet eine Reihe ziemlich komplizierter Gleichungen, die solche Faktoren berücksichtigen wie die Zahlen auf beiden Seiten, ihre Waffen, das Terrain, die Gefechtsart und die Wirkung der Luftstreitkräfte, wo sie eingesetzt waren. Setzt man in die Formeln Daten aus 78 Gefechten des Zweiten Weltkriegs ein, so ergab sich, daß das tatsächliche Ergebnis (d. h. Sieg oder Niederlage, die jeweils einen mathematischen Wert erhielten) nur dann vorausgesagt werden konnte, wenn man von der Annahme ausging, daß die Deutschen – Mann für Mann und

Einheit für Einheit – um 20 bis 30 Prozent effektiver waren als die britischen und amerikanischen Kräfte, die ihnen gegenüberstanden. Anders gesagt: Auch wenn man im Modell alle materiellen Faktoren berücksichtigt, die den Ausgang eines Gefechts beeinflussen, klafft zwischen den deutschen und den alliierten Einheiten eine Lücke, die man erklären muß.[13] Die zweite und viel einfachere Art, die deutsche Leistung an der anderer Streitkräfte zu messen, besteht darin, die Verlustziffern auf beiden Seiten Mann für Mann zu vergleichen. Zu diesem Zweck ist es zunächst einmal notwendig, die Anzahl der Soldaten zu bestimmen, die auf beiden Seiten gekämpft haben. Zweitens muß die Zahl der Verluste – hier definiert als Gefallene, Verwundete und Vermißte, aber abzüglich derjenigen, die nach dem Gefecht in Gefangenschaft gerieten – aus den Kriegstagebüchern und Verlustlisten beider Seiten verglichen werden. Drittens wird die „Trefferquote" berechnet, d. h. die Durchschnittszahl der Verluste, die sich je 100 Feinde gegenseitig zufügen. Schließlich ergibt sich die „Trefferwirksamkeit" daraus, daß man die „Treffer" durch eine Konstante dividiert, die für unterschiedliche Gefechtsarten je andere Werte aufweist, z. B. 1 für Angriff, 1,6 für Verteidigung aus einer befestigten Stellung heraus.[14] Dupuys Zahlen können auf verschiedene Weise analysiert werden. Dabei muß betont werden, daß die deutsche Überlegenheit nicht auf die mangelnde Erfahrung der Alliierten zurückzuführen ist. Wir begnügen uns damit, Dupuys Zusammenfassung zu zitieren: „[Die] Tabelle zeigt, daß die Deutschen durchweg die zahlenmäßig weit überlegenen alliierten Armeen, denen sie schließlich unterlagen, übertrafen [...]. Rechnet man die einzelnen Soldaten gegeneinander auf, so fügten die deutschen Bodentruppen den ihnen gegenüberstehenden britischen und amerikanischen Truppen unter allen Gefechtsbedingungen ständig Verluste zu, die um etwa 50 % höher lagen als ihre eigenen. Dies traf zu, ob sie im Angriff oder in der Verteidigung waren, ob sie nun örtlich zahlenmäßig überlegen, oder, was die Regel war, unterlegen waren, ob sie die Luftüberlegenheit hatten oder nicht, ob sie gewonnen oder verloren hatten."[15] Die Tatsache, daß Hitler und sein Oberkommando zahllose strategische Fehler machten, von Dünkirchen über Stalingrad bis zur Ardennenschlacht, beeinträchtigt diese Schlußfolgerung nicht. Vielleicht trifft tatsächlich das Gegenteil zu, denn einer der erstaunlichsten Aspekte ist, daß die Wehrmacht in Sieg und Niederlage, vor den Toren von Tobruk und in der Todesfalle von Tunesien, gleich gut kämpfte. Das Geheimnis dieser beständig hohen Leistung, nicht die Höhen und Tiefen in Hitlers militärischem „Genius", ist das Thema der vorliegenden Studie.

Um das Geheimnis der deutschen Leistung herauszuarbeiten, brauchte man einen Hintergrund, vor dem man sie darstellen konnte. Dafür wurde die US-Army des Zweiten Weltkrieges ausgewählt, und zwar nicht deshalb, weil zwischen beiden ein großer Unterschied gesehen wurde – sie hatte, wie andere Armeen in der ganzen Welt, große Teile ihrer Organisation, insbesondere das Generalstabssystem von dem deutschen Modell übernommen –, sondern einfach deshalb, weil über sie mehr gedruckte Informationen verfügbar waren als über jede andere vergleichbare Armee. Diese Wahl erwies sich später insofern als ausgezeichnet, als die US-Army, gestützt auf riesige wirtschaftliche und technologische Ressourcen, einen völlig anderen Stil der Kriegführung entwickelte. Das Urteil darüber, ob es der vorliegenden Studie gelungen ist, das Geheimnis um die Kampfkraft der deutschen Wehrmacht zu lüften, bleibt allerdings dem Leser überlassen.

Anmerkungen

* AdÜ: In der entsprechenden Vorschrift der Wehrmacht: „Gefechtswert". H.Dv. 300, Truppenführung (T. F.), Teil 1 und 2, Berlin 1936 und 1934.

1 Hier ist nicht der Ort für eine Erörterung der im Lauf der Zeit wechselnden Anforderungen an die Soldaten. Das müßte in einem eigenen Buch geschehen. Jedenfalls könnte man Kampfkraft sehr wohl als den Teil der geistigen Veranlagung eines Soldaten definieren, der sich im Laufe der Zeit nicht ändert.

2 Bei einer Meinungsumfrage über die militärische Leistungsfähigkeit der Roten Armee, der US-Army, der Bundeswehr und der Wehrmacht stuften 74,0 Prozent der befragten Bundesdeutschen die Wehrmacht an der ersten Stelle der Liste ein. Dazu Weltz, Wie steht es um die Bundeswehr?, S. 31.

3 Madej, Effectiveness and Cohesion of the German Ground Forces in World War II, in: Journal of Political and Military Sociology, 6 (1978), H. 2, S. 233–248.

4 Lewin, Entschied Ultra den Krieg? Alliierte Funkaufklärung im 2. Weltkrieg, S. 22 f. und 343 f.

5 Gabriel/Savage, Crisis in Command, bes. Kap. 1 und 3.

6 Cooper, The German Army 1933–1945, Kap. 12 und S. 166.

7 S. van Creveld, Supplying War, Kap. 5 und 6.

8 Messerschmidt, Wehrmacht, S. 480 f; Steinen, Hitlers Krieg und die Deutschen, S. 588 ff. Daß Hitler sich dieser Tatsache bewußt war, wird dargestellt bei Haffner, Anmerkungen zu Hitler, S. 56 f.

9 Ich habe meine Ansicht zu dieser Frage dargelegt in: Warlord Hitler. Some Points Reconsidered. Ob Hitler wirklich ein militärischer Dilettant war, ist umstritten; sicher ist dagegen, daß sich die Streitigkeiten zwischen ihm und seinen Generalen negativ auf die deutschen Kriegsanstrengungen auswirkten.

10 SHAEF (Supreme Headquarters, Allied European Forces), Weekly Intelligence Summary for Psychological Warfare, No. 28, 9. April 1945, file 332/52/268, National Archives (NA) Washington D.C.

11 Zahlen bei Müller-Hillebrand, Heer, Bd 3, S. 261 ff.

12 Barnett, The Education of Military Elites, S. 15–35, bes. S. 26.

13 Dupuy, Numbers, Predictons and War, passim.

14 Weitere Einzelheiten in der amerikanischen Ausgabe dieses Buches, S. 6 f. mit Tabelle 1.1.

15 Dupuy, A Genius for War, S. 234 f. Warum sich bei der zweiten Methode ein größeres Differential ergibt als bei der ersten, war Gegenstand einer Korrespondenz zwischen Oberst Dupuy und mir. Die Erklärung dafür liegt vielleicht bei zwei Faktoren:
a) Die zweite Methode berücksichtigt nicht die qualitative Überlegenheit vieler deutscher Heereswaffen, wie z. B. den Panzer Panther, die 88 mm Panzerabwehrkanone, die

Maschinenpistolen MG 38 und 40 und das Maschinengewehr MG 42 (das noch immer verwendet wird, weil es eine so ausgezeichnete Waffe ist).

b) Die Einsatzeffektivität, die durch die erste Methode errechnet wird, berücksichtigt im Gegensatz zu der Treffsicherheit, die durch die zweite errechnet wird, das Ergebnis. Das hat Oberst Dupuy zu dem Schluß geführt: „Die Fähigkeit der Streitkräfte, Verluste zuzufügen, steht im quadratischen Verhältnis zu dem ihrer relativen Einsatzeffektivität.“ (Brief an M. van Creveld, 15. Mai 1981). Insgesamt ist die Einsatzeffektivität wahrscheinlich ein besserer Maßstab für die Kampfkraft einer Truppe, wie sie in diesem Kapitel definiert wird, als die Trefferwirksamkeit.

2. Die Rolle des Nationalcharakters

Schon ein flüchtiger Blick auf die Geschichte enthüllt, daß es immer Gesellschaften gegeben hat, die „kriegerischer waren als andere". Allerdings haben Versuche, diese Eigenschaft zu anderen Faktoren (wie z. B. Geographie, Klima, Gesellschaftsleben und sexuelle Unterdrückung) in Beziehung zu setzen, bisher nicht zu greifbaren Erfolgen geführt.[1] Das Problem wird dadurch kompliziert, daß jede nationale Gruppe notwendigerweise Männer vieler verschiedener Typen umfaßt und die Kriegsführung viele unterschiedliche und manchmal gegensätzliche Eigenschaften erfordert. Darüber hinaus kann es irreführend sein, moderne Truppen in demselben Sinn als „kriegerisch" zu bezeichnen, wie der Begriff auf primitivere Gesellschaften angewandt wird, da in der modernen Kriegführung der Verstand genauso wichtig ist wie die Muskelkraft. Eine beträchtliche Anzahl von nicht allzu empfindlichen Draufgängern in der Truppe mag zwar noch immer wesentlich sein, aber das reicht nicht mehr aus. Ein weiterer erschwerender Faktor ergibt sich durch die Tatsache, daß sich die kämpferischen Eigenschaften eines Volkes ändern können, gelegentlich sogar mit beachtlicher Geschwindigkeit. Die Deutschen, Gegenstand dieser Untersuchung, galten bis zur Mitte des vorigen Jahrhunderts nicht als besonders gute Soldaten, und dann erschienen sie plötzlich als die gewaltigste Militärnation der Welt. Die Vietnamesen, vor 1939 von ihren französischen Beherrschern als mehr oder weniger nutzlos angesehen, besiegten eben diese Beherrscher im Jahr 1954 entscheidend, um sich dann sofort in zwei Hälften zu spalten, deren eine in der Tat nutzlos war, während die andere zwei Jahrzehnte lang großartig weiterkämpfte. Die arabische Niederlage von 1967 hatte ein Wesen ins Leben gerufen – bekannt als „amoralischer Familist" – dessen soziale Natur es angeblich unfähig machte, mit anderen zusammenzuarbeiten: und obwohl die amoralischen Familisten bis 1973 wahrscheinlich nicht ausgestorben waren, kämpften die arabischen Armeen zweifellos.[2]

Wenn man diese methodischen Schwierigkeiten voraussetzt, überrascht es vielleicht nicht, daß wissenschaftliches, d. h. statistisches Material über den „kriegerischen" Charakter dieser oder jener Gesellschaft außerordentlich schwer erhältlich ist. Deshalb erheben die folgenden Seiten auch nicht den Anspruch, das Problem abschließend zu behandeln.

Tabelle 2.1: *Kriege in der deutschen und amerikanischen Geschichte*

Bezeichnung des Krieges	Daten	Beteiligung		Dauer in Jahren	
		Preu-ßen	USA	Preu-ßen	USA
Amerikanischer Unabhängigkeitskrieg	1776–1783		X		7,25
Bayerischer Erbfolgekrieg	1778–1779	X		1,3	
1. Koalitionskrieg	1792–1797	X		5,5	
2. Koalitionskrieg	1799–1801	X		2	
3. Koalitionskrieg	1805	X		0,4	
Franz.-Preuß.-Russ. Krieg	1806–1807	X		0,9	
Franz.-Österr.-Krieg	1809	X		0,65	
Befreiungskriege	1812–1815	X		2,9	
Amerik.-Engl. Krieg	1812–1814		X		2
Aktionen der USA gegen Tripolitanische Seeräuber	1803–1804		X		1
Amerik.-Mexikan. Krieg	1845–1848		X		2,9
Deutsch-Dän. Krieg	1848–1850	X		2,8	
Amerik. Bürgerkrieg	1861–1865		X		3,5
Deutsch-Dän. Krieg	1864	X		0,75	
Preuß-Österr. Krieg	1866	X		0,15	
Deutsch-Franz. Krieg	1870–1871	X		0,9	
Amerik.-Span. Krieg	1898		X		0,8
Boxeraufstand	1900	X	X	0,3	0,3
Amerik. Intervention in Mexiko	1911–1912		X		1
Erster Weltkrieg	1914–1918	X	X	4,3	1,65
Zweiter Weltkrieg	1939–1945	X	X	5,75	3,5
Gesamt		14	10	28,6	23,9

Neubearbeitung der Tabelle 2.1 der amerikanischen Ausgabe dieses Bandes, die auf der Basis von Wright, A Study of War, S. 644 f., berechnet wurde.

Wenn die Neigung, Krieg zu führen, ein Indiz für den Gefechtswert eines Volkes ist, dann gäbe es den Daten von Quincy Wright zufolge kaum einen Unterschied zwischen Preußen/Deutschland einerseits und den Vereinigten Staaten andererseits. Bei der Betrachtung von Tabelle 2.1 sollte man jedoch keinesfalls übersehen, daß Deutschland im Zentrum Europas liegt, und die

Lage der Vereinigten Staaten so isoliert ist, daß sie faktisch die einzige Macht in der gesamten Hemisphäre darstellen.

Wären die Jahre nach dem Zweiten Weltkrieg auch berücksichtigt worden, hätten sich die Zahlen für die Vereinigten Staaten auf 13 Kriege und 37,9 Jahre erhöht. Im Vergleich erweisen sich also die Deutschen nicht als „kriegslüsterner" als die Amerikaner. Direkte Vergleiche zwischen Deutschen und Amerikanern gehören meist zu der Art von Untersuchungen, die unter dem Begriff „Jagt die Nazis" („hunt the Nazi") in den Jahren nach dem Zweiten Weltkrieg sehr bekannt waren und für unseren Zweck nicht viel beitragen. Eine Serie von Umfragen unter Jugendlichen beider Länder fand heraus, daß die Deutschen den Gehorsam gegenüber einer Autorität deutlich befürworten, während die Amerikaner zu unabhängigen Entscheidungen und Handlungen neigen;[3] allerdings hat eine andere Studie dieses Klischee, das mindestens zweihundert Jahre alt ist,[4] verworfen und überraschenderweise ermittelt, daß deutsche Jugendliche mehr als die amerikanischen nach dem Grund für einen Befehl fragen.[5] Da der moderne Krieg intelligente Kooperation auf allen Ebenen verlangt und nicht so sehr bedingungslosen Gehorsam (s. dazu Kap. 5), kann man jedenfalls bezweifeln, ob eine Nation von Automaten gute Soldaten hergeben würde. Auf Grund von Umfragen hat man auch behauptet, die Deutschen seien gefühlloser als die Amerikaner, da sie den Ungehorsam gegenüber einer etablierten Autorität und den Verlust des Gesichts, nicht aber gewalttätiges Vorgehen gegen andere Personen, für die schlimmsten aller vorstellbaren Verbrechen halten. Diese Schlußfolgerung wird aber mit Sicherheit nicht durch die Zahl der Tötungsdelikte für beide Länder erhärtet, wenn man auch bedenken muß, daß während der fraglichen Zeit die übelsten Mörder in Deutschland Uniformen trugen und ihren Beruf unter offiziellem Schutz hinter Stacheldraht ausübten.[6]

Schließlich kam eine vergleichende Studie zu dem Schluß, deutsche Jugendliche, im Gegensatz zu den amerikanischen, hielten harte Arbeit für ein Ziel an sich, „weil sie beweist, daß der Mensch seine egoistischen Triebe wie Faulheit usw. unter Kontrolle hat".[7] Das „usw." ist natürlich besonders aufschlußreich.

Die vorhandenen vergleichenden Studien lassen also, mit anderen Worten, nicht den Schluß zu, daß die Deutschen bessere Soldaten sind als die Amerikaner, ja vielleicht lassen sie überhaupt keinen Schluß zu. Wir wollen versuchen, die Frage zu beleuchten, und uns als nächstes den zahlreichen Versuchen zuwenden, die wiederum in der unmittelbaren Nachkriegszeit unternommen wurden, die „kollektive Seele" des deutschen Volkes zu verstehen.[8] Man hat beispielsweise behauptet, die sozialen Verhaltensmuster der Deutschen unterschieden sich von den übrigen in der westlichen Welt durch den „stark autoritären Charakter der Vater-Sohn-Beziehung. Es gab auch ein viel strengeres formalistisches und hierarchisches Berufssystem."[9] Deutsche Kinder fürchteten die Autorität, entwickelten zwanghafte Züge der Ordnungsliebe und – wenn es Jungen waren – gelangten zu einer „Männlichkeit", unter der „Unterdrückung aller Impulse der Zärtlichkeit, des Mitleides oder des Bedauerns" verstanden wird.[10] „Partialkonstanten des deutschen Nationalcharakters" entdeckte ein Autor in „Schaffensdrang", „Gründlichkeit", „Ordnungsliebe", „Formabneigung", „Eigensinn" und „Schwärmerseligkeit".[11]

All dies ist zweifellos das Ergebnis einer verfrühten Erziehung zur Sauberkeit, zu der deutsche Mütter angeblich neigen.[12] Unter Verwendung der Gedanken von Wilhelm Reich sind einige Psychologen zu dem Schluß gelangt, die Deutschen hätten einen zwanghaften analerotischen Charakter. Das führt zu Starrheit, Disziplin und Unfähigkeit zur Entspannung. Ihr Verhältnis zu Frauen wird „oft durch bewußte und unbewußte Furcht, Aggression und Verachtung bestimmt."[13] (Interessanterweise findet sich in einer Studie die Feststellung, daß die amerikanischen Männer, die angeblich in noch höherem Ausmaß als anderswo von Frauen erzogen werden, genau die gleichen Züge aufweisen).[14]

Der „Reichsdeutsche" im Sinne Eriksons, um in unserem Überblick fortzufahren, hat, so wird gesagt, einen strengen und zurückhaltenden Vater, der den Haushalt beherrscht und sich über die erfreuliche und zärtliche Bindung des kleinen Jungen an seine nachsichtige Mutter ärgert, die wiederum als Vermittlerin zwischen Kind und Vater wirkt, und von beiden in ambivalenter Weise gehaßt und geliebt wird. Beim Heranwachsenden führt das zu einer heftigen romantischen Rebellion, und er entwickelt dann alle Symptome des „einsamen Genies". Das Endergebnis ist angeblich eine „merkwürdige Kombination von idealisierter Auflehnung und gehorsamer Unterwerfung", ein Mensch, der „hart mit sich selbst und mit anderen" ist.[15]

Ein Psychiater faßte seine Untersuchungen über den „deutschen Nationalcharakter" in dem Ergebnis zusammen, die Deutschen hätten „psychotische Neigungen". Auf diese Weise kann man sicher nicht erklären, warum die Deutschen gute Soldaten sind oder nicht.[16]

Da die verfügbare Literatur den Beweis nicht ermöglicht, ob die Deutschen eine besonders kriegerische Veranlagung haben (oder nicht), wie steht es dann eigentlich mit den Amerikanern? Hier besitzen wir glücklicherweise eine quantitative Studie, wenn auch auf schmaler Basis, die interessante Schlüsse zuläßt.[17] 1971 veröffentlicht, besteht sie aus einem Versuch, das sozio-psychologische Profil zweier klar eingegrenzter Gruppen von Amerikanern zu bestimmen, nämlich von Kriegsfreiwilligen („Green Berets") einerseits und Kriegsdienstverweigerern aus Gewissensgründen andererseits. Methodisch ist die Studie in mancherlei Hinsicht modellartig: Repräsentan-

Abbildung 2.1: *Durchschnittswerte für den Edwards Personal Preference Schedule nach Rangordnung der Werte für den Kriegsfreiwilligen*

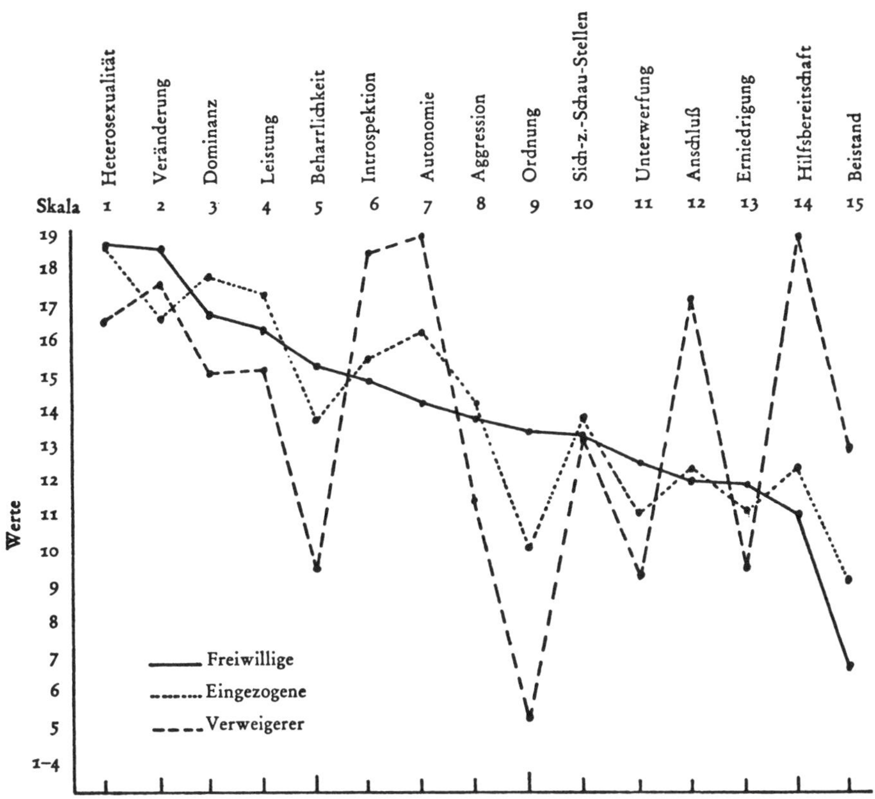

	1	2	3	4	5	6	7	8	9	10	11	12	13	14	15
x̄	18.71	18.54	16.79	16.29	15.39	14.96	14.25	13.86	13.36	13.32	12.54	12.04	11.89	11.00	6.75
x̄	16.50	17.50	15.20	15.15	9.55	18.40	18.90	11.35	5.25	13.20	9.35	17.20	9.70	18.95	13.00
x̄	18.57	16.73	17.80	17.30	13.76	15.54	16.24	14.19	10.16	13.89	11.00	12.43	11.22	12.49	9.22
Sig. Unterschied zwischen Freiwilligen und Gegnern					X	X	X	X	X		X	X		X	X
Sig. Unterschied zwischen Gegnern und Eingezogenen					X	X		X	X			X		X	X
Sig. Unterschied zwischen Freiwilligen und Eingezogenen	(keine)														

Quelle: David Mark Mantell, Familie und Aggression. Zur Einübung von Gewalt und Gewaltlosigkeit. Eine empirische Untersuchung, Frankfurt a. M. 1972, S. 360.

Abbildung 2.2: *Die Gruppenergebnisse der Verweigerer, Freiwilligen und Eingezogenen auf den Skalen über Faschismus, traditionelle Familienideologie, politisch-ökonomischen Konservatismus, Rigidität und Dogmatismus*

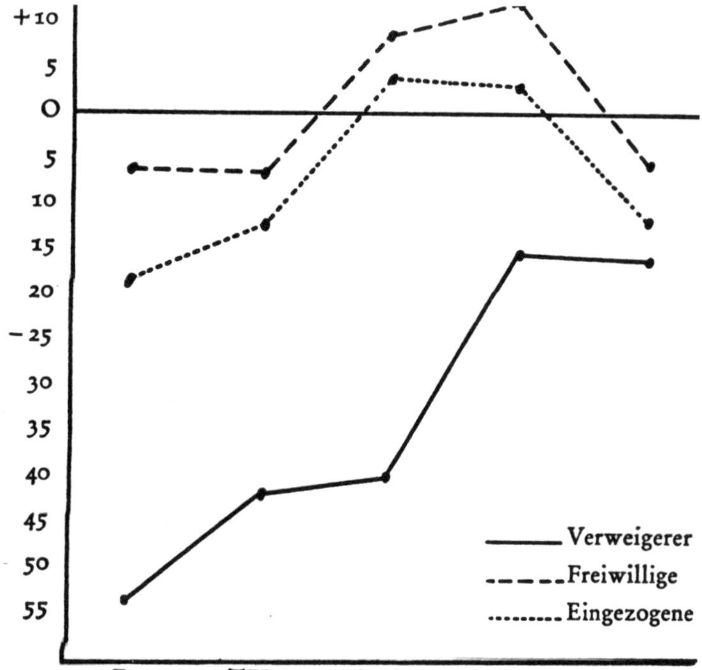

		F	TFI	PEC	R	D
Verweigerer	x̄	−53.04	−42.28	−40.50	−15.72	−16.10
	S.D.	12.68	12.14	12.37	17.62	18.66
Freiwillige	x̄	− 5.11	− 5.40	8.85	12.60	− 4.81
	S.D.	17.19	15.60	11.00	25.20	20.85
Eingezogene	x̄	−18.07	−12.32	4.31	3.68	−11.68
	S.D.	20.29	17.34	16.20	7.36	19.54
		F Verh. 46.97	Median Test Sign. = 0.000 Niveau	F Verh. 94.21	Median Test Sign. = 0.000 Niveau	Median Test n. s.

Quelle: David Mark Mantell, Familie und Aggression. Zur Einübung von Gewalt und Gewaltlosigkeit. Eine empirische Untersuchung, Frankfurt a. M. 1972, S. 348.

ten beider Gruppen wurden identifiziert, nach Altersgruppen verglichen, mit Fragebogen versehen und gründlich interviewt.

Im Vergleich zu der Kontrollgruppe der Kriegsdienstverweigerer wuchsen die „Green Berets" – nach Auffassung der meisten Leute ausgezeichnete Soldaten – typischerweise in weniger harmonischen Familien auf. Ein Elternteil neigte gewöhnlich dazu, den anderen zu beherrschen. Auf Achtung vor materiellem Besitz, Sozialstatus, Arbeit und Fleiß, Ordnung und Sauberkeit, Disziplin, Anpassung, Gehorsam und körperliche Ertüchtigung wurde mehr Wert gelegt als auf Werte wie Güte, Freude am Leben und persönliche Leistung, die in den Familien der Kriegsdienstverweigerer in hohem Ansehen standen. Stehlen, Lügen, Vandalismus und Ungehorsam galten bei den Eltern der „Green Berets" als Sünden, wohingegen bei den Kriegsdienstverweigerern dasselbe für Rücksichtslosigkeit zutraf. In den Familien der „Green Berets" waren Strafen und Drohungen viel weiter verbreitet.

Die Kriegsdienstverweigerer betrachteten Frauen als gleichberechtigte Partner und die Sexualität als gemeinsame Erfahrung. Obwohl zu oberflächlicher Beziehung fähig, lachten sie doch nie über Frauen oder verachteten sie. Im Gegensatz dazu waren die „Green Berets" „bemerkenswert skrupellos und gefühllos" in ihren Beziehungen zu Frauen. Auch waren sie männliche Chauvinisten in dem Sinne, daß sie die sexuelle Freiheit nur auf die Männer beschränken wollten. Das wiederum bedeutete, daß eine Frau, mit der sie schliefen, automatisch zu einem Gegenstand der Verachtung wurde.

Um herauszufinden, welche der beiden Gruppen für die amerikanische Lebensweise repräsentativ war, wurden sie mit einer dritten Gruppe verglichen, die aus Wehrpflichtigen bestand. Fünf Tests wurden durchgeführt, zwei davon werden in den Abbildungen 2.1 und 2.2 dargestellt.

Zugegebenermaßen war die Zahl der Untersuchten klein, doch zeigen diese Ergebnisse ganz klar, daß die amerikanische Bevölkerung im ganzen mehr Gemeinsamkeiten mit den „Green Berets" hat als mit den Kriegsdienstverweigerern. Es lohnt sich vielleicht noch, darauf hinzuweisen, daß die Ergebnisse der drei übrigen Tests (die die Einschätzung historischer Persönlichkeiten, die moralische Einstellungen und die geistigen Defekte bewerten) denselben Schluß nahelegen.

Wir folgern aus all dem, daß die Amerikaner nach ihrer Erziehung, Bildung und Persönlichkeit erstklassiges Soldatenmaterial darstellen; eine Feststellung, die mit Zitaten belegt werden kann, die von Winston Churchill und Bernhard Montgomery bis zu William Westmoreland und Moshe Dayan reichen. Paradoxerweise kann man dasselbe nicht für die Deutschen beweisen, auch wenn es möglicherweise zutrifft. Deshalb muß dieses Kapitel mit dem enttäuschenden Schluß enden, daß nach den verfügbaren Unterlagen kein Grund für die Annahme besteht, der deutsche Nationalcharakter sei mehr oder weniger für den Krieg geeignet als der amerikanische.

Anmerkungen

1 Andreski, Military Organization and Society, S. 12; ebenso Bidwell, Modern Warfare, S. 145, und Nobel, Das Verhalten von Soldaten im Gefecht, in: Wehrwissenschaftliche Rundschau, 28 (1979), S. 115.
2 Harkabi, Basic Factors in the Arab Collapse during the Six Day War, in: Orbis, 11 (1967), S. 677–691.
3 Granahan, A Comparison of Social Attitudes, S. 244–247, 255.
4 Baron von Steuben, der preußische Organisator der Kontinentalarmee, drückte es einmal so aus: „Vor allen Dingen läßt sich der Geist dieser Nation nicht im geringsten mit dem der Preußen, Österreicher oder Franzosen vergleichen. Sie sagen hier einfach zu ihren Soldaten: ‚Tut dies und das!', und es geschieht. Ich bin dagegen gezwungen, zu erklären: ‚Dies muß aus dem und dem Grunde getan werdend, und dann erst wird es gemacht." Zit. nach: Palmer, General von Steuben, S. 172 f.
5 D.C. McClelland u.a., Obligations to Seif and Society in the US and Germany, in: Journal of Abnormal and Social Psychology, 56 (1958), S. 253.
6 1937 verzeichnete man in Deutschland bei einer Bevölkerung von 68 Millionen 516 Mord- und Totschlagsdelikte. 1938 wurden in 1.089 amerikanischen Städten bei einer Gesamtbevölkerung von 37,5 Millionen 1.189 Fälle von Mord und Totschlag gezählt. Dazu Statistisches Jahrbuch für das Deutsche Reich, Bd 57, Berlin 1938, S. 610, und FBI (Hrsg.), Uniform Crime Reports for the US and Its Possessions, S. 19.
7 McClelland, The Roots of Consciousness, S. 81, zit. in: Loewenberg, Psycho-historical Perspectives on Modern German History, in: Journal of Modern History, 47 (1975), S. 229–279, S. 271.
8 Nützlich als Zusammenfassung ist Loewenberg, Psychohistorical Perspectives.
9 Parsons, Certain Primary Sources and Patterns of Aggression in the Social Structure of the Western World, in: ders., Essays in Sociological Theory Pure and Applied, S. 298–322, bes. S. 321 f.
10 Schaffner, Father Land. A Study of Authoritariamsm in the German Family, zit. in: Loewenberg, Psychohistorical Perspectives, S. 260.
11 Hellpach, Partialkonstanten des deutschen Nationalcharakters, in: ders., Der deutsche Charakter, S. 171–229, bes. S. 171.
12 Rodnik, Postwar Germany, S. 18.
13 Kecskemeti/Leites, Some Psychological Hypotheses on Nazi Germany, in: Journal of Social Psychology, 27 (1948), S. 91–117, bes. S. 96, zit. in: Loewenberg, Psychohistorical Perspectives, S. 268.
14 Elkin, Aggressive and Erotic Tendencies in Army Life, S. 40–413.
15 Erikson, Childhood and Society, S. 284 ff., bes. S. 292 f., dt.: Kindheit und Gesellschaft, S. 320 ff., bes. S. 328 f. Für Eriksons Behauptungen gibt es keinerlei statistischen Beleg.
16 Brickner, The German Cultural Paranoid Trend, in: American Journal of Orthopsychiatry, 12 (1942), S. 611–632, zit. in: Loewenberg, Psychohistorical Perspectives, S. 259.
17 Mantell, True Americanism. Green Berets and War Resisters, A Study of Commitment, S. 206 und 215. Dt.: Familie und Aggression, S. 348, 360.

3. Militär und Gesellschaft

Der soziale Status des Militärs

Aus mehreren Gründen ist ein hoher sozialer Status innerhalb der Gesellschaft für das Militär wichtig. Wahrscheinlich stützt er die Kampfmoral einer Armee. Sodann kann er einen Beitrag leisten, hochqualifizierte Kräfte anzuziehen und zu halten. Und schließlich kann er dem Militär dazu verhelfen, einen größeren Anteil am nationalen Budget zu bekommen.

Das deutsche Heer

Das Militär stand in Deutschland seit den Einigungskriegen bei den meisten Leuten in hohem Ansehen; es war der Stolz der Nation.[1] Die Achtung wurde mehr oder weniger automatisch auf jedes Mitglied des Militärs übertragen und verlieh ihm ein gewisses Prestige, das je nach Rang, Dienststellung, Waffengattung und Regiment abgestuft war. Im allgemeinen galt es als wichtiger sozialer Vorteil, aktiver Soldat oder Reservist zu sein, und Mädchen aus „dem Volke zahlten gern bis zu sechs Mark“ für das Privileg, mit einem Soldaten ausgehen zu können.[2]

Der Militärdienst wurde offiziell als „Ehrendienst am Deutschen Volke“ bezeichnet.[3] Voraussetzung war das Recht, Waffen zu tragen. Eine mit dem Verlust der bürgerlichen Ehrenrechte verbundene Gefängnisstrafe zog auch den Verlust des Rechtes nach sich, Waffen zu tragen, und führte anschließend zur Einweisung in ein Arbeitsbataillon. Eine unehrenhafte Entlassung aus Heer oder Marine galt als schwere Strafe und bedeutete einen beträchtlichen sozialen Makel. Auch im Zivilleben konnten die Folgen für die Karriere sehr unangenehm sein.

Da vor 1914 die allgemeine Wehrpflicht tatsächlich noch nicht ausgeschöpft wurde, bestand für normal gutsituierte, gebildete junge Männer die Möglichkeit, sich freiwillig für eine einjährige Dienstzeit zu melden. Allein im Jahr 1912 machten 64.000 von dieser Möglichkeit Gebrauch.

Alles Militärische – Waffen und Uniformen – war mit einer Art Ehrfurcht umgeben, die von Presse und Literatur weiter verbreitet wurde. Zu den Paraden fanden sich immer Massen begeisterter Zuschauer ein. Der Soldat galt, wie ein Sprichwort sagte, als „der erste Mann im Staat“ und sah sich auch selbst so. Bewundernde Zivilisten – zumeist aus der Mittelschicht –, in militärisch gesinnten Verbänden organisiert, umgaben das Heer. Der Kyffhäuserbund, eine aus Reservisten bestehende Organisation, 1898 gegründet, hatte im gleichen Jahr schon 1.220.615 Mitglieder, 1903 dann 2.097.527 und 1909 schließlich 2.528.667 Mitglieder.[4] Der Wehrverein, der 1912 gegründet wurde, um den Reichstag zu größeren Mitteln für das Militär zu veranlassen, konnte schon nach einem Jahr 300.000 Mitglieder verzeichnen. Noch unglaublicher war der Erfolg für den Bund Jungdeutschland des Generals Colmar von der Goltz, eine paramilitärische Jugendorganisation, die innerhalb von drei Jahren nach ihrer Gründung im November 1911 schon 750.000 Mitglieder umfaßte. Insgesamt standen daher bei einer Gesamtbevölkerung von 65 Millionen mehr als 3,5 Millionen zu einem militärfreundlichen Verband in Beziehung. Das Idol der Gesellschaft war der Offizier, eine Tatsache, die ihn zur Zielscheibe der sozialdemokratischen Kritik machte. Bismarck hatte gesagt, das Menschsein beginne erst mit dem Range des Leutnants. Die Gesellschaft nahm sich ihre Lieblingskinder zum Vorbild, und das führte zu ebenso lächerlichen wie bedeutsamen Extremen. Als Reichskanzler v. Bethmann Hollweg 1909 zum ersten Mal vor dem Reichstag auftrat, trug er eine Majorsuniform. Fünf Jahre später war man offensichtlich der Meinung, er könne seine Pflichten nicht ausreichend erfüllen, wenn ihm nicht der Ehrenrang eines Generalleutnants verliehen würde.

Den Rang eines Reserveoffiziers zu bekleiden – normalerweise den eines Leutnants oder Hauptmanns, seltener den des Majors –, bedeutete ein wichtiges Statussymbol, das auch im Berufsleben nicht ohne Bedeutung war. Unter höheren Beamten galt der Rang eines Reserveoffiziers tatsächlich als vaterländische Pflicht. Eine weitverbreitete Geschichte erzählte, ein alter und berühmter Professor, dem der Kaiser eine Audienz und eine Bitte gewährt hatte, habe seine fast blinden Augen erhoben und mit zitternder Stimme darum gebeten, zum Oberleutnant der Reserve befördert zu werden. Der Offiziersold war niedrig, und bis 1909 lebte der Offizier, wie der Titel eines volkstümlichen Buches es ausdrückte, in „glänzendem Elend“. Sogar später noch verdiente ein dienstjüngerer Offizier nur zwischen 125 und 200 Mark monatlich und war daher auf die Hilfe von Eltern und Verwandten angewiesen.[5] Einen guten Maßstab für den hohen Sozialstatus eines Offiziers bilden die Summen, die die Kadetten aus eigener Tasche aufbringen mußten, um in ein Regiment aufgenommen zu werden.[6] Sie reichten z. B. in Bayern 1906 von nur 50 Mark monatlich in irgendeinem Infanterieregiment bis zu 200 Mark im 5. Chevauxlegers-Regiment. Für ein Leutnantspatent betrugen die Gebühren zwischen 20 und 200 Mark, im Durchschnitt 64 Mark. Dazu kamen noch die Kosten für die Erstausstattung, die zwischen 250 und 600 Mark lagen. Das alles betraf eine Zeit, in der ein durchschnittlicher Angestellter mit einem Monatsverdienst von etwa 70 Mark rechnen konnte. Offizier zu sein, hieß in der besten aller möglichen Welten zu leben. Friedrich

Sachße, selbst Offizier, der im Juli 1941 im Alter von 29 Jahren fiel, erinnerte sich an die Weimarer Zeit: „Manchmal waren Offiziere unter den Gästen. Sie waren groß und laut. Man erschrak, wenn man mit ihnen redete, wenn sie sich zu einem herabbeugten und einem die harte Hand in die Schulter krallten. ‚Na, mein Junge, was willst Du denn mal werden, wenn Du groß bist! Offizier, was? Hahahahaha!' Sie lachten dröhnend und unbekümmert. Es war ihnen selbstverständlich, daß jeder Junge Offizier werden wollte, daß er darauf brannte!"[7]

Die US-Army

Der Status des Militärs in der amerikanischen Gesellschaft ist schon immer problematisch gewesen. N. F. Parish faßte die Erfahrungen der Zwischenkriegsjahre so zusammen: „Offiziere der Land- und Luftstreitkräfte erfüllten hartnäckig ihre Pflicht in einem Volk, das hoffte und zu glauben versuchte, alle Offiziere seien so nutzlos wie ihre Säbelketten. Es war eine sonderbare, fast heimliche Existenz, vergleichbar der eines Feuerwehrmannes, der eine hölzerne Stadt zu schützen versucht, deren Bewohner behaupten, sie sei feuerfest. In solch einer unwirklichen Atmosphäre kamen sich Offiziere gelegentlich geisterhaft oder verwirrt vor, sie entwickelten übertriebene Vorlieben für importierte Uniformen und Manierismen, sie ahmten die Wohlhabenden nach und pflegten eine Art Reiterkultur. Diese psychischen Symptome eines Gefühls der gesellschaftlichen Nutzlosigkeit zeigten sich bei überraschend wenigen Offizieren. Die meisten machten verbissen ihren Trott weiter und erinnerten sich untereinander daran, daß sie schließlich doch real und die Dinge, die sie taten, nötig seien."[8]

Historisch gesehen waren militärische Werte der amerikanischen Demokratie so fremd, daß das Militär als vernachlässigtes Stiefkind galt und sich auch so empfand.[9] Die Vorstellung, daß große Streitkräfte eine Bedrohung der Freiheit darstellen, daß sie die Demokratie und den wirtschaftlichen Wohlstand gefährden und ihre bloße Existenz den Frieden untergräbt – sie alle gelten als „ziemlich konstante Merkmale" der amerikanischen Einstellung dem Militär gegenüber.[10]

Besonders während der Zwischenkriegszeit lehnte die „dominant business culture" den Militarismus als Überrest aus einer barbarischen Vergangenheit ab. Im Gegensatz dazu waren die reformwilligen Liberalen dazu bereit, die Armee beizubehalten, aber nur, wenn sie ihren militärischen Charakter ablegte und zu einem Werkzeug der Gesellschaftsreform würde. Der Offizier, so schrieb der Verfasser eines Beitrages in der „New Republic", ist ein „Mann, der eine Lebenseinstellung schätzt, die ins Mittelalter gehört".[11] Seine Maßstäbe von Ehre, Gehorsam und Loyalität wurden entweder als heuchlerisch oder als eindeutig gefährlich angesehen. Abgesehen davon, daß die US-Army die Zielscheibe der Kritik war, mußte sie sich auch noch mit ihrer historischen Isolation auseinandersetzen. 1911 machte man einen großen Schritt vorwärts, als der Kongreß ein Gesetz verabschiedete, das kommerziellen Unternehmen eine Strafe von 500 $ auferlegte, wenn sie ein Schild mit der Aufschrift „Soldaten unerwünscht" aushängten. Noch 1951, nach einem halben Jahrhundert Öffentlichkeitsarbeit, führten die Prominentenlisten von New York, Boston und Chicago weniger als 1 Prozent Offiziere auf, und diese wenigen Glücklichen verdankten diese Plätze nicht ihrem militärischen Rang, sondern ihrer gesellschaftlichen Herkunft, ihren Verbindungen und dem Geld.[12] Das geringe Prestige der Armee spiegelte sich auch in der Umgangssprache wider. „Soldiering" (Soldat sein) bedeutete herumlungern; während des Zweiten Weltkrieges wurde der Ausdruck durch „gold-bricking" (Drückebergerei) ersetzt, aber danach nahm er seine ursprüngliche Bedeutung wieder an.[13]

Wenn man all das in Betracht zieht, ist es doch beachtlich, wie gut der Offizier (nicht aber die Unteroffiziere und Mannschaften) bei Meinungsumfragen über das relative Sozialprestige verschiedener Berufe abschnitt. In einer Reihe von Erhebungen seit dem Jahre 1925 erschienen die Offiziere durchweg unter den ersten 25 Prozent aller Berufe; zum Beispiel 1925 als 9. von 45, 1935 als 8. von 40, 1947 als 6. von 27, 1949 als 6. von 26 und 1951 als 6. von 25.[14] In den gleichen Untersuchungen rangierten die Unteroffiziere und Mannschaften jeweils als 30., 28., 19., 20. und 25. 1955 fanden sich die Offiziere bei einer im ganzen Land durchgeführten Umfrage auf Platz 7 bei einer Skala von 17, hinter Ärzten, Wissenschaftlern, College-Professoren, Rechtsanwälten, Geistlichen und Lehrern, aber noch vor Farmbesitzern, Tischlern, Briefträgern, Installateuren, Radio- und Fernsehansagern, Ladenbesitzern, Handwerkern, Unteroffizieren und Mannschaften (Platz 16 der Liste) und Lastwagenfahrern.[15]

Während der Zwischenkriegszeit wurde, vielleicht auch weil das Ergebnis so leicht vorhersagbar war, kein Versuch unternommen, den Sozialstatus des deutschen Heeres systematisch zu untersuchen.[16] 1955/56 wurde dann eine Umfrage durchgeführt. Zu dieser Zeit hatte das Prestige alles Militärischen in der Bundesrepublik den Tiefstand erreicht; 40 Prozent aller Westdeutschen waren für, 45 Prozent aber gegen die Wiederaufstellung deutscher Streitkräfte, und nur 17 Prozent glaubten, die Streitkräfte repräsentierten überhaupt irgendwelche positiven Werte.[17] Trotzdem wurde sogar in dieser Zeit den deutschen Offizieren – wenn auch nur geringfügig – größere Wertschätzung entgegengebracht als ihren amerikanischen Kollegen in einer vergleichbaren Studie.[18]

Die Sozialstruktur des Heeres

Ein weiteres Indiz für den sozialen Status einer Armee, und genauso wichtig wie jedes äußere Anzeichen, ist ihre Sozialstruktur. Man muß davon ausgehen – auch wenn man die sehr realen Nachteile im Leben eines Soldaten voraussetzt –, daß nur hochangesehene Streitkräfte eine Anziehung auf die oberen Schichten einer Gesellschaft ausüben können; umgekehrt kann diese Fähigkeit sehr wohl über ihre Qualität bestimmen, da sich gerade in den oberen Schichten die hauptsächlichen Reserven der Gesellschaft an gebildeten, ausgebildeten und fachlich qualifizierten Kräften finden.

Das deutsche Heer

Infolge der Tatsache, daß dem deutschen Militarismus früher das hauptsächliche historische Interesse galt, ist die soziale Herkunft des preußisch-deutschen Offizierkorps relativ gründlich untersucht worden. In Deutschland, wie in anderen europäischen Staaten, drangen im neunzehnten Jahrhundert allmählich Angehörige von Familien der Mittelschicht in eine Kaste ein, die ursprünglich die fast ausschließliche Domäne des Adels gewesen war. In Deutschland jedenfalls war diese Entwicklung keinesfalls das Ergebnis einer wachsenden Abneigung des Adels gegen den Militärdienst; vielmehr hatte die Entstehung der Massenheere durch die allgemeine Wehrpflicht um 1870 einen zunehmenden Bedarf an Offizieren zur Folge, so daß man sich gezwungen sah – so lautete die Kabinettsorder vom 29. März 1890 – sich vom „Adel der Geburt“ dem „Adel der Gesinnung“ zuzuwenden. Folglich waren 1913 nur 30 Prozent aller Offiziere adlig.[19]

Der Erste Weltkrieg brachte einen weiter vermehrten Bedarf an Offizieren. Zahlreiche Söhne aus Familien der Mittel- und sogar der Unterschicht, die in Friedenszeiten keine Chance hatten, in ein Regiment aufgenommen zu werden, erhielten nun die Möglichkeit, Offizier zu werden. Das bedeutete aber keine Demokratisierung des Heeres. Von seltenen Ausnahmen abgesehen wurde sogar verdienten Soldaten und Unteroffizieren der Aufstieg in das Offizierkorps verweigert – ein schlimmer Fehler, der nach dem Krieg viel Kritik auslösen sollte.[20] In Sorge um die künftige politische Zuverlässigkeit des Heeres bemühte sich das Kriegsministerium, den gesellschaftlichen Standard, so gut es eben konnte, zu bewahren. Unmittelbar nach 1918 zögerte der Adel, in der Armee der Weimarer Republik zu dienen. Das änderte sich jedoch bald, und schon 1921 erschien im „Deutschen Adelsblatt“ ein Artikel, der die „Blaublütigen“ aufrief, die Tradition wiederaufzunehmen, „die Besten werden Offiziere“.[21] Diese Kampagne zur Rekrutierung von Adligen war so erfolgreich, daß ihr Prozentsatz unter den neuernannten Offizieren 1931/32 sogar die Zahlen von 1913 übertraf.[22] Auch war diese Tatsache nicht einfach auf Günstlingswirtschaft zurückzuführen: Eine Überprüfung der Listen von Offizieren, die jedes Jahr wegen fehlender Eignung entlassen wurden, zeigt, daß der Anteil der Adligen nie unter 20 Prozent fiel und in der Zeit von 1924–1932 23,2 Prozent betrug. Der hohe Anteil der Adligen erklärt sich eher aus der Tatsache, daß viele Patente, besonders bei höheren Offizieren, neueren Datums waren.[23]

Diese Tatsachen werden in der hier folgenden Tabelle 3.1 zusammengefaßt.

Tabelle 3.1: *Soziale Herkunft des deutschen Offizierskorps*

Jahr	adlige Offiziere (in Prozent)	Jahr	adlige Generale (in Prozent)
		1911	67
1913	30,0	1913	52
1920	21,7		
1926	20,5		
1932	23,8		

Quelle: Demeter, Das deutsche Offizierkorps, S. 29, 60.

In der Zeit des Nationalsozialismus ließ ein weiter zunehmender Bedarf an Offizieren den Adel völlig in den Hintergrund treten. Dies war jedoch wiederum nicht etwa auf eine Abneigung der Adligen zurückzuführen, in der Armee zu dienen; sogar in diesen Jahren tauchten die Namen vieler Adelsfamilien mehrfach in den Ranglisten auf.[24]

Obwohl die Nationalsozialisten viel zur Demokratisierung der Streitkräfte beitrugen, konnten sie doch nicht verhindern – vielleicht verfügten sie über zu wenig Zeit –, daß der Adel die höheren Offiziersränge beherrschte. Noch im Mai 1944 waren 21,5 Prozent der 1.247 Generalfeldmarschälle, Generalobersten, Generale, Generalleutnante und Generalmajore des Heeres adlig.[25] Diese Tatsachen zeigen, daß die Personalpolitik des Heeres in der nationalsozialistischen Zeit kaum revolutionär zu nennen war; sie sind auch ein zusätzlicher Beleg dafür, daß das Heer keineswegs seine traditionelle Attraktivität für die oberen Schichten der Gesellschaft eingebüßt hatte. Unterteilt man die Offiziere, die in die Kriegsakademie eintraten, nach den Berufen ihrer Väter, so ergibt sich folgendes Bild (siehe Tabelle 3.2).

Während dieser ganzen Zeit stand daher die Offizierlaufbahn in genügend hohem Ansehen, so daß das Heer auf die Schichten der Bevölkerung, denen auf Grund von Besitz oder Bildung die Wahl offenstand, eine Anziehung ausüben konnte.

Tabelle 3.2: *Herkunft des deutschen Offizierkorps, aufgeschlüsselt nach den Berufen der Väter (in Prozent)*

Beruf des Vaters	1912	1926	1921–34
Offiziere	24,56	44,34	34,93
Höhere Beamte, Akademiker	39,88	41,51	36,50
Gutsbesitzer	7,87	4,73	4,76
Gutspächter	1,69	0,94	1,59
Kaufleute, Fabrikbesitzer	15,41	6,13	9,52
Subalternbeamte, Unteroffiziere	4,74	1,41	7,94
sonstige Private	5,85	0,94	4,76

Quelle: Demeter, Das deutsche Offizierkorps, S. 58.

Die US-Army

Wenn wir uns nun vom deutschen dem amerikanischen Heer zuwenden, so stehen wir gleich vor der Tatsache, daß die einzigen verfügbaren Zahlen sich nicht auf das gesamte Offizierkorps beziehen, sondern nur auf die Generalität. Die soziale Herkunft dieser Gruppe wird in Tabelle 3.3 dargestellt; Tabelle 3.4 beschreibt ihren sozialen Status.

Tabelle 3.3: *Herkunft der amerikanischen Generale, aufgeschlüsselt nach den Berufen der Väter (in Prozent)*

Beruf des Vaters	1910–1920	1935	1950
Wirtschaft	24	16	29
Akademiker und höhere Angestellte	46	60	45
Farmer	30	16	10
Angestellte	–	6	11
Arbeiter	–	2	5
sonstige	–	–	–

Quelle: Janowitz, The Professional Soldier, S. 96.

Tabelle 3.4: *Herkunft der amerikanischen Generale nach dem Sozialstatus des Vaters (in Prozent)*

Schicht	1910–1920	1935	1950
Oberschicht	26	8	3
Obere Mittelschicht	66	68	47
Untere Mittelschicht	8	23	45
Obere Unterschicht	0	1	4
Untere Unterschicht	0	0	1

Quelle: Janowitz, The Professional Soldier, S. 90.

Man kann daraus den Schluß ziehen, daß die US-Army jedenfalls auf der Generalsebene keineswegs, wie manche glauben, ein sicherer Hafen für diejenigen ist, die keine Wahl haben.

Tabelle 3.5: *Selbstrekrutierung im deutschen und amerikanischen Offizierkorps*

Jahr	Selbstrekrutierung bei US-Offizieren (in Prozent)	Jahr	Selbstrekrutierung bei deutschen Offizieren (in Prozent)
1910	7		
		1911	27
1920	10		
		1925	29
		1933	29
1935	23	1939	15
		1941	16
		1944	14
1950	11		

Quelle: Janowitz, The Professional Soldier, S. 96.

Schließlich vergleicht Tabelle 3.5 die Selbstrekrutierung (den Prozentsatz an Offizieren, die schon Offizierssöhne waren) in beiden Armeen. Dieser Vergleich ist besonders interessant, denn er bietet einen Maßstab für die Zufriedenheit des Offiziers mit seinem Beruf und seinem Status. Die Zahlen sprechen für sich.

Eine Leiter für soziale Mobilität?

Das deutsche Heer

Es gibt nur verhältnismäßig wenig Material über die Funktion des deutschen Heeres als einer sozialen Aufstiegsleiter, d.h. als eines Vehikels, durch das begabte und ehrgeizige Männer die höchsten Ränge in der Gesellschaft erreichen konnten. Im Kaiserreich scheint jedoch bei den Offizieren das Gefühl verbreitet gewesen zu sein, daß schon der einfache Kadett den Marschallstab im Tornister trage; das gleiche muß auch in der Weimarer Zeit mit ihrer starken Betonung eines gerechten Beförderungssystems der Fall gewesen sein.[26]

Obwohl das Anwachsen des Heeres im Dritten Reich zweifellos Möglichkeiten für den sozialen Aufstieg jeder Art geschaffen hat, liegen noch keine detaillierten Zahlen vor.[27] Bekannt ist nur, daß von den 16 Feldmarschällen des Jahres 1944 sieben aus etablierten Familien kamen, sieben aus Familien, die schon seit einigen Generationen einen ständigen sozialen Aufstieg erlebt hatten und den Marschallstab als Gipfelpunkt dieses Aufstieges betrachteten, und zwei aus einfachen Familien.[28] Zu dieser Zeit führte das deutsche Heer in seinen Ranglisten auch 11 Generale, die aus dem Unteroffiziersstand aufgestiegen waren.

Ungeachtet seines geringen Umfanges (29.000 vor 1914, nur 4.000 während der Weimarer Zeit, 1936 lediglich 10.800) war das Offizierkorps ein ausgezeichnetes Sprungbrett für den sozialen Aufstieg, wie die folgenden Daten über Herkunft, Beruf und Werdegang von Ministern zeigen.

Der Anteil an Offizierssöhnen und Offizieren unter den Kabinettsmitgliedern war alles andere als unwesentlich. Die hohen Zahlen in der rechten Spalte sind besonders interessant, denn sie bedeuten, daß die Chancen eines Offiziers und Absolventen der Kriegsakademie auf einen Kabinettsrang vierzigmal so groß waren wie die eines Hochschulabsolventen.[29]

Tabelle 3.6: *Anteil an Offizierssöhnen, Offizieren und Absolventen der Kriegsakademie unter deutschen Kabinettsmitgliedern 1890–1933 (in Prozent)*

Kabinettsmitglieder während	Offiziers-söhne	Offiziere	General-stäbler
Monarchie (bis 1914)	9,1	16,9	15,8
Republik (1919–1932)	4,9	7,4	2,5
Hitlerzeit	12,1	18,2	12,1
Durchschnitt	8,7	14,2	10,1

Quelle: Knight, The German Executive, S. 36, 41, 45.

Die US-Army

In den Vereinigten Staaten waren zwischen 1892 und 1949 nur 0,5 Prozent aller Minister (cabinet ministers) ehemalige Offiziere. Eine Analyse der höheren Beamten während des gleichen Zeitraumes ergibt gleichfalls keine Offiziere, noch werden Militärakademien unter den absolvierten Schulen aufgeführt.[30]

Während für die Zwischenkriegszeit keine Untersuchungen verfügbar sind, legt Tabelle 3.7 die Ergebnisse einer Analyse vor, in der der soziale Hintergrund von Generalen und führenden Persönlichkeiten des Wirtschaftslebens verglichen werden. Daraus kann man den Schluß ziehen, daß sich selbst zu einer Zeit, als die stark vergrößerte US-Army den Gipfel ihres Prestiges erreicht hatte, hier weniger Möglichkeiten für den sozialen Aufstieg boten als im amerikanischen Wirtschaftsleben.

Tabelle 3.7: *Soziale Herkunft von Generalen und Wirtschaftsführern, nach Berufen der Väter (in Prozent)*

Beruf des Vaters	Generale (1950)	Wirtschaft (1952)
Wirtschaft	30	26
Akademiker, Manager	44	29
Farmer	10	8
Angestellter	11	19
Arbeiter	5	15
Sonstige	–	2

Quelle: Janowitz, The Professional Soldier, S. 93.

Anmerkungen

1 Die folgenden Bemerkungen beruhen auf Schmidt-Richberg, Die Regierungszeit Wilhelms II., in: Handbuch zur deutschen Militärgeschichte 1648–1939, Bd 3, Abschnitt V, S. 9–155, bes. S. 83 f.

2 Bernhardi, Denkwürdigkeiten aus meinem Leben, S. 260.

3 Wehrgesetz vom 21. Mai 1935, § 1 Abs. 1, zit. in: Absolon, die Wehrmacht im Dritten Reich, Bd 3, S. 23.

4 Zahlen von Kitchen, The German Officer Corps, S. 129, 132, 136.

5 Schmidt-Richberg, Die Regierungszeit Wilhelms II., S. 88; vgl. dazu Krafft, Glänzendes Elend.

6 Rumschöttel, Bildung und Herkunft der bayerischen Offiziere 1866 bis 1914, in: Militärgeschichtliche Mitteilungen, 2/1970, S. 81–131, bes. S. 125 f.

7 Sachße, Roter Mohn, S. 142.

8 Parish, New Responsibilities of Air Force Officers, in: Air University Review, 3 (März–April 1972), S. 15 f. Dieser Aufsatz wurde ursprünglich 1947 veröffentlicht.

9 Weigley, A Historian Looks at the Army, in: Military Review, 52 (Februar 1972), S. 26.

10 Huntington, The Soldier and the State, S. 155 f.

11 Ebd., S. 292.

12 Janowitz, The Professional Soldier, S. 206, 209.

13 Das Wort wird in diesem Sinn verwendet bei Menninger, Psychiatry in a Troubled World, S. 177. Menninger war Chefpsychiater der US-Army während des Zweiten Weltkriegs.

14 Coates/Pellegrin, Military Sociology, S. 45–46.

15 Janowitz, The Professional Soldier, S. 227.

16 Am ehesten kommt eine Münchner Dissertation von 1930 in Frage, in der die soziale Mobilität ehemaliger Offiziere in der Weimarer Zeit untersucht wird. Das Ergebnis war, daß die (normalerweise ranghöheren) Offiziere, die von ihrer Pension leben konnten, in den oberen Gesellschaftsschichten blieben, genau wie Ärzte und Apotheker, deren Qualifikation auf den zivilen Arbeitsmarkt übertragbar war. Die übrigen mußten neue Berufe erlernen und stiegen dadurch die soziale Leiter hinab. Siehe Nothaas, Social Ascent and Descent among Former Officers in the German Army and Navy after the World War, S. 10 f.

17 Weltz, Wie steht es um die Bundeswehr?, S. 5 f. Noch im Oktober 1956 wollten

43 % aller Westdeutschen die Bundeswehr abschaffen, nur 38 % wollten sie behalten (S. 7).

18 Wiatr, Social Prestige of the Military. A Comparative Approach, S. 77.

19 Demeter, Das deutsche Offizierkorps, S. 22, 29.

20 Das Alte Heer, S. 34 f.

21 Hauptmann von Kortzfleisch, Der Offizierberuf im Reichsheer, in: Deutsches Adelsblatt, 39. Jg., H. 22, S. 338.

22 Demeter, Das deutsche Offizierkorps, S. 59.

23 Spires, The Career of the Reichswehr Officer, S. 260 f., 521, Tab 5

24 Demeter, Das deutsche Offizierkorps, S. 59; Preradovich, Die militärische und soziale Herkunft der Generalität des deutschen Heeres, S. 7 ff.

25 Preradovich, Herkunft, S. 80. Zu der Gesamtzahl der Generale am 1. Mai 1944 vgl. die Listen ebd., S. 91 ff.

26 Hesse, Der Geist von Potsdam, S. 27; vgl. jetzt dazu: Stumpf, Die Wehrmacht-Elite. Rang- und Herkunftsstruktur der deutschen Generale und Admirale 1933–45, S. 234 ff.

27 Spires, Career of the Reichswehr Officer, S. 232 ff.

28 Preradovich, Herkunft, S. 5.

31 In jedem durchschnittlichen Jahr betrug das Verhältnis von Universitätsstudenten und Studenten der Kriegsakademie 250:1, doch in den verschiedenen Kabinetten waren die letzteren sechsmal so häufig vertreten.

30 Bendix, Higher Civil Servants in American Society, S. 56, 92.

4. Kriegslehre und Kriegsbild

Das deutsche Heer

Der beste Schlüssel zum Verständnis der Ansichten des deutschen Heeres über das wirklich Wesentliche im Krieg ist das direkte Zitat aus der Heeresdruckvorschrift „Truppenführung" von 1936.[1] Die beiden Bände wurden von zwei aufeinander folgenden Chefs der Heeresleitung, General Kurt von Hammerstein-Equord und General Werner von Fritsch (seit 1935 Oberbefehlshaber des Heeres) unterzeichnet.

„1. Die Kriegführung ist eine Kunst, eine auf wissenschaftlicher Grundlage beruhende freie, schöpferische Tätigkeit. An die Persönlichkeit stellt sie die höchsten Anforderungen.
2. Das kriegerische Handeln unterliegt steter Fortentwicklung. Neue Kriegsmittel geben ihm immer wieder veränderte Formen. Ihr Aufkommen muß rechtzeitig vorausgesehen, ihr Einfluß richtig eingeschätzt und rasch verwertet werden.
3. Die Lagen im Kriege sind von unbegrenzter Mannigfaltigkeit. Sie wechseln oft und plötzlich und lassen sich nur selten von vornherein übersehen. Unberechenbare Größen haben oft maßgebenden Einfluß. Dem eigenen Willen begegnet der unabhängige Wille des Feindes. Reibungen und Fehler sind alltägliche Erscheinungen.
4. Die Lehren der Kriegführung lassen sich nicht in Vorschriften erschöpfend zusammenfassen. Die Grundsätze, welche diese geben, müssen den Umständen entsprechend zur Anwendung gelangen. Einfaches Handeln, folgerecht durchgeführt, wird am sichersten zum Ziele führen. […]
10. Der Wert des Mannes bleibt trotz der Technik entscheidend; seine Bedeutung ist durch das zerstreute Kämpfen gewachsen. Die Leere des Schlachtfeldes verlangt selbständig denkende und handelnde Kämpfer, die jede Lage überlegt, entschlossen und kühn ausnutzen, von der Überzeugung durchdrungen, daß es zum Gelingen auf jeden ankommt. Gewöhnung an körperliche Leistungen, Rücksichtslosigkeit gegenüber sich selbst, Willenskraft, Selbstvertrauen und Wagemut befähigen den Mann, die schwersten Lagen zu meistern.
11. Der Wert des Führers und des Mannes bestimmt den Gefechtswert

der Truppe, der in der Güte, Pflege und Erhaltung von Bewaffnung und Ausrüstung seine notwendige Ergänzung finden muß.
Überlegener Gefechtswert kann zahlenmäßige Unterlegenheit ausgleichen. Je höher der Gefechtswert ist, desto kraftvoller und beweglicher kann die Kriegführung gestaltet werden. Überlegene Führung und überlegener Gefechtswert der Truppe sind zuverlässige Grundlagen für den Sieg. [...]

15. Vom jüngsten Soldaten aufwärts muß überall selbsttätiges Einsetzen der ganzen seelischen, geistigen und körperlichen Kraft gefordert werden. Nur so wird die volle Leistungsfähigkeit der Truppe in übereinstimmendem Handeln zur Geltung gebracht. Nur dann erwachsen Männer, die auch in der Stunde der Gefahr Mut und Entschlußkraft bewahren und den schwächeren Kameraden zu kühner Tat mit fortreißen. So bleibt entschlossenes Handeln das erste Erfordernis im Kriege. Ein jeder, der höchste Führer wie der jüngste Soldat, muß sich stets bewußt sein, daß Unterlassen und Versäumnis ihn schwerer belasten als Fehlgreifen in der Wahl der Mittel."

Nach diesen Aussagen zählt die Vorschrift einige der Methoden auf, mit denen der Sieg erkämpft werden soll:

„28. Zur Entscheidung kann man nie stark genug sein. Gegen diese Grundregel handelt, wer überall sichergehen will oder Kräfte in Nebenaufgaben festlegt.
Der Schwächere kann durch Schnelligkeit, Beweglichkeit, größere Marschleistung, Ausnutzung der Nacht und des Geländes, Überraschung und Täuschung an der entscheidenden Stelle der Stärkere sein.

29. Raum und Zeit müssen richtig ausgenutzt, günstige Lagen rasch erkannt und entschlossen verwertet werden. Jeder Vorsprung vor dem Gegner vergrößert die eigene Handlungsfreiheit. [...]

32. Überraschung des Gegners ist ein ausschlaggebendes Mittel zum Erringen des Erfolges. Handlungen, die sich auf Überraschung gründen, pflegen jedoch nur dann erfolgreich zu verlaufen, wenn dem Gegner keine Zeit gelassen wird, wirksame Gegenmaßnahmen zu treffen.
Der Gegner wird sich ebenfalls der Überraschung bedienen. Die eigenen Maßnahmen müssen dem Rechnung tragen."

Dem kann oder sollte wenig hinzugefügt werden. Allerdings sollte bedacht werden, daß Deutschland geographisch gesehen im Zentrum Europas liegt. Weil sich die Deutschen häufig gezwungen sahen, gegen eine Kombination zahlenmäßig überlegener Feinde zu kämpfen, lag ihre Reaktion in der

Entwicklung einer starken Betonung der Operationen (definiert als „Zusammenspiel von Angriff, Verteidigung, Rückzug, Gegenangriff usw.“), wobei andere Funktionen, die als lediglich unterstützend angesehen wurden, benachteiligt, ja sogar vernachlässigt wurden. Insbesondere die Kriegslehre hob den Angriff als einziges Mittel zur schnellen und entscheidenden Beendigung von Kriegen hervor. Eine Reihung von Prioritäten ergibt sich in Tabelle 4.1, in der die Stichwortverzeichnisse der beiden Bände der „Truppenführung“ analysiert wurden.

Tabelle 4.1: *Analyse des Stichwortverzeichnisses der H.Dv. 300, nach Themenbereichen*

		Themenbereich
Gesamtzahl der Stichwörter	650	
Stichwörter mit Unterstichwörtern	172	
Gesamtzahl der Unterstichwörter	746	
Stichwörter mit der größten Zahl von Unterstichwörtern:		
Angriff	53	a
Verteidigung	34	a
hinhaltender Widerstand	32	a
Gefecht	23	a
Rückzug	19	a
Aufklärung	18	a
Kavallerie	18	e
Befehl	17	b
Marsch	16	c
Führer	16	b
Verbindung	15	b
Versorgung	14	c
Abwehr	12	a
Nachrichtenwesen*	12	b
Unterkunft	12	c
Verfolgung	10	a
Ortsunterkunft	10	c
Sicherung	10	a
Kampfwagen	10	d
künstlicher Nebel	10	d
Summe	361	

Quelle: H.Dv. 300, Truppenführung, Berlin 1936 und 1934.

Anmerkung:
zu a (verschiedene Gefechtsarten) gehören 211 Unterstichwörter oder 28,3 % der Gesamtsumme;
zu b (Führung, Nachrichtenwesen) 60, oder 8 %; zu c (Logistik und zugehörige Begriffe) 52, oder 6,9 %; zu d (technische Mittel) 20, oder 2,6 %, und zu e (Truppenteile

oder Waffengattungen) 18, oder 2,5 %. Die Stichwörter in Kategorie a belaufen sich auf 9, und jedes hat durchschnittlich 23,4 Unterstichwörter. In der Kategorie b sind es 4 Stichwörter mit durchschnittlich 15 Unterstichwörtern. Auch in Kategorie c sind es 4 Stichwörter, aber im Durchschnitt nur 13 Unterstichwörter. In Kategorie d sind es 2 Stichwörter und im Durchschnitt 10 Unterstichwörter. Außer in Kategorie e, in der die Kavallerie mit 18 Stichwörtern eine ebenso auffallende wie interessante Anomalie bildet, wird hierin die Betonung der Operationen wie auch die Reihenfolge der Prioritäten ganz deutlich.

* AdÜ: heute: Fernmeldewesen

Die US-Army

1941 unterzeichnete General Marshall die Felddienstvorschrift der US-Army (FM 100-5). Sie enthält keine Einleitung über das Wesen des Krieges, stattdessen ist dem Band ein unbetiteltes Blatt vorangestellt, aus dem wir zitieren:

„Obwohl die grundlegenden Operationslehren weder zahlreich noch kompliziert sind, ist ihre Anwendung zuzeiten schwierig. Die Kenntnis dieser Lehren und die Erfahrung bei ihrer Anwendung bieten allen militärischen Führern eine sichere Grundlage für das Handeln in einer bestimmten Lage. Diese Kenntnis und Erfahrung befähigen den militärischen Führer dazu, die ihm zur Verfügung stehende flexible Organisation dazu zu benutzen, seine Kräfte in Kampfeinheiten und -verbände zu gliedern, die für die Erfüllung seines Auftrags am besten geeignet sind.

Starre Regeln und Methoden sind zu vermeiden. Sie schränken die Phantasie und Initiative ein, die für die erfolgreiche Kriegführung so wichtig sind. Sie liefern dem Feind ein festes Operationsmuster, dem er leichter begegnen kann. Es ist eine Aufgabe der Führung, Taktik und Techniken verschiedener Waffengattungen zu koordinieren, um bei den für eine bestimmte Aufgabe eingesetzten Kräften den Teamgeist zu entwickeln, der für den Erfolg wesentlich ist."

Danach widmet die Vorschrift die ersten beiden Kapitel der Gliederung des Heeres und den Aufgaben jeder Waffengattung und fährt fort:

„98. Der Mensch ist das wichtigste Instrument im Krieg, andere Instrumente können sich ändern, aber er bleibt relativ konstant. Wenn man sein Verhalten und seine elementaren Eigenschaften nicht versteht, sind grobe Fehler in der Operationsplanung und Truppenführung die Folgen. Bei der Ausbildung des Soldaten kommt es vor allem darauf an, den einzelnen in der Gruppe zu integrieren und für diese Gruppe einen hohen Maßstab militärischen Verhaltens und militärischer Leistung herzustellen, ohne die Initiative des einzelnen zu zerstören.

99. Der Krieg stellt die körperliche Ausdauer und die moralische Wi-

derstandskraft des einzelnen Soldaten auf eine harte Probe. Um seine Pflicht wirksam erfüllen zu können, muß er nicht nur gut ausgerüstet und technisch ausgebildet, sondern auch physisch in der Lage sein, die Härten des Dienstes im Felde zu ertragen, und durch eine auf hohen Idealen des militärischen Verhaltens beruhende Disziplin gestützt werden. […]

100. Ungeachtet der Fortschritte in der Technologie ist der Wert des einzelnen immer noch entscheidend. Die offene Gefechtsweise betont seine Bedeutung noch. Jeder einzelne muß so ausgebildet sein, daß er eine Situation mit Energie und Kühnheit ausnutzt, und er muß von der Idee durchdrungen sein, daß der Erfolg von seiner Initiative und seinem Handeln abhängt. […]

107. Der Gefechtswert eines Truppenteils wird im hohen Maß von den soldatischen Eigenschaften seiner Führer und Angehörigen und von ihrem Kampfeswillen bestimmt. Äußere Kennzeichen dieses Gefechtswertes sind in der Haltung und dem Erscheinungsbild der Soldaten, in der Ausrüstung und der Einsatzbereitschaft des Truppenteils zu finden. Überlegener Gefechtswert gleicht zahlenmäßige Unterlegenheit aus. Eine überlegene Führung, verbunden mit dem überlegenen Gefechtswert der Truppe, stellt eine zuverlässige Grundlage für den Erfolg im Kampf dar. […]

111. Die erste Forderung im Krieg ist entschlossenes Handeln. Die militärischen Führer flößen ihren Untergebenen durch ihr entschlossenes Verhalten und ihre Fähigkeit, materielle Vorteile über den Feind zu gewinnen, Vertrauen ein."

Im folgenden geht die Vorschrift zu den „Gefechtslehren" (Doctrines of Combat) über:

„112. Das oberste Ziel jeder militärischen Operation ist die Vernichtung der feindlichen Streitkräfte im Gefecht. […]

113. Einfache und direkte Methoden verbunden mit schneller und gründlicher Durchführung sind oft für das Erringen eines Erfolges entscheidend. […]

115. Durch den Angriff übt der militärische Führer seine Initiative aus, bewahrt seine Handlungsfreiheit und zwingt dem Feind seinen Willen auf. Zeitweilig kann er jedoch bewußt das Mittel der Defensive wählen, um die Gelegenheit für eine Gegenoffensive abzuwarten oder um Kräfte an einer Front einzusparen, an der keine Entscheidung gesucht wird. Die Wahl des richtigen Zeitpunktes und Ortes für den Angriff durch den militärischen Führer ist ein entscheidender Faktor für den Erfolg der Operation.

Zahlenmäßige Unterlegenheit zwingt die Führung nicht notwendigerweise zur Defensive. Zahlenmäßig überlegene feindliche Kräfte können durch größere Beweglichkeit, bessere Bewaffnung und Ausrüstung, wirksameres Feuer, höhere Kampfmoral und bessere Führung überwunden werden. Eine überlegene Führung verleiht einer zahlenmäßig unterlegenen Truppe an der entscheidenden Stelle größere Stärke. [...]

116. Die Zusammenfassung überlegener Kräfte, am Boden wie in der Luft am entscheidenden Ort und zur entscheidenden Zeit, und ihr Einsatz in einer entscheidenden Richtung schaffen die Bedingungen, die für den Sieg wesentlich sind. Diese Konzentration erfordert strikte Beschränkung der Kräfte, die für zweitrangige Missionen eingesetzt werden. Sonderkommandos während des Gefechts sind nur zu rechtfertigen, wenn die Ausführung des ihnen erteilten Auftrags direkt zum Erfolg im Hauptgefecht beiträgt.

117. Während des gesamten Gefechts ist mit allen Mitteln und auf allen Führungsebenen Überraschung anzustreben. Sie kann durch Feuer und durch Bewegung erreicht werden. Überraschung wird durch Maßnahmen erzielt, die entweder dem Feind Informationen verwehren oder ihn ausdrücklich über unsere Gefechtsgliederung, Bewegungen und Pläne täuschen. Dafür kann oft Gelände benutzt werden, das für die Durchführung von Operationen zu schwierig erscheint. Überraschung wird durch die Abwandlung der im Gefecht angewandten Mittel und Methoden und durch die Schnelligkeit der Durchführung gefördert. [...]

118. Zum Schutz vor Überraschung sind korrekte Einschätzung der feindlichen Fähigkeiten, ausreichende Sicherungsmaßnahmen, wirksame Aufklärung und die Einsatzbereitschaft aller Truppenteile erforderlich. Jeder Truppenteil ergreift die notwendigen Maßnahmen für seine eigene örtliche Sicherheit am Boden und in der Luft. Maßnahmen für die Sicherheit der Flanken und im Rücken sind von besonderer Bedeutung."

Die Gesamtwirkung ist also, auch wenn einzelne Sätze deutlich direkt aus der deutschen Vorschrift übernommen wurden, auf subtile Weise unterschiedlich und weist auf eine andere Auffassung vom Wesen des Krieges hin. Die deutsche Ansicht besagt, daß der Krieg „eine auf wissenschaftlicher Grundlage beruhende freie, schöpferische Tätigkeit" ist; die Amerikaner vertreten die Überzeugung, daß er eine Frage des richtigen Verständnisses und der richtigen Anwendung von „Lehren" ist, „um die flexible Organisation, die [dem Befehlshaber] zur Verfügung steht, [...] zur Erfüllung seiner Mission zu befähigen." Die Betonung der wissenschaftlichen Durchführung ist damit offensichtlich.

Von Clausewitz übernahm das deutsche Heer die Vorstellung, der Krieg sei ein Zusammenprall unabhängiger Willenskräfte und folglich durch Friktionen beherrscht. Im Gegensatz dazu wird in der Vorschrift der US-Army der Feind nur als Faktor erwähnt, der das eigene Handlungsmodell zerstören könnte, während der Einfluß von Clausewitz in der überragenden Betonung der Entscheidungsschlacht sichtbar ist.

„Einfachheit und Folgerichtigkeit" des Handelns bilden nach deutscher Ansicht den Schlüssel zum Erfolg im Krieg; in der amerikanischen Vorschrift heißt es bezeichnenderweise: „einfache und direkte Pläne".

Die deutsche Vorschrift betont, es sei „unmöglich, die Kriegskunst in Vorschriften erschöpfend zusammenzufassen"; die amerikanische erkennt zwar

Tabelle 4.2: *Analyse des Stichwortverzeichnisses der FM-100-5, nach Themenbereichen*

		Themen-bereich
Gesamtzahl der Stichwörter	287	
Stichwörter mit Unterstichwörtern	104	
Gesamtzahl der Unterstichwörter	1.210	
Stichwörter mit der größten Zahl von Unterstichwörtern:		
Verteidigung	63	a
Angriff	57	a
Märsche	57	c
Flußläufe	42	c
Kavallerie	38	e
Kampfflugzeuge	34	e
Aufklärung	32	a
Panzerdivision	30	e
Fernmeldewesen	30	b
Feldartillerie	28	e
Sicherheit	26	a
Operationen im Gebirge	25	a
Panzer	24	d
Luftlandetruppen	24	c
Befehle	22	b
Schnee und extreme Kälte	22	c
Infanterie	22	e
Summe	576	

Anmerkung:

zu a (verschiedene Gefechtsarten) gehören 203 oder 16,7 % aller zu e (Truppenteile oder Waffengattungen) 152 oder 12,5 %; zu c (Logistik und zugehörige Begriffe) 145 oder 11,9 %; (verschiedene Gefechtsarten) gehören 203 oder 16,7 % aller Unterstichwörter;

zu b (Führung, Fernmeldewesen) 52 oder 4,2 % und zu d (technische Mittel) nur 24 oder 1,9 %.

die Notwendigkeit, „starre Regeln und Methoden" als Mittel zur Irreführung des Feindes zu vermeiden, doch will sie dem militärischen Führer „eine feste Grundlage für das Handeln in einer bestimmten Situation" bieten. Möglicherweise fordert sie aus diesem Grund nicht so energisch das unabhängige Handeln auf allen Ebenen – und das ist der eigentliche Kern der deutschen Vorschrift – und geht an jedem Punkt beträchtlich mehr ins Detail. Während beide Vorschriften die Rolle des einzelnen angesichts der modernen Technik betonen, stellt die deutsche Vorschrift an ihn „die höchsten Anforderungen", die amerikanische andererseits scheint ihn als ein „Instrument" unter vielen zu betrachten, dessen „elementare Eigenschaften" verstanden werden müssen, wenn „grobe Fehler" vermieden werden sollen.

Ein interessanter Aspekt der amerikanischen Vorschrift, der in der deutschen keine direkte Entsprechung hat, ist die starke Betonung der Teamarbeit (mit den selbstverständlichen Voraussetzungen der Koordination und der Kontrolle) und des Zusammenhaltes innerhalb des Truppenteils. Dieser zweite Punkt ist ein sehr vernünftiger Grundsatz, der, wie wir noch sehen werden, nicht in die Praxis umgesetzt wurde.

Insgesamt war daher die Auffassung vom Krieg bei der US-Army weit mehr an Organisationsfragen orientiert als beim deutschen Heer; sie legte mehr Wert auf Doktrin, Planung und Kontrolle. Ein Grund dafür lag wohl in der relativen Unerfahrenheit der Mehrheit der Soldaten und Kommandeure, die ein größeres Maß an Aufsicht von oben brauchten, weil sie noch bis kurz zuvor Zivilisten gewesen waren. Hauptsächlich spiegelt sich hier jedoch die Erfahrung einer Armee wider, die sich, traditionell gestützt auf eine überwältigende materielle Überlegenheit, nicht in demselben Maße wie die Deutschen auf die Kampfkraft zu verlassen brauchte. In Anbetracht dieser Unterschiede (man vergleiche dazu die Mittel, durch die beide Streitkräfte die zahlenmäßige Unterlegenheit zu überwinden suchten) wurde weniger Gewicht auf die Operationen im deutschen Sinne gelegt und dafür mehr Gewicht auf Organisation und Logistik, die für den wirksamen Einsatz der verfügbaren materiellen Mittel erforderlich waren. Das wird durch die Analyse des Stichwortverzeichnisses zu der Vorschrift der US-Army belegt. Sie wurde in analoger Weise zu der Analyse des Verzeichnisses der H.Dv. 300 durchgeführt (siehe Tabelle 4.1 und Anmerkung dazu).

So kann quantitativ dargestellt werden, daß die amerikanische Kriegslehre viel weniger zielbewußt als die deutsche war, die sehr stark die Operationen betonte. Stattdessen zog sie es vor, eine ausgewogene Entwicklung von Operationen, Organisation und Logistik hervorzuheben.

Anmerkung

1 H.Dv. 300, Truppenführung (T.F.), 2 Bde, Berlin 1936 und 1934 (Hervorhebung im Original).

5. Führungsprinzipien

Die Bedeutung eines angemessenen Führungssystems, das zur richtigen Aufteilung von Autorität und Verantwortung auf den verschiedenen Ebenen der militärischen Hierarchie führt, muß hier nicht weiter dargelegt werden. Ohne das richtige Gleichgewicht zwischen Zentralisierung und Dezentralisierung, zwischen Disziplin und Initiative, zwischen Autorität und Verantwortung des einzelnen, kann keine menschliche Organisation – ganz zu schweigen von einer militärischen, die in einer Umgebung operiert, in der Unordnung und Verwirrung heimisch sind – funktionieren oder überhaupt existieren. Das oben Gesagte gilt sicher für den Krieg in jedem Zeitraum, doch sind hier vielleicht ein paar Worte über den Charakter des modernen Krieges angebracht. Vom Standpunkt des Führungssystems zeichnet sich der moderne Krieg vor allem durch sein Tempo und die Notwendigkeit enger Zusammenarbeit vieler spezialisierter Truppen aus. Wenn die übrigen Faktoren gleichbleiben, bedeutet das, daß ein Führungssystem, das auf der untersten Ebene Raum für Initiative und den unterstellten Kommandeuren Raum für vernünftige Zusammenarbeit läßt, jedem anderen überlegen ist, das sich nicht so verhält. Diese Überlegungen sollten beim Lesen der folgenden Abschnitte bedacht werden.

Das deutsche Heer

Im Gegensatz zu den weitverbreiteten Klischees vom „Kadavergehorsam" und der „preußischen Disziplin" hatte das deutsche Heer spätestens seit der Zeit des älteren Moltke immer die entscheidende Bedeutung der Eigeninitiative und -verantwortlichkeit, selbst auf der untersten Ebene, betont. In dieser Hinsicht war es der deutschen Industrie weit überlegen, wo bis ins zwanzigste Jahrhundert das autoritäre Prinzip des Befehls von oben und des Gehorsams von unten vorherrschte.[1]

Bereits 1906 hieß es im Exerzierreglement, Nr. 2: „Im besonderen verlangt das Gefecht denkende, zur Selbständigkeit erzogene Führer und selbsthandelnde Schützen." Die Felddienstordnung von 1908, Nr. 37, ging noch einen Schritt weiter: „Vom jüngsten Soldaten aufwärts muß überall selbständiges Einsetzen der ganzen geistigen und körperlichen Kraft gefordert werden. Nur so läßt sich die volle Leistungsfähigkeit in übereinstimmendem Handeln zur Geltung bringen."[2]

Parallel dazu und als direkte Folge der Betonung unabhängigen Handelns der Unterführer entwickelte das deutsche Heer – wiederum seit Moltke – sein System der „Auftragstaktik", das bis heute ein Hauptelement der bundesdeutschen militärischen Doktrin ist. Sie wird am besten und am kürzesten von dem Oberstleutnant i.G. Walter v. Lossow erklärt, der interessanterweise hervorhebt, daß sie bei den hessischen Truppen entstand, die sie aus dem amerikanischen Unabhängigkeitskrieg mitbrachten.[3]

1. „Der Auftrag muß den Willen der Führung unmißverständlich zum Ausdruck bringen."
2. „Ziel, Handlungsverlauf und Auftragszwänge, wie etwa die Zeit, müssen klar und eindeutig sein, ohne die Handlungsfreiheit mehr als nötig einzuschränken, um die Initiative des Einzelnen zu nutzen, der mit der Ausführung der Aufgaben beauftragt ist."
3. „Der Art der Durchführung im Rahmen der Absicht der übergeordneten Führung werden nur Grenzen gesetzt, wenn sie für die Koordinierung mit anderen Führern nötig sind."

Mit anderen Worten: Im Führungssystem der Auftragstaktik werden die Befehlshaber dazu erzogen, ihren Untergebenen zu befehlen, was sie zu tun haben, aber nicht, wie das zu geschehen hat. Vorausgesetzt, daß sie sich im Rahmen des Ganzen bewegen, ist der Planung und Durchführung ihrer eigenen Maßnahmen ein großer Spielraum garantiert. Solch ein System setzt natürlich einheitliches Denken und zuverlässiges Handeln voraus, die nur durch gründliche Ausbildung und lange Erfahrung zu erreichen sind. Noch wichtiger, ja absolut unentbehrlich ist das vollständige Vertrauen der Vorgesetzten zu ihren Untergebenen und umgekehrt. Unter der Voraussetzung, daß die obigen Bedingungen erfüllt werden, sind die Vorteile des Systems beträchtlich. Dazu wieder Lossow:

1. „Führer aller Ebenen werden gezwungen, ihre eigene Lage wie auch die ihrer nächst höheren[4] Führungsebene zu analsysieren."
2. „Die Weitergabe von Befehlen von einer Führungsebene zur anderen wird beschleunigt."
3. „Die am Ort des Geschehens eingeleiteten Maßnahmen entsprechen eher den tatsächlichen Bedingungen."[5]

Wenn wir uns nun wieder der H.Dv. 300, Truppenführung, von 1936, die oben schon zitiert wurde, zuwenden, so finden wir dort die Betonung sowohl der Unabhängigkeit der Unterführer wie auch der Auftragstaktik:

„36. Die Grundlage für die Führung bilden der Auftrag und die Lage.

Der Auftrag bezeichnet das zu erreichende Ziel. Der Beauftragte darf ihn nicht aus dem Auge verlieren. Ein Auftrag, der mehrere Aufgaben stellt, lenkt das Augenmerk leicht von der Hauptsache ab.

Ungewißheit der Lage bildet die Regel. Selten wird sich genauer Aufschluß über die Verhältnisse beim Feinde gewinnen lassen. Deren Klärung ist eine selbstverständliche Forderung, das Warten auf Nachrichten in gespannter Lage jedoch selten ein Zeichen willensstarker Führung, oft ein schwerer Fehler.

37. Aus Auftrag und Lage entsteht der Entschluß. Reicht der Auftrag als Grundlage des Handelns nicht mehr aus oder ist er durch die Ereignisse überholt, so muß der Entschluß diesen Verhältnissen Rechnung tragen. Wer einen Auftrag abändert oder nicht ausführt, hat dies zu melden und übernimmt allein die Verantwortung für die Folgen. Stets muß er im Rahmen des Ganzen handeln.

Der Entschluß muß ein klares Ziel mit ganzer Kraft verfolgen. Der starke Wille des Führers muß ihn tragen. Oft erzwingt der stärkere Wille den Erfolg. Von dem einmal gefaßten Entschluß ist nicht ohne schwerwiegenden Grund abzugehen. In den Wechselfällen des Krieges kann aber starres Festhalten am Entschluß zum Fehler werden. Rechtzeitiges Erkennen der Umstände und des Zeitpunktes, die einen neuen Entschluß erfordern, ist Führungskunst.

Der Führer muß den Unterführern Freiheit des Handelns lassen, soweit dies nicht seine Absicht gefährdet. Er darf jedoch einen Entschluß, für den er selbst verantwortlich ist, nicht ihnen überlassen. [...]

73. Ein Befehl soll alles das, aber nur das enthalten, was der Untergebene wissen muß, um seinen Auftrag selbständig erfüllen zu können. Dementsprechend muß der Befehl kurz und klar, bestimmt und vollständig, auch dem Verständnis des Empfängers und unter Umständen seiner Eigenart angepaßt sein Der Befehlende soll nie unterlassen, sich in die Lage des Empfängers zu versetzen.

74. Die Befehlssprache muß einfach und verständlich sein. Klarheit, die jeden Zweifel ausschließt, ist wichtiger als formgerechte Abfassung. Die Deutlichkeit darf nicht durch die Kürze leiden. [...]

75. Befehle dürfen nur so weit binden, wie sich die Verhältnisse übersehen lassen. Doch wird die Lage oft verlangen, ins Ungewisse zu befehlen.

76. Befehle haben sich besonders dann der Einzelheiten zu enthalten, wenn Änderungen der Lage nicht ausgeschlossen sind, bevor der Befehl zur Ausführung kommt. In größeren operativen Verhältnissen, zumal wo für eine Reihe von Tagen befohlen werden muß, ist dies vornehmlich zu beachten. Dann tritt die Gesamtabsicht in den Vor-

dergrund; der Zweck, auf den es ankommt, ist besonders zu betonen. Für die Durchführung der bevorstehenden Kriegshandlung sind Gesichtspunkte zu geben, die Art der Ausführung ist zu überlassen. So erweitert sich der Befehl zur Weisung."

Die US-Army

Aus Gründen, die nur schwer einsehbar sind, die vielleicht aber damit zusammenhängen, daß ein wissenschaftlich fundiertes Management zuerst in den Vereinigten Staaten entstand und dort auch weithin angewendet wurde, entwickelten amerikanische militärische Führer keine Parallele zur Auftragstaktik, deren Prinzipien viele von ihnen, laut General Patton, schwer verständlich fanden.[6] Amerika war ja schließlich die Heimat des Taylorismus, eines Leistungssystems, das jede Bewegung des Arbeiters vorauszusehen und zu diktieren versuchte, mit dem Ziel, aus ihm eine menschliche Maschine zu machen, die so zuverlässig arbeitete wie die mechanischen, die er bediente.

Aus welchen Gründen auch immer schlägt die FM 100-5, obwohl sie ganze Sätze aus der H.Dv. 300 übernimmt, einen ganz anderen Ton an. Darüber hinaus tut sie vieles, wovor die deutsche Vorschrift die militärischen Führer warnt. Sie versucht, viele verschiedene Situationen vorauszusehen, und sie geht beträchtlich mehr ins Detail. Andererseits hat sie über die unabhängige Verantwortung der Unterführer nichts zu sagen. Wir zitieren:

„127. In jeder taktischen Operation muß der Truppenführer alle für seine Aufgaben relevanten, verfügbaren Informationen schnell auswerten, die Lage beurteilen und einen Entschluß fassen.

128. Die Lagebeurteilung des Truppenführers beruht auf dem Auftrag seines Truppenteils, auf den ihm und dem Feind zur Verfügung stehenden Mitteln, den in seinem Operationsgebiet herrschenden Bedingungen, einschließlich Gelände und Wetter, und den wahrscheinlichen Auswirkungen verschiedener Möglichkeiten des Handelns auf die künftigen Operationen. [...] Auf Grund dieser Faktoren wägt er die ihm offenstehenden Möglichkeiten des eigenen Handelns ab, die im Falle des Erfolges seinen Auftrag erfüllen, und die Möglichkeiten, zu denen der Feind physisch fähig ist, und die die Erfüllung seines Auftrages verhindern können. Er analysiert die gegensätzlichen Möglichkeiten des Handelns, wägt sie gegeneinander ab, um zu Schlüssen über die Erfolgsaussichten seines eigenen Vorgehens zu kommen. Auf Grund dieser Analyse untersucht er die relativen Vor- und Nachteile seiner eigenen Möglichkeiten und wählt diejenige Möglichkeit, die den größten Erfolg verspricht, ohne

Rücksicht auf mögliche Maßnahmen des Feindes. Erscheinen zwei oder mehr Möglichkeiten des eigenen Handelns gleich erfolgversprechend, so wählt er diejenige aus, die für künftige Operationen am günstigsten ist.

129. Die Lagebeurteilung erfordert oft schnelles Denken, mit Überlegungen, die sich auf die wesentlichen Faktoren beschränken. Im Krieg können genaue Schlußfolgerungen über den Feind selten gezogen werden. Im Notfall das Handeln wegen unzureichender Feindinformation aufzuschieben, zeugt von einem Mangel an energischer Führung und kann dazu führen, daß Möglichkeiten versäumt werden. Der Truppenführer muß kalkulierte Risiken eingehen. [...]

132. Die Lagebeurteilung gipfelt im Entschluß. Ein einmal gefaßter Entschluß wird nicht ohne zwingenden Grund abgeändert. Im Gefecht müssen der Wille und die Energie des Truppenführers bis zur Erfüllung des Auftrags andauern. Die Lagebeurteilung ist jedoch ein fortdauernder Prozeß, und veränderte Bedingungen können jederzeit einen neuen Entschluß erforderlich machen. Ein zu hartnäckiges Festhalten an einem früheren Entschluß kann zu kostspieligen Verzögerungen, zum Verlust einer Möglichkeit zum entscheidenden Handeln oder zum vollständigen Scheitern führen. [...]

150. Befehle können die Form von Gesamt- oder Einzelbefehlen haben. Ein Gesamtbefehl umfaßt alle wesentlichen Aspekte und Phasen der Operation. Gesamtbefehle enthalten Aufträge an alle nachgeordneten Truppenteile, die mit der Durchführung taktischer Operationen zur Ausführung der Absicht des Truppenführers beauftragt sind.
Einzelbefehle kommen zur Anwendung, wenn bei der Befehlsgebung und -ausführung Schnelligkeit geboten ist. Einzelbefehle werden nacheinander je nach Entwicklung der Lage und nach gefaßten Entschlüssen gegeben und bestehen aus getrennten Weisungen für einen oder mehrere nachgeordnete Truppenteile, und sie schreiben jedem die Aufgabe vor, die er in der Operation oder in deren einzelnen Phasen zu übernehmen hat. [...]

151. Befehle sollten früh genug herausgegeben und so übermittelt werden, daß den nachgeordneten Truppenführern eine möglichst große Zeitspanne zur Aufklärung, zur eigenen Lagebeurteilung, zur Ausgabe ihrer Befehle und zur Vorbereitung ihrer Truppen für die geplante Operation bleibt. [...]

152. In vielen Lagen kann es nötig oder wünschenswert sein, einen Vorbefehl für bevorstehende Operationen zu erlassen. Ein Vorbefehl enthält Informationen, die es den nachgeordneten Befehlshabern ermöglichen, Vorbereitungen für eine geplante Operation zu tref-

fen. Sein Hauptzweck ist es, Zeit für vorbereitende Maßnahmen zu gewinnen und die Kraft der Truppen zu erhalten.

153. Ein Befehl sollte nicht in den Zuständigkeitsbereich eines Untergebenen eingreifen. Er sollte alles Nötige enthalten, was der Untergebene zur Durchführung seines Auftrags wissen muß, aber nichts darüber hinaus.

154. Befehle müssen klar und deutlich sein und von einer Kürze, die mit der Klarheit vereinbar ist; kurze Sätze sind leicht verständlich. *Klarheit ist wichtiger als die stilistische Ausführung*. Je dringender die Lage, desto nötiger die Kürze des Befehls. Jede Begründung der ergriffenen Maßnahmen sollte sich auf das beschränken, was zur Veranlassung vernünftiger Unterstützung durch Untergebene nötig ist. Detaillierte Instruktionen für eine Vielfalt von Möglichkeiten oder Vorschriften, die in den Bereich der Ausbildung gehören, erzeugen kein Vertrauen und gehören nicht in einen Befehl. Nichtssagende und sinnlose Ausdrücke spalten die Verantwortung und führen zu halbherzigen Maßnahmen der Untergebenen. Übertriebene und bombastische Wendungen ziehen nur Spott auf sich und schwächen die Wirkung eines Befehls. Ausdrücke wie „energisch angreifen" – wenn sie in Befehlen verwendet werden – sind nicht nur weitschweifig und sinnlos, sondern schwächen auch die Wirkung der folgenden Befehle, in denen solche Ausdrücke nicht erscheinen."

Da sich die weiteren Abschnitte mit rein technischen Details befassen, unterbrechen wir das Zitat an dieser Stelle. Allerdings gibt es noch ein weiteres Dokument, das den Unterschied der deutschen und amerikanischen Führungskonzeptionen in einzigartiger Weise verdeutlicht. 1953 wurde eine Gruppe früherer Heeresoffiziere, unter Leitung des ehemaligen Chefs des Generalstabes des Heeres, Franz Halder, der die Pläne für den Frankreichfeldzug und die Anfangsphase des Rußlandfeldzuges ausgearbeitet hatte, von der US-Army aufgefordert, zu einer Neuausgabe der FM 100-5, die gerade bearbeitet wurde, Stellung zu nehmen, um Lehren aus dem Krieg einzubringen. Wir zitieren:[7]

„Eine Vorschrift hat – neben der Vermittlung zweckmäßiger *Grundsätze und Anschauungen*[8] über Führung und Gefecht – eine hohe *erzieherische Aufgabe.*

Diese erzieherische Seite wird hier bewußt vorangestellt. Die deutsche Führung hat als hauptsächliche Ziele jeder Führungserziehung angesehen:

1. einen hohen Grad von Selbstätigkeit in allen Stufen der Führung,
2. die Auftragsdisziplin, d.h. die innere Verpflichtung, immer im Sinne des erteilten Auftrages zu handeln,

3. die Freiheit vom Schema,
4. das Fassen „ganzer" d. h. klarer und eindeutiger Entschlüsse und ihre Ausführung unter ausgeprägter Schwerpunktbildung,
5. stete Fürsorge für die Truppe und Erhaltung der Kampfkraft."

Nach diesen Feststellungen kritisierte die Gruppe um Halder die amerikanischen Vorschriften im Detail. Hier folgt eine Zusammenfassung der Hauptpunkte:

a. Im Vergleich zur deutschen Konzeption des Krieges zeigt sich bei den amerikanischen Vorschriften eine wiederholte Tendenz, Situationen vorherzusehen und detaillierte Verhaltensweisen festzulegen. Dieses Vorgehen schränkt die Handlungsfreiheit eines Truppenführers ein, nimmt ihm die Möglichkeit, auf die tatsächliche Situation zu reagieren und entzieht ihm so eine wichtige Vorbedingung für den Sieg.
b. Die Vorschriften werden der Bedeutung des einzelnen Soldaten im modernen Krieg nicht gerecht.
c. Angesichts ihrer historischen materiellen Überlegenheit findet sich in den amerikanischen Vorschriften eine ausgeprägte Tendenz, die Bedeutung von Überraschung, Truppenbewegung und Improvisation zu unterschätzen.[9]
d. Infolge des Versuchs, jede Situation vorherzusehen, wirken die Vorschriften „schablonenhaft".
e. Die Vorschriften unterschätzen die psychologischen und physischen Aspekte des Krieges.
f. In der Erkenntnis des Hauptunterschiedes im Kriegsbild der deutschen und amerikanischen Streitkräfte schlug Halder den folgenden Zusatz zu den Vorschriften vor: „Im Kriege sind die charakterlichen Eigenschaften wichtiger als die des Intellekts."

Die letzten Punkte sind natürlich eine Wiederholung der deutschen Auffassung vom Krieg, die schon im vorhergehenden Kapitel erörtert wurde; die ersten vier dagegen bieten eine glänzende Analyse der Gründe, aus denen das amerikanische Führungssystem, wie es sich in seinen Vorschriften darstellte, für den modernen Krieg ungeeignet war.

Anmerkungen

1 Schall, Führungsgrundsätze in Armee und Industrie (1), in: Wehrkunde, 14 (1965), S. 10–18, bes. S. 15.
2 Zit. ebd., S. 15, Anm. 8.
3 Von Lossow, Mission-Type Tactics versus Order-Type Tactics, in: Military Review, 57/6 (Juni 1977), S. 87–91, bes. S. 87 f. (Numerierung des Verf.).

4 Hier sei eine Anekdote angefügt. Ein ehemaliger amerikanischer Offizier und Sozialwissenschaftler, der eine frühere Fassung dieser Studie las, unterstrich das Wort „höhere“ und schrieb „niedrigere?“.

5 Lossow, Tactics, S. 87 (Numerierung des Verf.).

6 Blumenson, The Patton Papers 1940–1945, Bd 2, S. 486 (Tagebuch, 23. Juli 1944): „Widerlich finde ich auch die Behauptung von Hodges und Bradley, daß alle menschlichen Werte von der Kenntnis der Infanterietaktik abhingen. Ich weiß, daß kein Offizier im Generalsrang und praktisch auch kein Oberst irgendeine Ahnung von der Taktik zu haben braucht. Die Taktik gehört den Bataillonskommandeuren. Wenn die Generale weniger von der Taktik wüßten, würden sie sich weniger einmischen.“

7 Halder, Gutachten zu Field Service Regulations, US-Army Historical Division, Study P 133, S. 2 f.

8 Hervorhebung im Original.

9 Zu dem mangelnden amerikanischen Interesse an diesen Faktoren s. Weigley, To the Crossing of the Rhine. American Strategic Thought to World War II, in: Armed Forces and Society, 5 (1979), S. 302–320; ebenso Creveld, Supplying War, Kap. 7.

6. Heeresorganisation

Der Zweck der militärischen Organisation ist es, das menschliche und materielle Potential so einzusetzen, daß im Gefecht die größtmögliche Wirkung erreicht wird. Die folgenden Abschnitte geben einen Überblick über die verschiedenen Wege, auf denen das deutsche und das amerikanische Heer sich mit diesem Problem auseinanderzusetzen versuchten.

Allgemeine Grundsätze

Organisation bedingt schon von ihrem Wesen her eine Folge von Kompromissen. Unter anderem muß zwischen der notwendigen Kontrolle von oben und der Initiative von unten ein Ausgleich hergestellt werden; ebenso zwischen dem Wunsch des Oberkommandos, das verfügbare Potential dort einzusetzen, wo es am meisten benötigt wird, und der Notwendigkeit, es örtlich verfügbar zu haben; sowie zwischen der Absicht des Oberkommandos, einerseits generelle Richtlinien zu geben, dabei aber andererseits nicht zu sehr ins Detail zu gehen. Eine Überschneidung der Kompetenzen ist zu vermeiden, und die Verantwortlichkeit muß klar und deutlich aufgeteilt werden.

Vor allem sollte eine Organisation nie den Zweck vergessen, für den sie geschaffen wurde; das bedeutet die Herstellung eines Gleichgewichts zwischen produktiven (leistungsbezogenen) und administrativen (funktionsbezogenen) Aufgaben, wobei die letzteren ausreichend sein, sich aber auf ein mögliches Minimum beschränken sollten. Unter gar keinen Umständen darf zugelassen werden, daß die funktionsbezogenen Aufgaben den leistungsbezogenen an Bedeutung gleichwertig sind oder sie sogar noch übertreffen. Das sollte sich in Doktrin und Struktur der Organisation widerspiegeln.

Soweit sie zur Leistung beitragen, sind die Kardinaltugenden jeder Organisation ihre Einfachheit, Konsequenz und Austauschbarkeit ihrer Teile. Menschen reagieren allerdings verstimmt, wenn sie wie austauschbare Einheitsbausteine behandelt werden. Wenn die Organisation, deren Teile sie sind, überhaupt einen Zusammenhalt haben soll, müssen die Unterschiede zwischen den einzelnen Menschen sowie ihre sozialen und psychologischen Bedürfnisse berücksichtigt werden.[1]

Das deutsche Heer

Es ist nicht zu leugnen, daß die Spitzengliederung der Wehrmacht im Zweiten Weltkrieg ein chaotisches Bild bot; in der Tat muß sie letztlich als ein nicht unwichtiger Faktor für ihre Niederlage angesehen werden. Die Rivalität zwischen dem Oberkommando der Wehrmacht (OKW) und dem Oberkommando des Heeres (OKH), die jeweils für die Kriegführung an der Ostfront (OKH) bzw. an allen anderen Fronten (OKW/WFSt) verantwortlich waren, ist zu bekannt, als daß sie hier ausführlich erörtert werden müßte. Das gleiche gilt auch für das Durcheinander, das entstand, als Hitler die Rolle des Oberbefehlshabers des Heeres übernahm, gleichzeitig aber den Generalstab des Heeres mit seinem Mißtrauen bedachte, weil er zu intellektuell, zu vorsichtig und überhaupt veraltet sei und es an nationalsozialistischem Fanatismus fehlen lasse. Aber die Kriegsgliederung des Heeres umfaßte auch eine Reihe interessanter Merkmale, die bisher weitgehend der Aufmerksamkeit der Historiker entgangen sind, vielleicht weil sie sich unterhalb der höchsten Ebene befanden und sich nicht mit den spektakulären Tätigkeiten wie Operationen und Eroberungen befaßten. Zunächst einmal gab es den grundsätzlichen Unterschied zwischen Feldheer und Ersatzheer. Das Feldheer unterstand direkt dem Oberbefehlshaber des Heeres (zuerst Walther v. Brauchitsch, dann seit Dezember 1941 Hitler persönlich) und seinem Stab im Feldhauptquartier, die somit ihre Aufmerksamkeit vorwiegend den militärischen Operationen zuwenden konnten. Alle anderen Aufgaben des Heeres – Einziehung neuer Rekruten, Ausbildung, Ersatz, Beschaffung, Verwaltung usw. – waren dem Befehlshaber des Ersatzheeres in Berlin anvertraut. Alle in der Heimat stationierten Truppenteile und Soldaten gehörten zum Ersatzheer. Dieses und seine Kommandobehörden unterstanden dem Befehl von Generaloberst Friedrich Fromm – seinerseits dem Oberbefehlshaber des Heeres unterstellt –, einem Offizier mit außergewöhnlichen Fähigkeiten, dessen grundlegende Bedeutung für die Kriegsanstrengungen Deutschlands bis heute weitgehend unbemerkt geblieben ist.[2]

Das Heer selbst war in fechtende Truppen und Versorgungstruppen unterteilt. Da die deutschen Befehlshaber jedoch selten zögerten, Spezialtruppen für Aufgaben einzusetzen, für die sie ursprünglich nicht vorgesehen waren, kommt dieser Unterscheidung weniger grundsätzliche Bedeutung zu als der zwischen Feld- und Ersatzheer. Dieses System ermöglichte es dem Feldheer, sich in dem sicheren Bewußtsein, daß alles andere im rückwärtigen Bereich wahrgenommen wurde, voll auf die militärischen Operationen zu konzentrieren.

Auf die Erhaltung enger Verbindungen zwischen Feld- und Ersatzheer wurde großer Wert gelegt. Neben der Bindung eines jeden Korps an einen der sieben (später dreizehn) Wehrkreise wurde auch ständig zwischen beiden Personal – vornehmlich Ausbilder – ausgetauscht. Da jede Division ihren

Personalersatz von einem bestimmten Truppenteil des Ersatzheeres bezog, erwartete man von den Truppenführern beider Seiten, daß sie durch den dienstlichen Schriftverkehr, gegenseitige Truppenbesuche usw. enge persönliche Beziehungen aufrechterhielten.

Truppenteile und Stäbe aller Art galten als Teil eines riesigen Pools, aus dem sie bei Bedarf herausgelöst werden konnten, um auf bestimmte Aufträge zugeschnittene Kampfgruppen zu bilden. Da die Vielfalt der Aufträge und Bedingungen unendlich ist, ähnelten sich nur wenige dieser Verbände; die Kommandobehörden oberhalb der Division waren in Wirklichkeit nichts als ein Rahmen für die Führung. Die Gliederung war daher gleichzeitig starr und flexibel; starr, weil die „Grundsteine" oder Truppenteile einander so ähnlich wie möglich waren; flexibel, weil sie alle dazu bereit standen, jede Art von Gefechtsorganisation zu schaffen, die für einen bestimmten Auftrag benötigt wurde. Die Kampfgruppen waren taktisch und administrativ selbständig und in der Durchführung ihres Auftrags nie auf andere Truppenteile angewiesen.

Grundsätzlich setzten sich die Truppenteile aller Größen aus folgenden fünf Komponenten zusammen:

1. dem Befehlshaber und seinem Stab,
2. den Stabstruppen, (im Falle einer Division) einschließlich der Divisionskartenstelle, der Meldestaffel, der Feldgendarmerie und der Divisionsnachrichtentruppen,
3. dem eigentlichen Truppenteil, der meistens eine Dreiergliederung aufwies,
4. aus Spezialtruppen verschiedener Art, z. B. einem schweren Bataillon (Pioniere oder Panzerabwehrtruppen) für das Infanterieregiment, einem Artillerieregiment für die Division, verschiedenen Korpstruppen (z.B. schwere Artillerie und Brückenbaukompanien) für die Armeekorps,
5. aus Versorgungstruppen (Trossen), einschließlich, im Falle einer Division, der Eisenbahntruppen, Nachschubtruppen, Verwaltungstruppen, Sanitäts- und Veterinärtruppen usw.

Alle diese Truppenteile waren, zumindest im Prinzip, verbandseigen. Allerdings nahm mit der Höhe der Führungsebene und der Kriegsdauer die Tendenz zu, Truppenteile vollständig oder teilweise (nicht jedoch einzelne Soldaten) zu improvisierten „Kampfgruppen" zusammenzustellen. Sie funktionierten dank der hervorragenden gemeinsamen Ausbildung normalerweise vorzüglich. Die Divisionen wurden mit arabischen, die Korps mit römischen Ziffern bezeichnet. Manche Divisionen hatten auch Namen. Bisweilen wurden sie, selbst in offiziellen Dokumenten, nach ihren Befehlshabern benannt;

z. B. Heeresgruppe Rundstedt, Panzergruppe Kleist, Panzergruppe Guderian, usw. Die Truppen des zweitgenannten Großverbandes hatten ein eigens für sie komponiertes Lied mit Reimen auf den Namen ihres Befehlshabers („getragen von des Führers Geist/ sind wir die Panzergruppe Kleist"), die Truppen der Panzergruppe Guderian malten gewohnheitsmäßig ein weißes „G" auf ihre Fahrzeuge.[3]

Im Endstadium des Krieges gab es Hunderte von improvisierten Truppenteilen. Sie wurden ausnahmslos nach dem Namen ihres Truppenführers als „Kampfgruppe X" bezeichnet und bewiesen oft eine Beweglichkeit und Flexibilität, die zu den herausragenden Aspekten der Leistung der deutschen Wehrmacht gehören. Teils aus historischen Gründen, teils aber auch als bewußte Lektion aus den Erfahrungen des Ersten Weltkrieges, wurden die deutschen Truppenteile von der Divisionsebene abwärts auf landsmannschaftlicher Basis gebildet, d.h. aus Preußen, Bayern, Sachsen, Württembergern usw.[4] Man gab z. B. zu, daß ein Preuße unter Bayern (oder umgekehrt) möglicherweise solchen sozialen Schwierigkeiten begegnen würde, daß er zum Selbstmord getrieben werden könnte.[5] Daher die Entschlossenheit der Wehrmacht, den landsmannschaftlichen Charakter ihrer Truppenteile trotz der damit verbundenen administrativen Schwierigkeiten zu bewahren.

Angesichts der Alternative, die bestehenden Divisionen entweder durch Personalersatz auf Sollstärke zu halten oder das Ersatzpersonal zur Aufstellung neuer Divisionen zu verwenden, entschied sich das Heer auf Drängen Hitlers für die zweite Möglichkeit. Dieses Verfahren ist von späteren Kritikern, die darin nur eine laienhafte Zahlenbesessenheit sahen, viel bespöttelt worden; und es läßt sich nicht leugnen, daß mit der Entscheidung, die Divisionen nicht auf Sollstärke zu halten, eine gewisse Verschwendung verbunden war, da ja Kampftruppen wesentlich schneller abgenutzt werden als Stäbe und Unterstützungstruppen.

Andererseits setzten die deutschen Truppenführer ohne zu zögern Truppen für Aufgaben ein, für die sie nicht vorgesehen waren, und tilgten damit wenigstens einen Teil dieser Verschwendung. Darüber hinaus ermöglichte die große Zahl der Divisionen bis zum Kriegsende die Verlegung von Truppen an die Front und ihr Abziehen von dort. Vor allem bedeutete diese Politik, daß die deutschen Divisionen, besonders auf den untersten Ebenen, festgefügte Gruppen von Männern waren und blieben, die zusammen litten, kämpften und starben.

So wird der bemerkenswerte Zusammenhalt der Divisionen, gemessen an der Zahl der Fälle von Fahnenflucht und Kapitulation, weitgehend durch ihre soziale Homogenität und die Tatsache erklärt, daß sie nicht ständig auf Sollstärke gebracht wurden. Obwohl Fälle von Fahnenflucht und Kapitulation sonst eine ziemlich seltene Erscheinung waren, traten sie anscheinend am häufigsten in den Truppenteilen auf, die gegen Kriegsende übereilt aufgestellt wurden, und in denen Österreicher, Tschechen und Polen wahllos zusammengewürfelt waren, oder in Divisionen, die aus Versprengten verschiedener Einheiten stammten. In Truppenteilen, bei denen das nicht der Fall war, kam es kaum zu Fahnenflucht oder Kapitulation.[6]

Die US-Army

Im Gegensatz zu Deutschland, dessen gebrechliches OKW-OKH-Führungssystem oben beschrieben wurde, verfügten die Vereinigten Staaten im Zweiten Weltkrieg mit ihrem „War Department General Staff" (Generalstab des Kriegsministeriums) über eine einheitliche Organisation für die Führung aller Operationen zu Lande und in der Luft (jedoch nicht zur See). Wie der Name jedoch schon sagt, war dieses Gremium sowohl ein Kriegsministerium als auch ein Generalstab; es war auch nicht in ein Feld- und ein Heimatoberkommando unterteilt (da die Vereinigten Staaten in Übersee Krieg führten, wäre diese Unterscheidung ohnehin bedeutungslos gewesen), so daß die administrativen Angelegenheiten einen weit größeren Raum einnahmen. Ebenso waren die beiden Grundkomponenten der Landstreitkräfte, die Army Ground Forces (AGF, Heereskampftruppen) und die Army Service Forces (ASF, Heeresunterstützungstruppen) geographisch nicht getrennt, da beide sowohl im Heimatgebiet wie in Übersee Einrichtungen und Truppenteile unterhielten. Die Ausbildung lag in den Händen der AGF; für das Wehrersatzsystem waren jedoch die ASF zuständig – was sehr schlechte Ergebnisse zur Folge hatte.

Abgesehen davon, daß ein größerer Teil der US-Truppen nicht zu bestimmten Divisionen gehörte, ähnelte die amerikanische Gliederung dem deutschen System insoweit, als die Truppenteile als Teile eines Pools angesehen wurden, dessen Zuteilung das Allgemeine Oberkommando (General Headquarters) nach den jeweiligen Umständen vornahm; in der Anfangsphase des Krieges wurden Versuche unternommen, nach Truppengattungen gegliederte Korps und Armeen zu schaffen, aber später gab man sie wieder auf. Auch die Gliederung der einzelnen Truppenteile ähnelte dem deutschen Modell, nur war sie weniger einfach und weniger folgerichtig. Zu verschiedenen Zeitpunkten während des Zweiten Weltkrieges hatten die Divisionen mehr oder weniger als drei Regimenter, und Stäbe auf Zwischenebenen wurden gebildet, die später wieder abgeschafft wurden.[7] Im Verlauf des Krieges verschwanden diese Anomalien jedoch.

Auch die amerikanischen Truppenführer bildeten oft improvisierte Kampfgruppen zur Ausführung besonderer Aufträge, obwohl ein Blick in das Register der offiziellen Geschichte der US-Army zeigt, daß sie sie seltener einsetzten als ihre deutschen Kontrahenten. Vielleicht lag es daran, daß das amerikanische System größeren Wert auf die „industrielle" Produktion von

Feuerkraft legte, daß die amerikanischen Truppenführer bei der Verwendung von Spezialtruppen und Rückwärtigen Verbindungstruppen für Aufträge, für die sie nicht vorgesehen waren, große Zurückhaltung übten. Im Endergebnis ließ man dadurch viele Personalreserven ungenutzt.[8] Wie ihre deutschen Entsprechungen wurden die amerikanischen Truppenteile mit römischen oder arabischen Ziffern bezeichnet. Die meisten hatten auch Spitznamen, obwohl die Vielfalt absonderlicher Zeichnungen (unter anderem kampflustige Hunde, Enten, Hundertfüßer, Spinnen, Bienen, Stiere, Vögel, Affen, Wölfe, Bären, Pferde, Schweine und Katzen), die die amerikanischen Truppenteile ins Gefecht begleiteten, vermuten läßt, daß sie den Soldaten wenig bedeuteten. Außer „Merils's Marauders", einer gegen die Japaner kämpfenden Einheit, ist mir kein Fall bekannt, in dem ein Verband nach seinem Befehlshaber benannt wurde. Während des Ersten Weltkrieges hatte man die amerikanischen Divisionen häufig auf der Grundlage einer einzelnen kleinen Region aufgebaut. Wie im Fall der britischen „Pal" (Kameraden-)Divisionen erlitten einige dieser Verbände jedoch schwere Verluste, die mit entsprechenden Verlusten für ganze Gemeinden verbunden waren, so daß dieses System geändert wurde.[9] Die amerikanische Divisionen des Zweiten Weltkrieges bestanden folglich aus Soldaten, die ohne Rücksicht auf ihre geographische Herkunft aus allen Teilen des 9,3 Millionen km^2 großen Landes einberufen worden waren. Die US-Army aktivierte im Zweiten Weltkrieg 91 Divisionen, von denen 89 zum Einsatz kamen. Diese verhältnismäßig kleine Zahl bedeutete, daß die Truppen nur selten ausgewechselt werden konnten; schlimmer noch, die Praxis des ständigen Ersatzes von Verlusten zur Erhaltung der Sollstärke (Table of Organization Strength) zerstörte den Zusammenhalt und verhinderte die Konsolidierung von Primärgruppen. Die deutschen Divisionen erlitten zwar Einbußen, aber blieben doch immer Gruppen von Soldaten, die zusammen litten, kämpften und starben. Die amerikanischen Divisionen andererseits erhielten das Verhältnis von Kampf- und Ersatztruppen dadurch aufrecht, daß sie wie riesige Fleischwölfe die Soldaten auf ihrem Weg vom Personalersatz im rückwärtigen Raum bis zum Verlust ihres Lebens an der Front verarbeiteten.

Die Struktur der Stäbe und Kommandobehörden

Von den Grundprinzipien der Heeresorganisation in Deutschland und den Vereinigten Staaten kommen wir nun zur Struktur ihrer taktischen Stäbe und Kommandobehörden. Diese Struktur läßt nicht nur wichtige Schlüsse auf die ihr zugrundeliegende Philosophie und ihren Modus operandi zu; sie bietet auch eine Behelfsmethode zur Schätzung der Leistung beider Armeen, indem sozusagen ein Größenvergleich der lenkenden Hirne mit den dazugehörigen Körpern hergestellt wird. Zweifellos gibt es einen Punkt, jenseits dessen die Ausdehnung der Stäbe und Kommandobehörden nicht mehr zur Leistung beiträgt, ja sie vielleicht sogar reduziert; das Problem besteht darin, diesen Punkt zu erkennen.

Das deutsche Heer

Die deutschen Stäbe aller Ebenen waren vor allem operative und taktische Organe, d.h. ihre primäre Aufgabe lag darin, im Gefecht zu führen, während für alle anderen Aufgaben der geringstmögliche Einsatz erbracht wurde. Auf allen Ebenen der Hierarchie gab es daher den Ersten Generalstabsoffizier (Ia), einen „primus inter pares", wenn er nicht tatsächlich nach Dienstgrad und Dienstalter Vorgesetzter seiner Kollegen war; seine Tätigkeit war maßgebend für alle anderen Abteilungen.

Abbildung 6.1: *Gliederung eines deutschen Divisionsstabes*

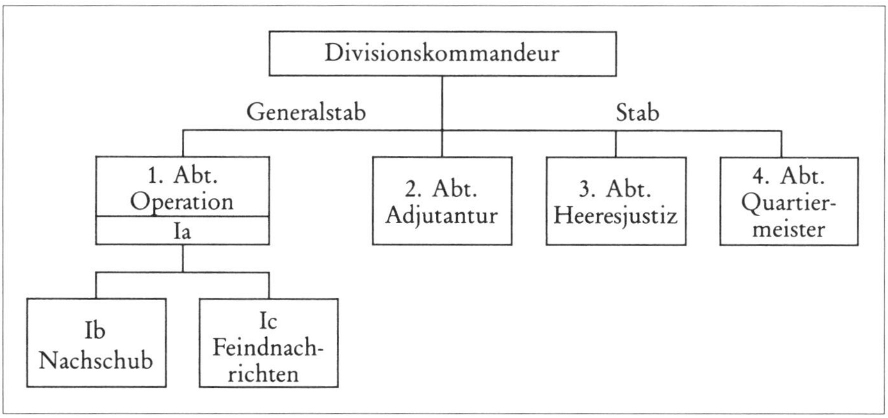

Abbildung 6.2: *Gliederung eines deutschen Generalkommandos*

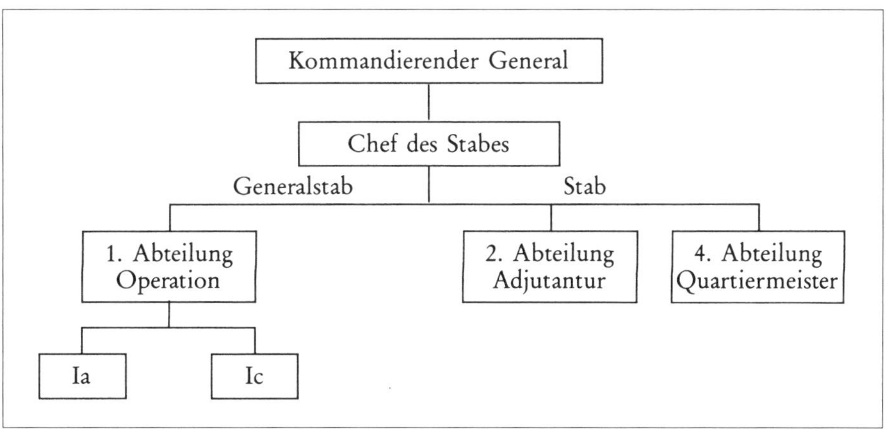

Der Erste Generalstabsoffizier vertrat hier auch die Rolle des Chefs des Stabes. Die Betonung der Operationen wurde durch die Bezeichnung der 1. Abteilung zum Ausdruck gebracht, außerdem durch die Tatsache, daß alle drei Generalstabsoffiziere der Division in ihr konzentriert waren, und schließlich dadurch, daß der Ib und der Ic dem Ia in seiner Eigenschaft als Chef des Stabes unterstellt waren. In der 4. Abteilung verfügte die Division jedoch über alle Fachleute (unter anderem Verwaltung, Kraftfahrzeuge und Betriebsstoffe), die für das Funktionieren der Division als unabhängiger Verband notwendig waren. Zu dieser Abteilung gehörten auch Sanitäts- und Veterinäroffiziere sowie die Militärgeistlichen. Abbildung 6.2 zeigt die Gliederung eines Generalkommandos.

Da der Kommandierende General keine Wehrgerichtsbarkeit besaß, fiel die 3. Abteilung fort. Darüber hinaus war das Generalkommando noch stärker auf Operationen spezialisiert als die Division, und der 4. Abteilung gehörten nur zwei statt fünf Offiziere an. Die nächsthöhere Kommandobehörde, das Armeeoberkommando wird in Abbildung 6.3 dargestellt.

Abbildung 6.3: *Die Gliederung eines deutschen Armeeoberkommandos*

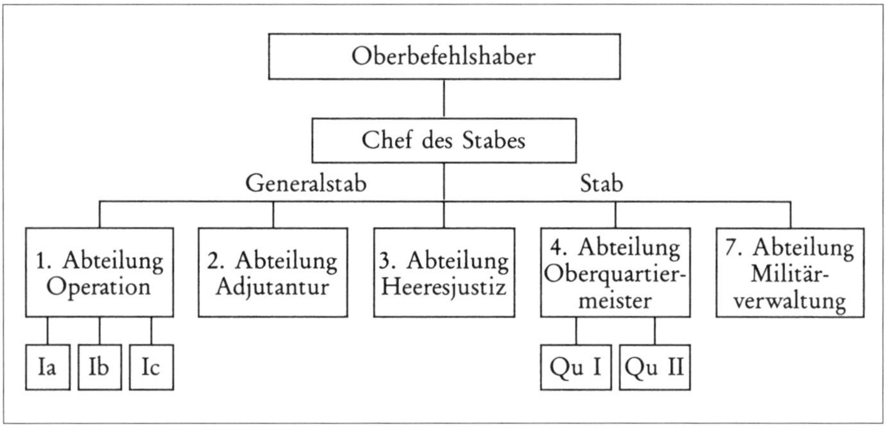

Die Aufteilung der Quartiermeisterabteilung wurde notwendig durch die Tatsache, daß die Armee der hauptsächliche logistische und administrative Verband war, der unmittelbar mit dem OKH zu tun hatte und dabei die nächsthöhere Kommandobehörde, die Heeresgruppe, umging, die dem Korps insofern ähnelte, als sie ausschließlich taktischer und operativer Führungsstab war. Die starke Betonung der Operationen erwies sich jedenfalls als übertrieben.

Im Verlauf des Krieges setzte sich auch die Erkenntnis durch, daß die Führung eines Korps oder einer Heeresgruppe ohne Verfügungsgewalt über die Logistik unmöglich war, und die jeweiligen Quartiermeisterabteilungen wurden entsprechend ausgeweitet. Wir kommen nun von der Struktur der

Stäbe zu ihrer Größe. Im September 1939 hatte eine deutsche Infanteriedivision der ersten Welle eine Stärke von 17.895 Mann. Von diesen bildeten 162 Mann, oder 0,9 Prozent, den Divisionsstab.[10] Der Stab einer Panzerdivision bestand zu dieser Zeit aus 114 Mann oder 0,65 Prozent der Sollstärke. Ähnliche Zahlen sind für andere Arten von Verbänden zu verschiedenen Zeitpunkten des Krieges vorhanden.[11]

In den Jahren 1944–1945 setzte sich der Stab einer deutschen Infanteriedivision, einschließlich der zur Führung und Überwachung des Verbandes erforderlichen sonstigen Organe, folgendermaßen zusammen:

Tabelle 6.1: *Struktur eines deutschen Infanteriedivisionsstabes*

	Offiziere	Beamte	Unter-offizier	Mann-schaften	Insge-samt
Stab	25	5	35	74	139
Kartenstelle	–	–	1	7	8
Feldgendarmerie	1	–	25	7	33
Stabstruppen (Nachschub, Nachrichtentruppen)	12	1	64	237	304
Summe	38[a]	6	125	325	494

Quelle: Reinhardt, Größe und Zusammensetzung, Study P-139, Anhang C, S. 137.
a Das sind 7,8 Prozent der Gesamtzahl aller im Divisionskommando vertretenen Personen.

Das Oberkommando einer Panzerdivision war etwas größer; es wird in Tabelle 6.2 dargestellt.

Tabelle 6.2: *Struktur des Kommandos einer Panzerdivision (1944/45)*

	Offiziere	Beamte	Unter-offizier	Mann-schaften	Insge-samt
Stab	21	9	37	94	161
Kartenstelle	–	–	1	7	8
Feldgendarmerie	3	–	41	18	62
Begleitkompagnie	3	–	32	152	187
Stabstruppen	13	3	99	348	463
Summe	40[a]	12	210	619	881

Quelle: Reinhardt, Größe und Zusammensetzung, Study P-139, Anhang C, S. 154.
a Das sind 4,5 Prozent der Gesamtzahl aller Personen im Kommando einer Panzerdivision.

Bei einem Korps, das normalerweise für drei Divisionen sowie eine nicht festgelegte Zahl von Korpstruppen verantwortlich war, lauteten die Zahlen folgendermaßen:

Tabelle 6.3: *Struktur des Generalkommandos eines deutschen Korps (1944/45)*

	Offiziere	Beamte	Unter-offizier	Mann-schaften	Insge-samt
Stab	27	11	44	113	195
Kartenstelle	–	–	3	13	16
Feldgendarmerie	2	–	21	10	33
Stab Artillerie Kdr.	6	–	4	12	22
Stabstruppen	21	3	120	584	728
Summe	56[a]	14	192	732	994

Quelle: Reinhardt, Größe und Zusammensetzung, Study P-139, Anhang C, S. 170.
a Das sind 5,6 Prozent aller im Generalkommando eines Korps vertretenen Personen.

Das nächsthöhere Oberkommando, das einer Armee, wird in folgender Weise gegliedert:

Tabelle 6.4: *Struktur eines Armeeoberkommandos (1944/45)*

	Offi-ziere	Beamte	Unter-offizier	Mann-schaf-ten	Insge-samt
Stab	80	44	104	270	498
Armee-Kartenstelle	1	–	12	45	58
Geheime Feldpolizei	2	14	10	78	104
Luftaufklärung	2	–	4	6	12
Fliegerverbindúngsstaffel	2	1	25	20	48
Stab Höherere Artillerie-Kdr.	6	2	7	20	35
Kdt. rückwärtiges Armeegebiet	14	4	18	36	72
Armee-Nachrichtenregiment	48	10	317	1.471	1.846

Quelle: Reinhardt, Größe und Zusammensetzung, Study P-139, Anhang C, S. 195.

Alle diese Organisationen sind äußerst knapp bemessen. Eine Division mit einer Sollstärke von 12.500 Mann wurde von einem Stab geführt, der aus 494 Mann oder 3,95 Prozent der Gesamtstärke bestand (für eine Panzerdivision lauteten die entsprechenden Zahlen 881 Mann oder 7,09 Prozent). Ein Armeekorps mit ungefähr 65.000 Mann wurde von einem Generalkommando mit 994 Mann oder 1,53 Prozent der Gesamtstärke geführt. Eine Armee von 200.000 bis 300.000 Mann unterstand einem Oberkommando von 2.673 Mann, das bedeutet einen Satz von 1,34 bzw. 0,89 Prozent der Gesamtstärke. Besonders interessant ist die Tatsache, daß zum Kommando einer Panzerdivision nur zwei Offiziere (aber 387 Unteroffiziere und Mannschaften) mehr gehörten als zu dem einer Infanteriedivision; das deutet darauf hin, daß selbst die vollständige Mechanisierung nicht zu einem Anwachsen des „mittleren Managements“ führen muß. Und trotzdem ist mir nicht bekannt, daß irgend ein Historiker die Niederlage der Deutschen auf das unzureichende Funktionieren ihrer Kommandobehörden zurückgeführt hätte.

Die US-Army

Das Generalstabssystem der US-Army wurde, historisch gesehen, durch Elihu Root unter dem Eindruck von Spenser Wilkinson, The Brain of an Army[12], und Paul Bronsart v. Schellendorff, Der Dienst des Generalstabes[13], vom deutschen Modell übernommen. Aber das amerikanische System war von Anfang an anders, weil es wesentlich weniger Wert auf die Operationen legte, die im ursprünglichen Einführungsgesetz von 1903 nicht einmal erwähnt wurden. Stattdessen sollte der Stab die im Spanisch-Amerikanischen Krieg zutage getretenen Mängel korrigieren, und folglich befaßte er sich vor allem mit Planung, Mobilmachung, Nachrichtenwesen und Verwaltung.

Erst 1918 schuf General Pershing unter französischem Einfluß eine Aufteilung in fünf Bereiche, um seine Expeditionstruppen (American Expeditionary Force – AEF) zu führen: G 1 (Personal), G 2 (Nachrichtenwesen), G 3 (Operationen), G 4 (Nachschub) und G 5 (Lehre und Ausbildung). Als die Aufgaben der Abteilung G 5 im Jahre 1921 auf die Abteilungen G 1 und G 3 aufgeteilt wurden, war die heutige Struktur im wesentlichen vollendet.[14]

Die Struktur eines Divisionsstabes im Zweiten Weltkrieg (auf allen höheren Ebenen entsprachen die Stäbe diesem Bild) sah folgendermaßen aus:

Abbildung 6.4: *Gliederung eines amerikanischen Stabes*

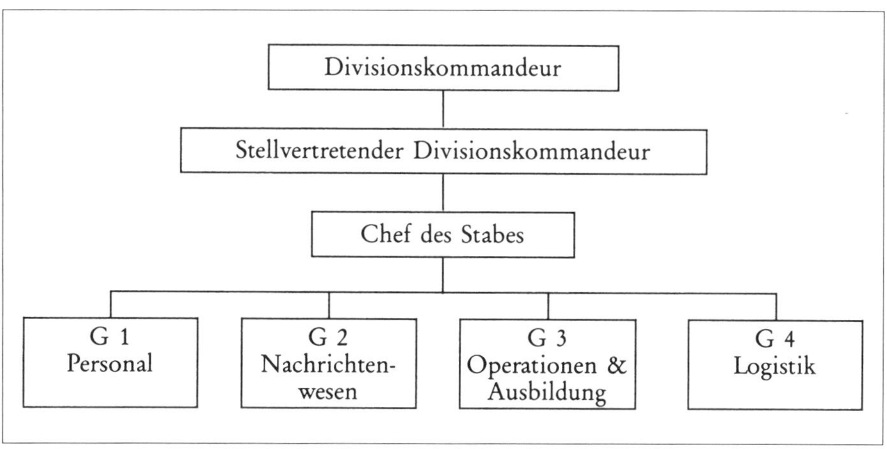

Schon ein flüchtiger Blick auf diese Abbildung zeigt, daß sich die amerikanischen Divisionsstäbe wesentlich weniger auf die Operationen spezialisierten als ihre deutschen Kontrahenten. Besonders der Chef des Stabes der Division war, anstatt vorrangig Operations-Offizier zu sein, eher ein Manager, dessen Aufgabe darin bestand, die Arbeit der stellvertretenden Stabschefs zu koordinieren und zu kontrollieren. Diese waren gleichrangig und konnten daher ihre Planungen „unabhängig und objektiv" ausführen, d.h. ohne die übergroße Abhängigkeit von den operativen Erwägungen, die zum Wesen des deutschen Systems gehören.

Während ein deutscher Verband im Gefecht nur von der 1. Abteilung geführt wurde, waren in der vorgeschobenen Staffel eines amerikanischen Stabes alle vier stellvertretenden Stabschefs enthalten. Daher war nicht nur der Stab insgesamt, sondern auch seine Vorausabteilung weniger spezialisiert.

Gemäß den Organisationstabellen (Tables of Organization) vom Juni 1941 wurde eine Infanteriedivision in Stärke von 15.245 Mann durch einen Stab von 102 Mann oder 0,7 Prozent der Gesamtstärke geführt. Die entsprechenden Zahlen für Januar 1945 sind 14.037, 166 und 1,63 Prozent.

Im März 1942 hatte eine amerikanische Panzerdivision eine Stärke von 14.620 Mann, von denen 185 oder 1,26 Prozent zum Stab gehörten. Die entsprechenden Zahlen für Januar 1945 sind 10.670, 174 und 1,63 Prozent.[15]

Wegen der Unterschiede in den Organisationssystemen ist es nicht leicht, die Größe der amerikanischen Kommandobehörden mit den deutschen zu vergleichen. Tabelle 6.5 vermittelt jedoch eine Vorstellung von der Zahl von Menschen, die zur Führung einer amerikanischen Division im Januar 1945 nötig waren.

Tabelle 6.5: *Gliederung eines amerikanischen Divisionsstabes*

	Infanteriedivision	Panzerdivision
Stab	166	174
MP-Zug	106	87
DivStabsKp	104	115
DivVersorgungstruppem und StabsKp	–	99
Summe	376	475

Quelle: Greenfield u. a., Organization, S. 274 f., Tab. 1, S. 320 f., Tab. 3

Das bedeutet, daß dem Stab 4,3 Prozent einer amerikanischen Infanteriedivision und 7,19 Prozent einer Panzerdivision angehörten. Im Gegensatz zu dem von vielen Historikern vermittelten Eindruck waren also die amerikanischen Kommandobehörden nur wenig größer als die deutschen; allerdings gehörten zum Kommando einer Infanteriedivision 79 Offiziere (94, wenn der Stab des Artilleriekommandeurs der Division hinzugerechnet wird), das sind doppelt soviele wie bei einer deutschen Infanteriedivision.

Die Offiziere stellten im Kommando einer amerikanischen Infanteriedivision 12,8 Prozent der Personalstärke, verglichen mit 7,8 Prozent in einem deutschen Stab. 11,2 Prozent der Offiziere einer amerikanischen Infanteriedivision – verglichen mit 7 Prozent einer deutschen – wurden im Divisionskommando verwendet. Der Grund dafür liegt vielleicht in der größeren Bedeutung, die man der Logistik und der Verwaltung vor den Operationen einräumte.

In Tabelle 6.6 wird die Gliederung eines amerikanischen Korpskommandos dargestellt.

Tabelle 6.6: *Gliederung eines amerikanischen Korpskommandos (19. Januar 1945)*

	Anzahl der Personen
Offiziere	69
Warrant officiers*	7
Unteroffiziere und Mannschaften	109
Summe	185

Quelle: Greenfield u. a., Organisation, S. 361, Tab. 5.
* AdÜ: etwa Portepeeunteroffizier, Stabsfeldwebel.

Ein amerikanisches Korpskommando umfaßte also 55 Prozent mehr Offiziere, dafür aber 44 Prozent weniger andere Dienstgrade als ein deutsches Generalkommando; die amerikanischen Offiziere wurden offensichtlich für zahlreiche Aufgaben eingesetzt, die im deutschen Heer durch Beamte, Unteroffiziere und Mannschaftsdienstgrade wahrgenommen wurden. Das ist ein wesentlicher Punkt, auf den wir noch zurückkommen werden.

Die Gliederung der Divisionen

Wenn das Heer einer Maschine ähnelt, dann sind die Divisionen ihre Zahnräder. Sie sollten gerade so stark sein, daß sie den eigentlichen Arbeitsteilen, den Zähnen, das wirksame Funktionieren ermöglichen; was darüber hinausgeht, ist Verschwendung.

Das deutsche Heer

Obwohl sich das deutsche Heer ebensowenig wie andere dem allmählichen Anwachsen der Versorgungs- und Unterstützungsbereiche entziehen konnte, das seit dem Beginn des neunzehnten Jahrhunderts stattgefunden hatte, blieben seine Divisionen trotzdem bemerkenswert knapp bemessene Kampforganisationen. Tabelle 6.7 vermittelt eine Vorstellung vom Verhältnis zwischen Kampf- und Unterstützungstruppen in zwei Divisionen im Jahre 1939.

Tabelle 6.7: *Verteilung der Waffengattungen in deutschen Divisionen erster Welle (1939)*

	Infanteriedivision (in Prozent)	Panzerdivision (in Prozent)
Kommandobehörden	1,0	1,3
Infanterie, einschließlich Feldersatzbataillon	56,2	27,0
Aufklärungseinheiten	3,4	6,4
Artillerie	19,0	10,2
Panzereinheiten	0,0	24,7
Panzerabwehreinheiten	4,0	6,0
Pioniere	4,4	7,0
Nachrichteneinheiten	2,7	3,6
Kampftruppen insgesamt	90,7	86,2
Nachschubdienste	3,8	7,5
Verwaltungsdienste	1,1	1,8
Sanitätsdienste	2,8	3,8
Veterinärdienste	1,3	0,0
Ordnungs- und Feldpostdienste	0,3	0,7
Unterstützungstruppen insgesamt	9,3	13,8

Quelle: Müller-Hillebrand, Statistisches System, Study P-011, S. 89

Der Unterschied zwischen einer Infanterie- und einer Panzerdivision (die zu dieser Zeit zwei Panzerregimenter mit zusammen etwa 350 Panzern umfaßte) war daher ziemlich gering. Das günstige Verhältnis zwischen Kampf- und Unterstützungstruppen blieb bis zum Kriegsende erhalten, wie die Sollstärke einer Panzergrenadierdivision von 1944–1945 in Tabelle 6.8 zeigt.

Nach diesem Klassifizierungssystem gehörten immer noch 87,6 Prozent aller Soldaten der Fechtenden Truppe an. Bei Offizieren belief sich die Zahl auf 83,1 Prozent, bei Beamten auf 61,4 Prozent, bei Unteroffizieren auf 86,9 Prozent und bei Mannschaften auf 88,2 Prozent. Abgesehen von den Beamten, die eine offensichtliche und notwendige Ausnahme darstellen, waren die verschiedenen Dienstgrade daher fast gleichmäßig auf Kampf- und Unterstützungstruppen („Fechtende und Versorgungstruppe") verteilt.

Tabelle 6.8: *Personelle Stärkeberechnung einer Panzergrenadierdivision (1944)*

	Offiziere	Beamte	Unter-offizier	Mann-schaften	Insge-samt
Divisionskommando	26	10	99	120	255
Infanterie	150	18	1.056	4.822	6.046
Panzertruppe	21	4	224	308	557
Aufklärungstruppe	23	3	185	769	980
Panzerjäger	17	3	145	289	454
Artillerie	58	11	370	1.065	1.504
Flak	18	3	131	453	605
Pioniere	17	5	114	655	791
Nachrichtentruppe	13	3	87	311	414
Feldersatzbataillon	17	1	91	850	959
Fechtende Truppen insgesamt	360	61	2.502	9.642	12.565
Nachschubtruppen	19	2	101	439	561
Kraftfahrparktruppen	5	6	40	184	235
Verwaltungstruppen	1	7	33	166	207
Sanitätstruppen	17	4	83	358	462
Feldpost	–	3	7	8	18
Versorgungstruppen insgesamt	42	22	264	1.155	1.483
Gesamtsumme	402	83	2.766	10.797	14.048

Quelle: Reinhardt, Größe und Zusammensetzung, Study P-139, Ergänzung, S. 12.

Die US-Army

In Tabelle 6.9 wird die Gliederung einer amerikanischen Division dargestellt.

Wie beim deutschen Beispiel waren die Offiziere (4,9 Prozent der Gesamtstärke der Infanteriedivision) fast gleichmäßig auf Kampf- und Unterstützungstruppen aufgeteilt. Obwohl in dieser Tabelle die Kampfkraft der amerikanischen Divisionen etwas übertrieben dargestellt wird (wir sahen schon, daß die US-Army weniger dazu bereit war, Spezialtruppen für Aufgaben einzusetzen, für die sie nicht vorgesehen waren, Pioniere folglich nicht als „Kampftruppen“, sondern als „Hilfstruppen“ eingestuft wurden), reichen die Unterschiede zwischen ihnen und den deutschen kaum aus, um für irgendetwas als Erklärung zu dienen.

In einem nächsten Schritt wollen wir daher unsere Aufmerksamkeit dem Verhältnis von Kampf- und Unterstützungstruppen in den beiden Heeren insgesamt zuwenden.

Tabelle 6.9: *Verteilung der Waffengattungen in amerikanischen Divisionen (31. März 1945)*

Truppenteil	Infanteriedivision		Panzerdivision	
	Zahl	Prozent	Zahl	Prozent
Stab	166	1,18	360	3,37
Infanterie	9.204	65,56	2.985	27,97
Aufklärung	149	1,06	894	8,37
Artillerie	2.111	15,03	1.625	15,22
Panzertruppe	–	0,00	2.100	19,68
PzAbw-Artillerie[a]	–	0,00	–	0,00
Pioniere	620	4,41	660	6,18
Fernmeldetruppen	239	1,70	293	2,74
Kampftruppen insgesamt	12.489	88,97	8.917	83,57
Unterstützungstruppen[b]	1.548	11,03	1.743	16,43
Gesamtsumme	14.037		10.670	

Quelle: Greenfield u.a., Organization, S. 306, Tab. 2, und 320, und dem deutschen Klassifizierungssystem angepaßt.
a Auf andere Truppengattungen verteilt.
b Einschließlich Stabs- und Versorgungskompanien, Musikkorps, Versorgungseinheiten, MP-Zug, Instandsetzungs- und Sanitätsbataillonen.

Divisionsanteile

Das deutsche Heer

Tabelle 6.10 stellt die Größe deutscher Divisionsanteile („division slice") in verschiedenen Phasen des Krieges dar.

In diesen Zahlen stecken einige Überraschungen. Zum ersten scheint es, als sei die Wehrmacht als vergleichsweise schlaffe Streitmacht in den Zweiten Weltkrieg gegangen, habe dann aber später ihr überschüssiges Fett verloren. Zweitens scheinen die Divisionsanteile (Sollstärke) im Juli 1941 ihren Tiefststand erreicht zu haben, zur selben Zeit also, als das Heer, nach den Worten seines Generalstabschefs Halder, im Hinblick auf Führung, Material und Truppe „einen sichtlichen Höchststand" erreicht hatte.[16] Die langsam ansteigenden Zahlen nach diesem Datum spiegeln eine Verlagerung auf eine zunehmende Zahl von nicht divisionseigenen Truppenteilen und vor allem eine schnell ansteigende Zahl von Verwundeten wider.

Die Divisionen des deutschen Heeres hatten im September 1939 47,6 % ihrer Stärke, im Juli 1941 dann 55,6 %, 48,7 % im Juni 1942, 44,2 % im Dezember 1943, 44,9 % im Juni 1944, 38,3 % im November 1944 und 49,1 % im April 1945. Die hohen Zahlen für Juli 1941 (gleich nach dem

Beginn des Einmarsches in Rußland) und die niedrigen für November 1944 (nach einer Reihe schwerer Niederlagen im Osten und im Westen) verdienen besondere Beachtung.

Tabelle 6.10: *Deutsche Divisionsanteile (1939–1945)*

Datum	Sept. 1939	Juli 1941	Juni 1942	Dez. 1943	Juni 1944	Nov. 1944	April 1945
Anzahl der Divisionen	106	203	239	278	255	260	260
Sollstärke, Durchschnitt	16.626	13.900	13.500	13.000	12.500	12.500	11.500
Iststärke, Durchschnitt	16.626	13.800	11.836	10.453	12.155	8.761	9.985
Anteil Feldheer							
Stäbe und Truppen	4.130	3.800	3.800	3.900	4.100	4.100	4.200
Grenzwacht	1.075	–	–	–	–	–	–
Bautruppen	4.028	1.100	1.100	1.000	1.000	1.000	500
Summe Feldheer	9.233	4.900	4.900	4.900	5.100	5.100	4.700
Anteil Ersatzheer							
Ersatztruppen	7.027	4.630	4.749	4.495	4.104	4.003	2.292
Behörden, Wachtr., Sanitätspersonal	2.007	1.231	1.171	1.798	2.168	2.338	119
Verwundete, Genesende	–	246	1.611	1.979	3.529	2.642	3.284
Summe Ersatzheer	9.034	6.107	7.531	8.272	9.801	8.983	5.695
Summe Division slice							
gemäß Iststärke	*34.893*	24.807	24.267	23.625	27.056	22 844	20 380
gemäß Sollstärke	*34.893*	24.907	24.931	26.172	27.401	26 583	21 895

Quelle: Müller-Hillebrand, Division Slice, Study P-072, S. 9.
Kursive Schrift: In der Quelle findet sich an dieser Stelle ein Rechenfehler.

Wenn wir uns nun dem Anteil der Unterstützungstruppen am Heer insgesamt zuwenden, so werden wir durch die Tatsache behindert, daß die deutschen Kommandobehörden ihre Streitkräfte normalerweise nicht nach Kampf- und Unterstützungstruppen einteilten, sondern nach Feld- und Ersatzheer. Die Zahlen in Tabelle 6.11, die für Juni 1944 gelten, sind daher nur ungefähre Schätzungen.

Zu dieser Zeit entfielen daher auf die Kampftruppen 54,35 % der Gesamtstärke, verglichen mit 53,5 % bei Kriegsbeginn.[17] Trotz der zunehmenden Motorisierung und der riesigen Zahl von Verwundeten, die durch fünf Kriegsjahre verursacht war, wurde der Anteil der Kampftruppen im Heer gehalten, ja sogar leicht erhöht. Zur Abrundung dieses Überblicks über die Struktur des deutschen Heeres wird in Tabelle 6.12 der Divisionsanteil auf einem einzelnen Kriegsschauplatz dargestellt.

Tabelle 6.11: *Kampf- und Unterstützungstruppen im deutschen Heer (Juni 1944)*

1. Division		12.155
2. Feldheer a. Stäbe und Truppen etwa b. Bautruppen etwa	 etwa 4.100 etwa 1.000	 5.100
3. Ersatzheer a. Kdo.- und Verwaltungsbehörden, Versorgungseinrichtungen (Materiallager pp.) b. Sanitätspersonal in den Lazaretten c. Wachtruppen d. Ersatztruppen mit Rekruten e. fertig ausgebildeter Ersatz f. Genesende im Arbeitseinsatz g. Verwundete und Kranke in Lazaretten	 600 392 1.176 2.535 1.569 784 2.745	
Summe Ersatzheer		9.801
Summe Division Slice des ganzen Heeres		27.056

Quelle: Müller-Hillebrand, Division Slice, Study P-072, S. 7: „Der Division Slice des ganzen Heeres im Juni 1944"

Tabelle 6.12: *Kampf- und Unterstützungstruppen auf einem deutschen Kriegsschauplatz*

Kampftruppen Durchschnittl. Stärke der Division 50 % Stäbe und Truppen Kampftruppen insgesamt	 16.626 1.875	 18.501
Unterstützungstruppen 50 % Stäbe und Truppen Bautruppen Unterstützungstruppen insgesamt	 1.875 1.500	 3.375
Gesamtstärke		21.876

Quelle: Müller-Hillebrand, Division Slice, Study P-072, S. 6.

Auf einem Kriegsschauplatz stellten daher die Kampftruppen 84,5 Prozent der Gesamtstärke.

Die US-Army

In der offiziellen Geschichtsschreibung der US-Army über den Zweiten Weltkrieg finden wir nur bemerkenswert wenig Information über die Divisionsanteile. Das einzige, was wir erfahren, ist, daß es Ende 1944 89 Divisionen gab. Da die Gesamtstärke der Landstreitkräfte zu dieser Zeit (d.h. ausschließlich der Luftwaffe) etwa 5.700.000 betrug, muß der Divisionsanteil bei etwa 64.044 gelegen haben.[18]

Anders als ihre deutschen Entsprechungen wurden die amerikanischen Truppenteile genau oder ungefähr auf der Sollstärke gehalten, was durch einen ständigen Zufluß im Personalersatz erreicht wurde. Die Iststärke der Divisionen war folglich zu dieser Zeit hoch, im Durchschnitt 13 400; das bedeutet, daß etwa 20,8 Prozent der Personalstärke des Heeres in seinen Divisionen konzentriert war. Diese Zahl hält jedoch keinem Vergleich mit der entsprechenden deutschen Zahl stand. Da die amerikanische Organisation wesentlich zentralisierter war, unterstand ein viel höherer Prozentsatz der Kampftruppen unmittelbar den höheren Kommandobehörden – der Armee und dem Korps – als der, der zu den Divisionen gehörte. Also hätte im Januar 1945 ein Divisionsanteil auf einem Kriegsschauplatz etwa so ausgesehen, wie er in Tabelle 6.13 dargestellt wird.

Tabelle 6.13: *Amerikanische Divisionsanteile (Januar 1945)*

Durchschnitt Iststärke der Division	13.400
Nicht der Division unterstellte Kampftruppen	11.300
Kampftruppen insgesamt	24.700
Nicht der Division unterstellte Unterstützungstruppen	18.700
Gesamtstärke	43.400

Quelle: Greenfield u. a., Organization, S. 351.

Die Kampftruppen bildeten daher 56,9 Prozent der Gesamtstärke auf dem Kriegsschauplatz, obwohl auch diese Zahl keinem genauen Vergleich mit der deutschen Zahl standhält, weil die US-Army in Übersee, d. h. als Expeditionsheer, operierte. Trotzdem, wenn man 21.049 Mann „Personalersatz in der Ausbildung oder Personal, das als überschüssig in der Truppenbasis“ gekennzeichnet war, hinzuzählt, um den Divisionsanteil für die gesamte US-Army zu erhalten, dann stellt man fest, daß die Kampftruppen 38 Prozent der Gesamtstärke bildeten. In dieser Zahl sind die Verwundeten anscheinend nicht enthalten.

Wir wollen nun verfolgen, wie sich das Verhältnis zwischen Kampf- und Unterstützungstruppen im Laufe der Zeit entwickelte. Die Zahlen in Tabelle 6.14 beziehen sich nur auf Unteroffiziere und Mannschaften, d. h. sie enthalten keine Offiziere.

Der Anteil der Kampftruppen ging daher in der fraglichen Zeit von 51,8 Prozent auf 40,6 Prozent zurück. Das läßt sich zum Teil auf die Tatsache zurückführen, daß die Kampftruppen zuerst aufgestellt wurden, teilweise aber auch auf die immer länger werdenden Verbindungswege, zum Teil allerdings auch auf Unfähigkeit. In der offiziellen Geschichte heißt es dazu:

Tabelle 6.14: *Kampf- und Unterstützungstruppen in der US-Army (1942 und 1945)*

	31. 12. 1942	31. 3. 1945
Kampftruppen der „Army Ground Forces“	1.917.000	2.041.000
Unterstützungstruppen der „Army Ground Forces“	243.000	461.000
Unterstützungstruppen der „Army Service Forces“	518.000	1.097.000
Überzählige, Personalersatz, nicht verfügbare Kräfte	1.022.000	1.422.000
Gesamtstärke	3.700.000	5.021.000

Quelle: Greenfield u. a., Organization, Tab. auf S. 161.

„Am 30. Juni 1944, während der entscheidenden Tage der Operation um den Brückenkopf in der Normandie, war die Zahl der Unteroffiziere und Mannschaften in den Vereinigten Staaten, die zum Dienst in Übersee geeignet, aber für Aufgaben im Heimatgebiet eingeteilt waren, höher als die Zahl der Unteroffiziere und Mannschaften in der Infanterie auf den Kriegsschauplätzen in Europa und am Mittelmeer. Sie übertraf sogar die Personalstärke der Heeresluftwaffe (Air Corps), sowohl bei Unteroffizieren und Mannschaften wie bei Offizieren, auf beiden Kriegsschauplätzen. Sie betrug 92 Prozent der Unteroffiziere und Mannschaften bei der Infanterie, Panzer- und Panzerabwehrtruppen, Kavallerie, Feldartillerie, Küstenartillerie und Flakartillerie auf dem europäischen Kriegsschauplatz. Viele der Soldaten, die auf den Kriegsschauplätzen kämpften, waren körperlich in schlechterer Verfassung als Männer, die planmäßig zu Hause bleiben sollten. Diese Lage wurde von den „Army Ground Forces“ nicht gebilligt, konnte aber vom Kriegsministerium 1944 nur schwer korrigiert werden. Seit Beginn der Mobilmachung waren viele Männer in hervorragender körperlicher Verfassung als Techniker für den Einsatz im Heimatgebiet ausgebildet worden. Sie besetzten nun Schlüsselstellungen.“[19]

Es ist also kein Wunder, daß General Joseph Stilwell im Mai 1945 von der „verschwindenden Erdkampfarmee“[20] schrieb.

Anmerkungen

1 Es gibt eine umfangreiche Literatur, die sich mit der engen Verbindung zwischen dem Zusammenhalt eines Truppenteils und dem gemeinsamen sozialen Hintergrund seiner Angehörigen befaßt. Hierzu z.B. Janowitz/Little, Militär und Gesellschaft, S. 113 f., und Etzioni, A Comparative Analysis of Complex Organizations, S. 189 ff.

2 Fromm, dessen Chef des Stabes Stauffenberg am 20. Juli 1944 versuchte, Hitler in die Luft zu sprengen, ließ anschließend die Hauptverschwörer verhaften und erschießen.

Das bewahrte ihn jedoch nicht davor, selbst verhaftet und hingerichtet zu werden. Die Anklage warf ihm vor, selbst beteiligt gewesen zu sein.

3 Siehe Photo bei Macksey, Guderian. Panzer General, vor S. 133.

4 W. Denkert, Einsatz der 3. Panzer-Grenadier-Division in der Ardennenoffensive, US-Army Historical Division, Study B-068, S. 7 f. Ebenso Hesse, Soldatendienst im neuen Reich, S. 95 ff.

5 Bundesarchiv/Militärarchiv Freiburg (BA-MA), H 20/477.

6 Shils/Janowitz, Cohesion and Desintegration in the Wehrmacht in World War II, zuerst in: Public Opinion Quarterly, 12 (1948), S. 280–315, jetzt in: Janowitz, Military Conflict. Essays in the Institutional Analysis of War and Peace, S. 177–220, bes. S. 182, 185.

7 Greenfield/Palmer/Wiley, Organization, S. 271.

8 Ein extremes Beispiel ereignete sich im Sommer 1944, als eine ganze Fallschirmarmee untätig herumsaß, weil für ihre Spezialausbildung keine geeignete Aufgabe gefunden werden konnte.

9 Janowitz/Little, Militär und Gesellschaft, S. 116.

10 B. Müller-Hillebrand, Statistisches System, US-Army Historical Division, Study P-011, S. 8.

11 H. Reinhardt, Größe und Zusammenstellung der Kommandobehörden des deutschen Feldheeres im II. Weltkriege, US-Army Historical Division, Study P-139, Anhang B, S. 98, und Anhang C, S. 137.

12 Spenser Wilkinson, The Brain of an Army. A popular Account of the German General Staff.

13 Paul Bronsart v. Schellendorff, Der Dienst des Generalstabes.

14 Hittle, The Military Staff. Its History and Development, S. 210 f.

15 Greenfield u.a., Organization, S. 274 f., Tab. 1; S. 320 f., Tab. 3. Danach auch die folgenden Angaben.

16 Halder, Kriegstagebuch, Bd 2, S. 214.

17 Auf der Grundlage von B. Müller-Hillebrand, Division Slice, US-Army Historical Division, Study P-072, S. 3, und auf ähnliche Weise berechnet.

18 „Mehr als 60.000“; Greenfield u.a., Organization, S. 213.

19 Ebd., S. 241 f.

20 Ebd., S. 255.

7. Heerespersonalwesen

Allgemeine Grundsätze

Das deutsche Heer

Bedingt teils durch den anhaltenden Einfluß feudaler Traditionen, teils aber auch durch bewußte Entscheidung, verwendete das deutsche Heer keine mechanischen Verfahren zur Verwaltung einer Truppe, deren Größe auf ihrem Höhepunkt 6.550.000 Mann erreichte.[1] Dieses, aus moderner Sicht erstaunliche Kunststück, wurde durch eine außerordentlich dezentralisierte Organisation ermöglicht; Angelegenheiten wie die Verteilung der Rekruten auf die verschiedenen Verwendungsgebiete, die Urlaubsregelung, die Durchführung von Disziplinarmaßnahmen und der Austausch von Personal zwischen den Truppenteilen – kurz, alle den einzelnen Soldaten und seine Persönlichkeit betreffenden lebenswichtigen Fragen – wurden den Truppenkommandeuren (meistens Regimentskommandeuren) überlassen.

Ein solches System setzte gegenseitiges Vertrauen nicht nur voraus, sondern trug auch dazu bei, es zu erzeugen. Die ausgedehnten Befugnisse über das Leben der Soldaten, die verhältnismäßig jungen Offizieren anvertraut wurden, stärkten deren Position erheblich. Gleichzeitig „sollte die Stellung der Truppenvorgesetzten gestärkt, *besonders aber das Verantwortungs- und Pflichtgefühl der Truppenkommandeure und der Kompaniechefs für die ihnen anvertrauten Soldaten gesteigert und dadurch das Vertrauensverhältnis zwischen dem Soldaten und seinen nächsten Vorgesetzten gefestigt werden*“.[2] Dieses Vertrauen wiederum galt als unabdingbare Voraussetzung für die Schaffung und Erhaltung einer hohen Kampfkraft. Infolge dieses dezentralisierten Systems wurde im Heerespersonalamt (HPA) keine detaillierte Personalstatistik geführt. In den ersten Kriegsjahren fiel das Fehlen dieser Information nicht besonders ins Gewicht, aber gegen Ende des Jahres 1941 machte es sich bemerkbar, als die steigenden Verluste an der russischen Front den bestmöglichen Einsatz der verfügbaren Kräfte unbedingt erforderlich machten.

Allerdings war der Übergang auf ein mechanisiertes und zentralisiertes System in Kriegszeiten nicht leicht zu bewerkstelligen. Dieser Schritt stieß auch auf beträchtlichen Widerstand bei Offizieren, die sich an die Traditionen vor 1918 erinnerten und die – nicht unvernünftigerweise – darauf bestanden, daß man Mittel finden müsse, um der Bedrohung der Stellung des

Kommandeurs und des Prinzips der einheitlichen Führung, die jedem zentralisierten System innewohne, entgegenzuwirken. Schließlich sträubte sich der Generalstab dagegen, die Last der auf der Truppe ruhenden Papierarbeit noch zu vergrößern und sie zu einer Sammelstelle für Daten zu machen, die zwar dem Heer insgesamt, nicht aber direkt der Truppe nützen würde. Diese Erwägungen verhinderten die Einführung wesentlicher Veränderungen, und die Dinge blieben im Grunde beim alten.

In der Tat ist bemerkenswert, wie weit der Generalstab zu gehen bereit war, „ohne die Truppe mit einer weiteren Meldung zu belasten" (ein häufig wiederkehrender Satz in der einschlägigen Literatur).[3] So verlangte die Organisationsabteilung keine täglichen Berichte über Iststärke, Verluste und Bedarf an Ersatz; stattdessen verwendete sie die Sollstärke- und Verlustberichte, die alle zehn Tage eingingen, um eigene Berechnungen anzustellen. Dabei berücksichtigte sie die relative Bedeutung des betreffenden Truppenteils, d.h. die taktische Lage.

Im Gegensatz zu den Erwartungen, zu denen man sich als Kinogänger von einem preußisch-deutschen Heer verleiten lassen könnte, versuchte daher das System ganz bewußt, die Menge des Papierkrieges auf ein Minimum zu reduzieren und war auch willens, die sich daraus ergebenden Ungenauigkeiten zu bewältigen. Da das Heer seit dem Winter 1941/42 sowieso vor der aussichtslosen Lage stand, seine Verluste nicht mehr ersetzen zu können, spielten weder die Ungenauigkeiten noch die Knappheit der verfügbaren Informationen eine große Rolle; mit anderen Worten: man machte aus der Not eine Tugend.

All das bedeutete jedoch nicht, daß das deutsche Heer nicht willens oder nicht fähig gewesen wäre, moderne statistische Modelle dort anzuwenden, wo sie nötig waren. Das traf vor allem auf die Verwundeten zu, deren Zahl in den späteren Stadien des Krieges sehr hoch war. Um die Verwundeten mit dem übrigen Ersatz zu koordinieren, war es notwendig, genaue Modelle zu entwickeln, um im voraus die Zahl der Genesenden, die Dauer ihrer Genesung und den sich daraus ergebenden Grad an Tauglichkeit zu schätzen. Dies geschah.[4]

Die US-Army

Aus der offiziellen Geschichtsschreibung der US-Army über den Zweiten Weltkrieg lassen sich nur verhältnismäßig wenige detaillierte Angaben über die Methoden der Personalverwaltung entnehmen. Es wird jedoch deutlich, daß das System auf häufig hochentwickelten und fast völlig mechanisierten, sehr zentralisierten mathematischen Modellen beruhte.

Offensichtlich gab es einen festen Glauben an die Vorzüge der Quantifizierung. Um ein mechanisiertes Verwaltungssystem zu ermöglichen, versah man alles und jedes mit einer Nummer. Die offizielle Geschichte ist voll von Statistiken, Kurven und Tabellen; eine von ihnen ist jedenfalls so kompliziert, daß sie eine zwanzigseitige Erläuterung benötigt.[5]

Jedesmal wenn ein Problem entstand, suchte man eine „technische" Lösung, d. h. zusätzliche Organisation und Schreibarbeit; so führte zum Beispiel 1940 eine Krise in der Kampfmoral zur Einrichtung einer Abteilung Kampfmoral. Im März 1944 veranlaßte eine Krise in der Führung den G 3 des Kriegsministeriums, General H. L. Twaddle, ein Verfahren einzuführen, bei dem alle Truppenkommandeure monatliche Berichte über die Anzahl von Offizieren, die für ungeeignet gehalten wurden, einzureichen oder ausdrücklich zu erklären hatten, daß es in ihrem Befehlsbereich keine derartigen Offiziere gebe.[6] Die Anwendung mathematischer Methoden zur Feststellung des Bedarfs konnte Irrtümer im Personaleinsatz nicht ausschließen. So hatte es im ersten Kriegsjahr einen akuten Mangel an Offizieren gegeben; aber schon 1943 herrschte ein solcher Überschuß, daß monatlich 1.000 Offiziere allein von der Flak-Artillerie wegversetzt werden mußten.[7]

Als Beispiel für die Handhabung der Dinge soll uns der Bericht über die Offiziersbeurteilung (Officer Evaluation Report, WD AG PRT 462) der US-Army dienen. Dieses 16seitige Dokument war in fünf Abschnitte unterteilt – wobei der Abschnitt zur Eintragung persönlicher Daten, der seinerseits in sieben Unterabschnitte aufgeteilt war, nicht mitgerechnet ist – und enthielt mehr als 80 einzelne Fragen, die nach fünf verschiedenen Systemen mit Magnetstift zu beantworten waren. Leistung, eine Unmenge persönlicher Eigenschaften, Urteilsvermögen, gesunder Menschenverstand, Bereitschaft zur Zusammenarbeit, Initiative, Charakterstärke, die Fähigkeit, zu Ergebnissen zu kommen, Erwünschtheit (ob der Beurteilende den zu Beurteilenden in seinem Befehlsbereich haben wollte), all das mußte nach einem Punktesystem erfaßt werden. Schließlich konnte ein Offizier in eine von vier Gruppen eingeteilt werden: unterstes Viertel, unterdurchschnittlich, überdurchschnittlich und oberstes Viertel, die wiederum jeweils fünf Stufen enthielten, so daß sich eine Skala von 20 Stufen ergab. Dieses Formular, das zweimal jährlich auszufüllen war, mußte vom Vorgesetzten des Beurteilenden überprüft werden, wodurch sich die Schreibarbeit verdoppelte, wenn man die Prozedur richtig durchführte. Die Ergebnisse wurden für das mechanische Verfahren in digitaler Form tabellarisch festgehalten, wobei fünfstellige Zahlen verwendet wurden.

Im deutschen Heer war das anders. Alle zwei Jahre mußte für alle Offiziere ein Beurteilungsbogen ausgefüllt werden, der als Teil der Bemühung um die Verringerung der administrativen Belastung der Truppe im November 1942 vereinfacht wurde. Das Heerespersonalamt ging jedoch nicht so weit, Antworten auf ja/nein-Fragen zu verlangen. Stattdessen hatten die beurteilenden Offiziere den Persönlichkeitswert ihrer Untergebenen, die nationalsozialistische Haltung, die Bewährung vor dem Feinde, dienstliche Leistungen, geistige und körperliche Anlagen und Eignung – in dieser Reihenfolge – einzuschätzen. Weder Punktesystem noch erzwungene Vergleiche wurden angewendet, so daß man auf objektive Maßstäbe verzichtete und großes Vertrauen in die Fähigkeit (und Bereitschaft) der Truppenführer setzte, zwischen Fähigen und Unfähigen zu unterscheiden. Der Zweck war, „das Bild des Beurteilten“ aus der Beurteilung „plastisch herauswachsen“ zu lassen. Das Heerespersonalamt schätzte offenbar solche Offiziere, die das mit den passenden Metaphern, oft aus der Welt der Reiterei entlehnt, fertigbrachten.[8]

Einteilung und Zuweisung des Personals

Den richtigen Mann an den richtigen Platz zu stellen, das ist die grundlegende Aufgabe jeder Personalpolitik. Die folgenden Seiten sollen zeigen, auf welche verschiedenen Weisen dieses Problem in Deutschland und den Vereinigten Staaten behandelt wurde.

Das deutsche Heer

Soweit sie sich nicht schon freiwillig zum Dienst in dem einen oder andern Wehrmachtteil gemeldet hatten (im Krieg wurde auch die Waffen-SS so empfunden), wurden die deutschen Jugendlichen mit Erreichen des neunzehnten Lebensjahres eingezogen. Die Dauer des Wehrdienstes betrug nach 1935 zwei Jahre; während des Krieges ging die Dienstzeit fast unbegrenzt weiter, obwohl in den Fronttruppenteilen Männer über 35 (etwa) ständig durch jüngere Soldaten ersetzt wurden.

Es ist nicht sicher, welcher Prozentsatz jeder Altersgruppe nun tatsächlich einberufen wurde. Er wurde für Planungszwecke bei 75 Prozent festgesetzt, muß jedoch im Verlauf des Krieges und bei Herabsetzung der Anforderungen höher geworden sein.[9] Von September 1939 bis April 1945 durchliefen 17.893.200 Mann Wehrmacht und Waffen-SS[10]; wenn man einmal eine Bevölkerungsbasis von 90 Millionen voraussetzt (einschließlich Sudetenland, Elsaß und Teilen von Polen), dann müssen etwa 3,6 Prozent der gesamten Bevölkerung jährlich die Wehrmacht durchlaufen haben. Zur Zeit ihrer Spitzenstärke 1943 machte der Anteil der Wehrmacht mehr als 10 Prozent dieser Basis aus; eine Zahl, die aller Wahrscheinlichkeit nach nur von Israel übertroffen worden ist, dort aber nur während eines Krieges, der einige Tage oder Wochen dauerte, nicht jedoch fünfeinhalb Jahre. Wenn die Wehrmacht als Ganzes demnach einen ziemlich repräsentativen Querschnitt der deutschen Bevölkerung enthielt, verringerte sich der Anteil des Personals, der dem Heer zugewiesen wurde, mit der Zeit, wie Tabelle 7.1 zeigt. Der

Anteil des Heeres ging also von 85 % im Jahr 1939 auf 67 % 1945 zurück, während Luftwaffe und Marine ihren Anteil von zusammen 14 % auf 24 % steigern konnten. Die Waffen-SS, die noch 1942 kaum als ernsthafter Rivale für das Heer zu bezeichnen war, hatte sich bis zum Kriegsende zu einem beachtlichen Rivalen entwickelt. Der Gesamtanteil der Landstreitkräfte (Heer und Waffen-SS) ging ebenfalls stetig zurück; bei Kriegsbeginn betrug er 86 Prozent, bei Kriegsende waren es nur noch 74 Prozent. Die Wirkung dieser einschneidenden Tendenzen auf das dem Heer zur Verfügung stehende Personal läßt sich jedoch nicht in bloßen Zahlen ausdrücken. Mit Fortdauer des Krieges verschlechterte sich der Status des Heeres gegenüber den anderen Waffengattungen; nach dem Dezember 1941 hatte es nicht einmal mehr einen eigenen Oberbefehlshaber. Seine Attraktivität für die Elite der deutschen Jugend ging entsprechend zurück. Auf Druck der Hitlerjugendführer entschieden sich immer mehr Jugendliche für Luftwaffe, Marine oder Waffen-SS, statt in das „reaktionäre“ Heer einzutreten. Ein weiterer Faktor, der in die gleiche Richtung wirkte, war die Tatsache, daß die Verluste beim Heer naturgemäß proportional viel höher waren.[11]

Tabelle 7.1: *Personelle Entwicklung in der Wehrmacht 1939–1945 (Stärke in Tausend)*

Jahr	Feldheer	Ersatzheer	Heer insges.	Luftwaffe	Kriegsmarine	Waffen-SS	Insgesamt
1939	2.741	996	3.737	400	50	35	4.222
1940	3.650	900	4.550	1.200	250	50	6.050
1941	3.800	1.200	5.000	1.680	404	150	7.234
1942	4.000	1.800	5.800	1.700	580	230	8.310
1943	4.250	2.300	6.550	1.700	780	450	9.480
1944	4.000	2.510	6.510	1.500	810	600	9.420
1945	3.800	1.500	5.300	1.000	700	830	7.830

Quelle: Müller-Hillebrand, Heer, Bd 3, S. 254.

Die Methoden des deutschen Heeres bei der Klassifizierung und Zuweisung von Unteroffizieren und Mannschaften (nicht jedoch von Offizieren) waren nach modernen Maßstäben außerordentlich grob. Die große Mehrheit der Rekruten brauchte sich keinerlei schriftlicher oder mechanischer Tests zu unterziehen; stattdessen wurden sie nach einer körperlichen Untersuchung in sechs Klassen aufgeteilt, die von „kriegsverwendungsfähig“ (kv) über „garnisonsverwendungsfähig“ (gv) bis zu „wehruntauglich“ (wu) reichten. Die Untersuchungen wurden meistens von einem Stabsarzt mit Unterstützung eines Assistenzarztes durchgeführt, dessen Aufgabe in der Beaufsichtigung des Personals bestand, das die Voruntersuchungen vorzunehmen hatte. Spezialisten wurden nur hinzugezogen, wenn der Anlaß es erforderte. Die Durchführung der Untersuchungen nach dem Fließbandprinzip, wobei jedes einzelne Organ von einem anderen Arzt untersucht wurde, war ausdrücklich verboten. Die Zahl der Untersuchungen, die jeder Arzt täglich vornehmen konnte, war auf 80 begrenzt.[12]

Sogar während der ärztlichen Untersuchung führte der Arzt zusammen mit dem Leiter der Musterungskommission, der anwesend sein mußte, ein Gespräch mit dem Rekruten. So konnten Männer, die offensichtlich geisteskrank waren, gleich ausgesondert werden; man konnte sich ein allgemeines Bild vom Geisteszustand des einzelnen machen und eventuelle Wünsche berücksichtigen.[13] Während die Entscheidung über die Tauglichkeit, d. h. ob ein Mann einberufen wurde oder nicht, vom Leiter der Musterungskommission sofort getroffen und dem Wehrpflichtigen mitgeteilt werden mußte, nahm man seine Einteilung in die verschiedenen Waffengattungen erst in der folgenden Phase der Aushebung vor. Die Aushebung schloß eine kurze ärztliche Untersuchung zur Feststellung kürzlich eingetretener Veränderungen ein, gefolgt von der Zuteilung des Mannes auf Grund seines körperlichen Zustandes, seiner Bildungsvoraussetzungen, seines Berufes, seiner vormilitärischen Ausbildung (z. B. in der Marine-Hitlerjugend) und seiner geäußerten Wünsche. Die Vorschriften sahen ausdrücklich vor, daß jedem Wehrmachtteil ein gleicher Anteil an befähigten Rekruten zugewiesen werden mußte.

Die endgültige Verteilung der Rekruten auf die verschiedenen Verwendungsgebiete, z. B. eine Panzerkompanie, erfolgte in den Verbänden selbst und lag in der Verantwortung des Regimentskommandeurs. So bestimmten Prüfungen und persönliche Bekanntschaft während der ersten vier Wochen eines 21wöchigen Ausbildungslehrganges darüber, ob ein Mann Fahrer, Ladeschütze oder MG-Schütze werden sollte.[14]

Das System insgesamt war einfach, dezentralisiert und vor allem persönlich; es verließ sich konsequent eher auf das Urteil von Ärzten und Offizieren als auf objektive Testergebnisse. In der abschließenden Phase, wie so oft beim deutschen Heer, lag die Entscheidung nicht bei irgendeinem weit entfernten Personaloffizier, sondern in den Händen der Kommandeure, die den Rekruten anschließend ausbilden und möglicherweise auch ins Gefecht führen mußten. All das bedeutete aber nicht, daß das deutsche Heer nicht an Militärpsychologie interessiert gewesen wäre; im Gegenteil, eine 1939 veröffentlichte Bibliographie zu diesem Thema wird mit 28,4 Prozent aller Titel von deutschsprachigen Werken angeführt.[15] Reichswehrminister Otto Geßler ließ bald nach dem Rücktritt des konservativen Chefs der Heeresleitung, General Hans v. Seeckt, 1926 ein psychologisches Laboratorium einrichten. Es wurde zuerst von Prof. J. B. Riefert geleitet und später von Dr. Max Simoneit, einem bekannten Kinder- und Schulpsychologen. 1939 beschäftigte das Laboratorium ungefähr 200 Psychologen, die auf die Zentrale in Berlin und die Außenstellen in den verschiedenen Wehrkreisen verteilt waren. Militärpsychologen wurden sorgfältig aus Leuten ausgewählt, die in Psychologie promoviert hatten, und erhielten eine zusätzliche dreijährige Ausbildung, die mit der Vorlage einer schriftlichen Arbeit, einer mündlichen Prüfung und einer Prüfungsuntersuchung von Offizierbewerbern abgeschlossen wurde.[16] Das Ausmaß der Bemühungen, die man auf die Ausbildung von Militärpsychologen verwendete, war also enorm, trotzdem blieb die Dienststelle Simoneits während der 16 Jahre ihres Bestehens verhältnismäßig klein im Vergleich zu dem wuchernden Gegenstück der US-Army, das Millionen von Soldaten durchliefen.[17] Von 1933 bis 1939 befaßte sich das Laboratorium nur mit insgesamt 478.870 Mann, von denen nur ein Bruchteil Offizierbewerber waren; die größte Zahl von Untersuchungen vor dem Krieg betrug in einem Jahr 150.000.[18] Hier wie auch anderswo konzentrierte sich das deutsche Heer eher auf Qualität als auf Quantität und unterzog Spezialisten (einschließlich Flugzeugführern, Fahrern von Spezialfahrzeugen, Bedienungspersonal optischer und akustischer Geräte und Funkern) den strengsten Prüfungen, während es alles übrige den Truppenkommandeuren überließ.

Da man der Auffassung war, daß zu den ersten Erfordernissen im Krieg bestimmte moralische Einstellungen gehörten (Mut, Gehorsam, Loyalität, Unabhängigkeit usw.), waren die von Simoneit angewandten Tests nicht so sehr darauf angelegt, das Vorhandensein bestimmter mechanischer Begabungen nachzuweisen, sondern die ganze Persönlichkeit des Mannes erkennen zu lassen.[19] So war es zum Beispiel möglich, daß sich ein Referat über die Auswahl von Panzerkommandanten, das 1938 bei einem Symposium von Wehrmachtspsychologen verlesen wurde, fast ausschließlich auf die erforderlichen Charakterzüge konzentrierte, während das Problem der Prüfung der mechanischen Eignung, z. B. die räumliche und motorische Koordinierung, in wenigen Sätzen abgetan wurde. Das Referat schloß mit einem passenden Zitat aus „Mein Kampf“, wonach die Besten, die Stärksten und die Entschlossensten zum Appell vortreten sollten.[20]

Die Prüfungen für andere Spezialisten waren nach ähnlichen Grundsätzen entworfen; z.B. die für angehende LKW-Fahrer sollte die Stärke anhaltender Aufmerksamkeit bei gelegentlichen Ablenkungen, die Einheitlichkeit der Reaktion, das Entscheidungsverhalten, die Lerngeschwindigkeit und die Belastbarkeit prüfen. Die dabei verwendete Apparatur bestand aus fünf Lampen verschiedener Form und Farbe, zusätzlich konnten zwei Rasseln betätigt werden, eine von rechts und eine von links. Der Prüfling, der vor einer Leinwand saß, mußte drei Hebel und zwei Pedale bedienen. Die Lampen wurden eingeschaltet, und der Beobachter sagte dem Prüfling, welchen der drei Hebel er bei welcher der fünf Lampen zu bedienen habe. Eines der Pedale war beim Geräusch einer der beiden Rasseln herunterzudrücken. Dem Prüfling wurde Zeit zur Einarbeitung gegeben, aber er erfuhr nicht den Zeitpunkt, zu dem die Prüfung tatsächlich begann. Während einer 20minütigen Prüfung wurden in einer vorher bestimmten zufälligen Reihenfolge 600 Reizsignale gegeben und die Reaktionen und Reaktionszeiten des Prüflings automatisch aufgezeichnet. Ein versteckter Beobachter vermerkte sorgfältig nicht nur die eigentliche Durchführung, sondern auch sein gesamtes Verhalten sowie die Sicherheit in der Handhabung, das gute Funktionieren der Bewegungen und den Gesichtsausdruck. Das Endergebnis hing nicht so sehr von der mechanischen Durchführung, sondern vom Gesamtverhalten des Prüflings und seiner Fähigkeit, die Situation zu bewältigen, ab. Simoneit war also nicht an der Messung einzelner Eigenschaften, die er für ganz nutzlos hielt, sondern an der Bewertung der Gesamtpersönlichkeit eines Mannes interessiert. Die auf diese Weise gewonnenen Ergebnisse waren notwendigerweise ungenau, aber dieses Problem nahm man bewußt in Kauf und korrigierte es bis zu einem gewissen Grade dadurch, daß immer mehr als ein Prüfer anwesend war. Ein Heerespsychologe schrieb: „Die Urteilsfindung ist Wissenschaft, die Formulierung der Gutachten – eine Kunst.“[21] Zeitgenössische (nichtdeutsche) Psychologen hielten dieses Verfahren für zuverlässig, um so mehr, weil dabei zu den rassenbiologischen Vorstellungen der Nationalsozialisten nur Lippenbekenntnisse abgelegt wurden.[22]

Die US-Army

Die Situation der amerikanischen Landstreitkräfte im Hinblick auf die Personalzuteilung war, verglichen mit der des deutschen Heeres, sowohl schwieriger als auch leichter. Sie war schwieriger deshalb, weil die Landstreitkräfte nicht einmal ganz 50 Prozent der Stärke der Gesamtstreitkräfte erreichten (ihr Anteil Ende 1944 betrug 5.575.000 oder 48,5 Prozent von 11.484.000) und daher einem härteren Wettbewerb mit den anderen Teilstreitkräften ausgesetzt waren; sie war aber auch leichter, weil der Pool des verfügbaren Personals beträchtlich größer war, da die Streitkräfte nie über eine Stärke von 11.857.000 Mann hinausgingen, das waren 8,7 Prozent einer Bevölkerungsbasis, die nach vorsichtigen Schätzungen bei 135 Millionen lag. Die Gesamtzahl der Männer zwischen 18 und 37, die von 1940 bis 1945 für den Militärdienst gemustert wurden, soll 18 Millionen betragen haben. Von diesen wurden nicht weniger als 5.250.000 oder 29,1 Prozent abgelehnt.[23] Anscheinend fand ein großer Teil dieser Zurückweisungen im ersten Kriegsjahr statt, als die Army, zusätzlich zu dem Mangel an Ausbildungspersonal, in dem Wahn zu leben schien, das Potential an verfügbarem Personal sei praktisch unerschöpflich. Nachdem bis zu 50 Prozent der überprüften Rekruten während dieses Zeitraumes abgelehnt worden waren, mußten 1943 die Anforderungen drastisch gesenkt werden, mit dem Ergebnis, daß Männer, die man vorher für untauglich gehalten hatte, nun in großer Zahl eingezogen wurden, während andere befreit blieben, die vielleicht besser qualifiziert waren. Nachdem die Army ihre Wahl getroffen hatte, ging sie davon aus, daß „der Erdkampf im Zweiten Weltkrieg komplexe Fertigkeiten erfordere, die großenteils technischer Art seien".[24] Ihr Klassifizierungssystem war entsprechend darauf angelegt, die Männer nach drei Kriterien einzuteilen, nämlich physische Tauglichkeit, Berufserfahrung und intellektuelle Fähigkeit.

Das System der Einstufung nach physischer Tauglichkeit war eher einfacher als das deutsche. Statt sechs Kategorien gab es nur vier, die von A („tauglich für den Dienst an der Front und für jede anstrengende Arbeit"), über B („tauglich für Unterstützungsaufgaben an der Front") und C („tauglich für den Dienst auf Verbindungswegen, Stützpunkten in Übersee oder im US-Heimatgebiet") bis zu 4 („untauglich") reichten.[25] Gelegentlich wurden Beschwerden über das System geäußert, aber zur Verbesserung wurde wenig unternommen. Folglich spielte, nach Aussage der offiziellen Geschichtsschreibung, die Frage, ob ein Mann im Nahkampf kämpfen, große Entfernungen marschieren, schweres Gepäck schleppen oder ohne Schlaf und Verpflegung auskommen konnte, bei seiner Erstverwendung nur eine geringe Rolle.

Während bei den Deutschen die ärztlichen Untersuchungen von einem Ärzteteam und einem Offizier durchgeführt wurden, die sich sogar im Verlauf der Untersuchung mit dem Bewerber unterhielten, zwang der Zeitdruck die US-Army zu einer Art Fließbandverfahren. Ein Arzt untersuchte Augen und Ohren des Bewerbers, ein zweiter Brust und Lunge, ein weiterer seinen Unterleib, wieder ein anderer seine Geschlechtsorgane, einer seine Beine, Füße usw. Am Ende des Fließbandes fand sich der Bewerber einem Psychiater gegenüber, der Hunderte von Männern am Tage untersuchen mußte und ihm schnelle Fragen der Art: „Mögen Sie Mädchen?" an den Kopf schleuderte.[26]

Wesentlich höher entwickelt als die ärztliche Untersuchung war das System der Klassifizierung nach der Berufsausbildung. Eine Liste von 800 numerierten militärischen Verwendungsgebieten wurde eingeführt und in zwei Hälften geteilt, je nachdem, ob es für das betreffende Verwendungsgebiet im zivilen Bereich eine Entsprechung gab. Ein Facharbeiter oder Handwerker wurde so weit wie möglich für eine ähnliche militärische Verwendung eingeteilt; die übrigen – normalerweise die Jungen, die nicht so Intelligenten, die sozial Benachteiligten – kamen zu den Kampftruppen. Das System ging davon aus, daß es um so besser für die Kampfmoral eines Soldaten sei, wenn der Unterschied zwischen seinem zivilen Beruf und seiner militärischen Verwendung möglichst gering sei. Wenn das zuträfe, hätte es bedeutet, daß eine niedrige Kampfmoral bei den Kampftruppen sozusagen vorprogrammiert gewesen wäre."[27]

Die Prüfungen, denen sich das Spezialpersonal zu unterziehen hatte, unterschieden sich beträchtlich von denen der Deutschen. Panzerfahrer wurden beispielsweise auf Grund einer Fahrprüfung in einem normalen Lastwagen ausgesucht, die zehn Minuten dauerte und eine Prüfliste mit 47 verschiedenen Punkten enthielt, wie dem richtigen Gebrauch von Kupplung, Getriebe und Bremsen. Die Ergebnisse wurden mit Hilfe eines Punktesystems erfaßt und maschinell verarbeitet. Eine verwertende Studie stellte – eigentlich nicht überraschend – fest, daß der Test als Voraussage für eine Leistung unter optimalen Bedingungen ziemlich zuverlässig war; unter weniger optimalen jedoch – und wann sind im Krieg die Bedingungen optimal? – war seine Zuverlässigkeit mangelhaft.[28] Schließlich ist die Bezeichnung der dritten Prüfung, des „Army General Classification Test" (AGCT, etwa: Allgemeine Klassifizierungsprüfung für das Heer) schon ein ausreichender Hinweis auf seine Bedeutung. Dieser Test, der zur Messung der „allgemeinen Lernfähigkeit" entworfen war, bestand aus Rechnen, Kästchenzählen und Wortschatzaufgaben. Er teilte die Prüflinge in fünf Klassen ein, d. h. I (über 130 Punkte), II (110–129), III (90–109), IV (60–89) und V (59 und weniger). Von den ersten beiden Gruppen wurde erwartet, daß sie mit jedem Ausbildungsprogramm zurechtkommen würden; von der dritten, daß sie mit

Tabelle 7.2: *Verteilung des Personals in der US-Army auf Kampf- und Unterstützungstruppen (in Prozent)*

	Soldaten der Klasse		
	I & II	III	IV & V
Rechnungswesen	89,4	10,1	0,5
Chemische Kriegführung	51,2	27,6	21,2
Heeresluftwaffe	44,4	35,3	20,3
Artilleriewesen (ordnance)	41,6	33,0	25,4
Militärpolizei	35,3	33,0	31,7
Sanitätswesen	30,6	29,1	40,3
Quartiermeistertruppe	28,5	29,4	42,1
Panzertruppe	28,5	32,6	38,9
Truppengattungsneutrale	28,5	28,2	43,3
Infanterie	27,4	29,0	43,6
Küstenartilleriea	26,1	31,7	42,2
Kavallerie	25,8	31,3	42,9
Feldartillerie	24,1	29,4	46,5
Pioniere	23,4	26,2	50,5

Quelle: Palmer/Wiley, Procurement and Training, S. 17.

a Verantwortlich für die gesamte ortsfeste Artillerie, Eisenbahnartillerie, Hafenverteidigung und bis 1943 auch Flugabwehrartillerie.

den meisten zurechtkäme, außer mit denen, die mathematische Fähigkeiten erforderten; die vierte mit der Grund- und einem Teil der Vollausbildung, und die fünfte – die aus eindeutig Behinderten bestand – nur mit der Grundausbildung.[29] Es zeigte sich, daß die Ergebnisse ziemlich zuverlässig waren und in engem Zusammenhang zur Vorbildung des Bewerbers standen. Noch wichtiger war, daß sie auch in einem Zusammenhang zur Bewertung der Gefechtsleistung standen.

Die Zahlen in Tabelle 7.2, die für März 1942 gültig sind (aber viele ähnliche für verschiedene Zeiträume lassen sich in den Dokumenten finden), geben Aufschlüsse über die Resultate des Systems. Demnach befanden sich alle Heereskampftruppen ausnahmslos in der unteren Hälfte der Liste. Der Grund für diesen traurigen Zustand ist nicht schwer zu finden: Die Durchführung des Wehrersatzsystems lag in den Händen der Heeresunterstützungstruppen (Army Service Forces, ASF), die selbst einer der drei Hauptbewerber um das verfügbare Personal waren.[30] Tabelle 7.3, die die Verteilung der verschiedenen Klassen zwischen Army Ground Forces (AGF) und Army Service Forces (ASF) zeigt, bestätigt diese Interpretation.

Tabelle 7.3: *Aufteilung des US-Army-Personals zwischen AGF und ASF (in Prozent)*

	Soldaten der Klasse		
	I & II	III	IV & V
Kampftruppen	29,7	33,3	37,0
Unterstützungstruppen	36,5	28,5	35,0

Quelle: Palmer/Wiley, Procurement and Training, S. 3.

Vor diesem Hintergrund werden die zahlreichen Beschwerden über die schlechte Qualität des Personalersatzes für die verschiedenen Truppengattungen, von denen der Bericht der Personalersatzbehörde (Replacement Board) in der Nachkriegszeit überquillt, verständlich.

Ausbildung

Obwohl die Ausbildung zweifellos für die Erzeugung von Kampfkraft die allerhöchste Bedeutung besitzt, verfügen wir nur über sehr wenige systematische Angaben über die verschiedenen Methoden, mit denen das deutsche Heer und die US-Army an dieses Problem herangingen. Das vorgefundene Material besteht aus impressionistischen Berichten einzelner, die nicht auf ihren repräsentativen Charakter überprüft werden können; auch ist in diesem Fall wenig aus dem Vergleich der Ausbildungsvorschriften, die es in großer Zahl in beiden Streitkräften gab, zu entnehmen. Der folgende Überblick wird sich daher im wesentlichen auf einige wenige grundsätzliche Fragen beschränken müssen. Wer nahm die Ausbildung vor, und wo fand sie statt? Welches waren ihre Grundprinzipien? Wie lange dauerte die Grundausbildung – der einzige Teil, den man systematisch vergleichen kann?

Das deutsche Heer[31]

Die Organisation der Ausbildung im deutschen Heer hatte einen dreifachen Zweck: erstens, das Feldheer von dieser Aufgabe zu entlasten, zweitens, so getreu wie möglich die tatsächlichen Bedingungen auf dem Gefechtsfeld zu simulieren und drittens, ständig die neuesten Gefechtserfahrungen in die Ausbildungspraxis einzubringen.

Um die beiden letzten Ziele zu erreichen, wurde großer Wert auf die Aufrechterhaltung enger Verbindungen zwischen den beiden Teilen des Heeres gelegt; es wurden nicht nur ständig Offiziere zwischen Front- und Ausbildungseinheiten ausgewechselt, sondern jede Ausbildungseinheit war zusätzlich an eine oder mehrere Divisionen gebunden. Es wurde erwartet, daß sich Offiziere der Ausbildungseinheit und der Stammdivision persönlich kannten, sich häufig Besuche abstatteten und einen regen Briefwechsel führten. Häufig waren es kürzlich verwundete, genesende Soldaten, die den Personalersatz ihrer eigenen Division ausbildeten. Grundsätzlich erhielten Rekruten, Offizieranwärter, Unteroffiziere und Fachpersonal ihre Ausbildung durch das Ersatzheer. Allerdings war das Feldheer für die Zusammenführung des Personalersatzes mit ihren Einheiten (zu diesem Zweck hatte jede Division ein Feldersatzbataillon), für die Durchführung zusätzlicher Ausbildung während der Ruhezeiten und für die Weiterbildung von Offizieren und Unteroffizieren verantwortlich. Die Ausbildung angehender Generalstabsoffiziere lag in der Hand des Generalstabes. Je länger der Krieg dauerte, desto schwieriger wurde es, die strikte Aufgabentrennung zwischen den beiden Heeresteilen aufrechtzuerhalten. Verbände des Ersatzheeres wurden in besetzte Länder verlegt, übernahmen die Last der Sicherungsaufgaben, wurden in Krisenzeiten gelegentlich zur Aushilfe gerufen und konnten folglich ihre Ausbildungsfunktion nicht mehr richtig durchführen. Diese letztere wurde immer mehr den Feldersatzbataillonen übertragen, deren Bedeutung damit klarer hervortrat. Die Trennung zwischen den beiden Heeresteilen brach also zusammen; allerdings wurden die daraus folgenden administrativen Schwierigkeiten möglicherweise durch die Tatsache mehr als ausgeglichen, daß die Soldaten nun zunehmend durch ihre eigenen Offiziere ausgebildet wurden, und das unter Bedingungen, die denen des echten Gefechts sehr nahekamen.

Im Herbst 1942 wurde ein Versuch unternommen, diese Einrichtungen durch die Aufstellung sogenannter Feldausbildungsdivisionen zu institutionalisieren. Ihnen wurde der doppelte Auftrag zugewiesen, die Grundausbildung der Rekruten zu vollenden und in den besetzten Ländern die laufenden Sicherungsoperationen durchzuführen. In der Praxis wurden sie jedoch in den Kampf hineingezogen, zahlten mit großen Verlusten für ihre Unerfahrenheit und wurden schnell wieder aufgelöst.

Seit Anfang 1943 bis zum Kriegsende war die Ausbildung folgendermaßen organisiert:

Divisionen	Abschluß der Ausbildung von Rekruten, Unteroffizieren und Fachpersonal
Armeen	Ausbildung der Kompanie- und Batteriechefs sowie Weiterbildung von Unteroffizieren und Fachpersonal
Ersatzheer	Grundausbildung von Rekruten, Unteroffizieren und Fachpersonal; auch Offizierschulen
Generalstab	Lehrgänge für Generalstabsoffiziere, Divisions- und Regimentskommandeure.

Für das Ausbildungsprogramm war der Chef des Ausbildungswesens im Ersatzheer zuständig, der wiederum eng mit der Abteilung Ausbildung im Generalstab des Heeres zusammenarbeitete. Dieser letztere erhielt einen ständigen Zufluß von aktuellen Informationen über Gefechtserfahrungen, wandelte ihn in Mitteilungen für die Truppe um und faßte sie von Zeit zu Zeit in Neuauflagen der Vorschriften zusammen.

Ziel der Ausbildung war es, einem Soldaten die völlige Beherrschung seiner Waffen zu vermitteln und ihn in den Grundlagen der Taktik zu unterrichten, indem man ihn an zahlreichen Übungen teilnehmen ließ. Die Ausbildung war fast ausschließlich praxisorientiert, während für die Theorie nur wenig Raum blieb. Obwohl die Grundausbildung für jede Waffengattung getrennt durchgeführt wurde, waren die ersten Teile aller Ausbildungsvorschriften identisch, so daß für das ganze Heer Einheitlichkeit gewährleistet war. Die Dauer der Grundausbildung war unterschiedlich. 1938 dauerte sie für Infanteristen 16 Wochen, 1940 acht Wochen, 1943 wieder 16 Wochen und 1944 12 bis 14 Wochen.[32] Bei den Panzertruppen dauerte die Grundausbildung während des ganzen Krieges 21 Wochen, obwohl es seit 1944 eine Tendenz gab, die Ausbildung so zu regeln, daß sie notfalls schon nach 16 Wochen am Gefecht teilnehmen konnten.

Zusätzlich konnten die Rekruten damit rechnen, vor dem Fronteinsatz noch eine weitere kurze Ausbildung bei den Feldersatzbataillonen ihrer Divisionen zu erhalten, so daß sie ihre Kommandeure kennenlernen und von den neuesten Erfahrungen am Ort profitieren konnten. Es ist nicht klar, ob es feste Vorschriften für die Dauer dieser Ausbildungsphase gab; mit Fortdauer des Krieges und steigenden Verlusten muß es eine Tendenz gegeben haben, die Integration der Rekruten in ihre Verbände zu beschleunigen, und wahrscheinlich senkte man die Maßstäbe.[33]

Die US-Army[34]

Die Ausbildung in der US-Army gehörte zum Verantwortungsbereich der Army Ground Forces. Ihre Grundprinzipien waren: die Staffelung von der Einzelausbildung zur Ausbildung im Verband, die starke Betonung der Grundausbildung, die Erhaltung geschlossener taktischer Verbände sowie Wirklichkeitsnähe, die durch eine möglichst getreue Simulation tatsächlicher Gefechtsbedingungen erreicht wurde.

Mannschaften, Unteroffiziere und Fachpersonal erhielten ihre Grundausbildung in Army Training Centers (ATC, Heeresausbildungszentren) und Replacement Training Centers (RTC, Feldersatzausbildungszentren) im US-Heimatgebiet. Für die Offiziere wurden 1941 Officer Candidate Schools (OCS, Offizieranwärterschulen) eingerichtet. Divisionsstabsoffiziere wurden in der Command and General Staff School (Führungs- und Generalstabsakademie) ausgebildet, die im Dezember 1940 in Fort Leavenworth eröffnet wurde.

Anders als ihre deutschen Entsprechungen waren die Ausbildungsverbände der US-Army nicht an bestimmte Stammverbände gebunden. Auch verfügte das Ausbildungspersonal in den ersten Kriegsjahren über keinerlei Gefechtserfahrung. Das Kriegsministerium, das für die Herausgabe von Ausbildungsvorschriften verantwortlich war, verfolgte die taktischen Entwicklungen an der Front; aber erst in der zweiten Hälfte des Jahres 1944 kehrten kampferprobte Offiziere in genügender Anzahl in die Heimat zurück, um Stellen als Ausbilder einzunehmen. Trotzdem blieben die Verbindungen zwischen Ausbildungs- und Kampfverbänden, teilweise vielleicht wegen der großen Entfernungen, spärlich und unpersönlich und waren in keiner Weise mit dem deutschen System vergleichbar.

Die Ausbildung war nach technischen Prinzipien aufgebaut. Die Aufgaben wurden in kleine Bestandteile aufgeteilt, die zuerst geübt und dann in eine Reihenfolge gebracht wurden. Das Ziel bestand darin, Soldaten hervorzubringen, die ihre Waffen automatisch und ohne nachzudenken bedienen konnten.

Die Dauer der Grundausbildung war verschieden. Bis 1943 betrug sie für Rekruten nur 13 Wochen. Das wurde später auf 17 Wochen erhöht, wenn auch besondere Umstände – z. B. der Druck der Vorbereitungen auf die Operation „Overlord“ – Gründe dafür sein konnten, daß Soldaten nach nur dreizehnwöchiger Ausbildung aus den Ausbildungszentren entlassen wurden. Panzersoldaten, die in getrennten Zentren ausgebildet wurden, erhielten ebenfalls eine Ausbildung von 17 Wochen, die im Januar 1945 auf 15 Wochen verkürzt wurde. Im ganzen war daher die Grundausbildung der amerikanischen Soldaten kürzer als die ihrer deutschen Kontrahenten, auch wenn sich das Bild später durch die geschlossene Ausbildung, über die für beide Heere keine umfassenden Zahlen vorliegen, noch ändern konnte.

Anders als ihre deutschen Entsprechungen hatten die amerikanischen Divisionen keine besondere Organisation zur Aufnahme und Umschulung neu eingetroffener Rekruten, und man erwartete vom Personalersatz, daß er aus den Erfahrungen der Veteranen lernte. Andererseits erhielten neu eintreffende Soldaten des Personalersatzes auf den verschiedenen Kriegsschauplätzen oft eine Auffrischungsausbildung von einigen Wochen, bevor sie ihren Verbänden zugeführt wurden.

Personalersatz

Vier tapfere Männer, die einander nicht kennen, schrieb Ardant du Picq in seinen Etudes de Combat[35], werden nur zögernd einen Löwen angreifen; vier weniger tapfere Männer, die einander aber kennen und vertrauen, werden das entschlossen tun. Das ist die Moral der Geschichte: von allen organisatorischen Problemen, die eine Armee lösen muß, ist die Integration des Personalersatzes in die bestehenden Verbände in der Weise, daß der Zusammenhalt des Ganzen gewährleistet bleibt, von zentraler Bedeutung, weil davon die Kampfkraft des Verbandes abhängt.[36] Der bloße Umfang des Problems läßt sich an der Tatsache ermessen, daß im Durchschnitt die Verlustrate eines amerikanischen Infanterieregiments im Zweiten Weltkrieg nach drei Monaten intensiven Kampfes 100 Prozent betrug.[37]

Das deutsche Heer[38]

Wir sahen, daß das deutsche Heer auf landsmannschaftlicher Basis aufgebaut war; d.h., daß sich Verbände von Divisionsgröße abwärts normalerweise ausschließlich aus Männern zusammensetzten, die aus dem gleichen Landesteil stammten, folglich den gleichen Dialekt sprachen und so etwas wie eine gemeinsame Weltanschauung hatten. Natürlich hatte diese Regelung auch ihre Nachteile, sie erschwerte besonders das Problem der Heranführung des Personalersatzes. Da man aber der Auffassung war, daß der Zusammenhalt der Einheit auf der gemeinsamen Herkunft der Männer beruhe, nahm man diese administrativen und transporttechnischen Erschwernisse ganz bewußt in Kauf.

Das Ersatzheer, in dem der Personalersatz seine Grundausbildung erhielt, war so gegliedert, daß jeder Truppenteil des Feldheeres in einem der Wehrkreise sein eigenes Ersatzbataillon hatte. Diese Einrichtung ermöglichte nicht nur enge persönliche Zusammenarbeit zwischen Ausbildern und Kommandeuren des Feldheeres, sondern bedeutete auch, daß der Personalersatz nach Abschluß seiner Ausbildung seinem besonderen Truppenteil zugewiesen wurde. Die neuen Rekruten gingen niemals einzeln zu ihrem Truppenteil, sondern wurden immer in Marschbataillonen in Stärke von 1.000 Mann zusammengefaßt, die so bewaffnet und ausgerüstet waren, daß sie große Entfernungen in Fußmärschen zurücklegen und, wenn nötig, im Gefecht allein zurechtkommen konnten. Sie wurden entweder von Offizieren geführt, die von ihrer Stammdivision geschickt worden waren, um sie abzuholen, oder von Soldaten, die von ihren Verwundungen genesen waren und sich nun auf dem Weg zurück zur Front befanden. Aus der Erfahrung hatten sich Regeln für die Zusammensetzung der Marschbataillone und für die Aufteilung der verschiedenen Truppengattungen in ihnen ergeben; da die neuen Rekruten erst ihre Grundausbildung absolviert und eine weitere Ausbildung beim Feldheer vor sich hatten (und da das Heer seit Anfang 1942 nicht mehr in der Lage war, seine Verluste zu ersetzen), war die genaue Zusammensetzung der Marschbataillone nach Verwendungsgebieten nicht mehr so wichtig. Waren die Neuzugänge Divisionen zugeteilt, die an ruhigen Frontabschnitten standen, konnten sie auch in Marschkompanien von etwa 250 Mann marschieren. Nur Fachpersonal durfte einzeln reisen, und das auch nur in Ausnahmefällen.

Nach der Ankunft bei ihrer Division wurden die Marschbataillone aufgelöst. Der Divisionskommandeur oder sein Stellvertreter begrüßte die neuen Rekruten und entschied über deren Aufteilung. Dann wurden sie dem Feldersatzbataillon der Division zugeteilt, dessen drei Kompanien jeweils in enger Verbindung zu den drei Regimentern der Division standen. Diese Regelung war ein starker Anreiz für die Regimenter, sich um die Ausbildung ihrer neuen Rekruten zu kümmern; sie ermöglichte es, als Ausbilder dieselben Offiziere und Unteroffiziere zu verwenden, die später die Männer im Gefecht führen würden, und bot Gelegenheit, erfahrenes Personal vorübergehend von der Front abzuziehen. Nach der Ausbildungszeit im Feldersatzbataillon waren die neuen Rekruten schon miteinander ebenso bekannt wie mit ihren Führern und kamen an die Front als Teil eines gut integrierten Teams. Mit zunehmender Kriegsdauer machten schwierige Bedingungen es häufig unmöglich, dieses komplizierte Verfahren vollständig durchzuführen. Die Ergebnisse waren ausgesprochen negativ. So erwies sich z. B., daß improvisierte Verbände aus Soldaten, die aus Urlauberzügen herausgeholt und in einer Krise übereilt zusammengestellt worden waren, nahezu keine Kampfkraft besaßen.[39] In zumindest einem Fall – der Panik, die im Februar 1944 Teile der 340. Division erfaßte, als achtzehnjährige neue Rekruten vor einem russischen Angriff aufgaben, ihre Waffen wegwarfen und fortrannten – war es möglich, diese Folgen auf die Tatsache zurückzuführen, daß die

Division, die fast ununterbrochen kämpfte, keine Zeit gefunden hatte, die Neuzugänge ihr Feldersatzbataillon durchlaufen zu lassen.[40]

Die US-Army[41]

In der US-Army durchliefen neue Rekruten zuerst Aufnahmezentren (Reception Centers), wo sie klassifiziert wurden. Dann wurden sie in ein Ausbildungszentrum für Personalersatz (Replacement Training Center) zur Grundausbildung geschickt. Mathematische Modelle, die die Verlustquoten voraussagen sollten, bestimmten über die Anzahl der Männer, die für jedes Verwendungsgebiet, jede Laufbahn und Waffengattung ausgebildet wurden. Nach Beendigung der Grundausbildung erhielten die neuen Rekruten zehn bis zwölf Tage Urlaub (eine Regelung, die es an sich schon unmöglich machte, sie zu Einheiten nach deutschem Modell zusammenzustellen, selbst wenn man das beabsichtigt hätte), gingen dann zu Personalersatzdepots (replacement depots, im Volksmund als „repple depples" bezeichnet) in den Einschiffungshäfen. Nachdem sie die ganze Reise allein gemacht hatten, wurden sie zu einem Sammelpunkt auf einem Kriegsschauplatz (theater depot) transportiert. In Frankreich war das z. B. normalerweise Le Havre. Nach einer Übernachtung dort fuhren sie mit dem Zug weiter, dessen Waggons jeweils von einem Personalersatzoffizier (replacement officer) kommandiert wurden; wie es im offiziellen Bericht heißt, übten diese jedoch „wenig Kontrolle über die durchreisenden Soldaten aus, die ihnen unterstellt waren".

Manchmal fuhren die Züge zu einem „theater depot", wo die neuen Rekruten bis zu fünf Wochen Auffrischungsausbildung erhielten, einschließlich der Ausbildung im Gruppen- und Zugrahmen; häufig ging die Fahrt jedoch zu einem vorgeschobenen Sammelpunkt (forward depot) und von dort zu den Divisionen. Es gab bei den Divisionen keine besondere Organisation für die Aufnahme und Integration der Neuzugänge, die einfach auf die Truppenteile verteilt wurden. Zum Teil wegen der zweifellos riesigen Entfernungen betrug die im Personalersatzsystem verbrachte Zeit vier bis fünf Monate, obwohl auch neun bis zehn Monate nicht ungewöhnlich waren.[42]

Offiziere durchliefen das Personalersatzsystem wie alle anderen, d. h. nach Abschluß der Offizieranwärterschule (OCS) wurden sie auf der Grundlage von T/O (Table of Organization)-Stellen aus einem Pool den Verbänden zugeteilt. Während deutsche Verbände oft namentlich bestimmte Offiziere als Ersatz anforderten (d. h. Männer, die früher in den gleichen Truppenteilen als Unteroffiziere gedient hatten), wurde diese Praxis in der US-Army ausdrücklich unterbunden.[43] Man braucht nicht einmal Phantasie, um sich die Auswirkungen eines solchen Systems auf Kampfmoral, Zusammenhalt im Truppenverband und Kampfkraft vorzustellen, denn direkte Belege dafür sind leicht verfügbar. Nach einem offiziellen Bericht beschwerten sich „einige Männer“, sie seien „wie Schafe zusammengetrieben“ oder „wie ein paar Holzstücke behandelt“ worden. Als sie nach wochenlanger Reise über Land und Meer auf dem Kriegsschauplatz eintrafen, wollten die Männer „vor allem einem Truppenteil fest zugeordnet werden“, stattdessen brachten sie eher noch ein paar Wochen in verschiedenen Sammelpunkten zu.[44] Der Kommandeur eines Truppenteils beschrieb es so:

„Die neuen Rekruten erreichten den Divisions- und Regimentsbereich müde, verwirrt und entmutigt, nachdem sie von einem Ersatzdepot zum nächsten geschoben worden waren, geführt von Offizieren, die vorübergehend zu Transport- und Begleitzwecken abkommandiert und selbst mehr oder weniger verwirrt waren. Die rückwärtigen Versorgungsteile befanden sich normalerweise in Hörweite der Geschütze, und den Neuzugängen kam das deutliche und belastende Gefühl, daß ihr Einsatz im Gefecht unmittelbar bevorstand. Häufig wußten sie nicht, wie sie sich verhalten sollten.“[45] In der Tat waren die Auswirkungen des Systems auf die Neuzugänge derart, daß Sanitätsoffiziere untereinander vom „repple depple“-Syndrom als einer neuen Art von Geisteskrankheit sprachen.[46] Von den Neuzugängen wurde erwartet, daß sie sich ihr praktisches Wissen von den altgedienten Kameraden verschafften, die vielleicht – oder auch nicht – die Zeit und die Bereitschaft dazu besaßen, sie zu unterrichten. Folglich erlitten Truppenteile, die sich aus frisch angekommenen Neuzugängen zusammensetzten, oft unverhältnismäßig hohe Verluste.[47]

Ein weiterer Nachteil des Systems, freie Planstellen ständig neu zu besetzen (statt, wie es im deutschen Heer wohl oder übel der Fall war, immer eine große Zahl freier Stellen zur Verfügung zu haben), bestand in der ausgesprochenen Tendenz, den falschen Typ von Personalersatz hervorzubringen. Die mathematischen Modelle, nach denen die Verlustquoten nach Verwendungsgebieten vorausberechnet werden sollten, beruhten auf falschen Erfahrungen, waren veraltet und erfüllten nie die Erwartungen.[48] Schon im Frühjahr 1942 herrschte ein großer Mangel an Schützen, dem ein noch größerer Überschuß an sonstigem Personal, besonders bei den Unterstützungstruppen, gegenüberstand.[49] Die Soldaten, die für bestimmte Verwendungsgebiete bereitgestellt wurden, waren meist intelligenter als die durchschnittlichen Infanteristen; für ihre Moral war der Dienst in einer anderen Verwendung als die, für die sie ausgebildet worden waren, und noch dazu bei der verachteten Infanterie, ein doppelter Schlag.[50] Erst Anfang 1944 kam eine Neuorganisation der „Replacement Training Centers“ in Gang, aber trotzdem blieb der Personalersatz für die Infanterie bis zum Kriegsende immer knapp.[51]

Von Zeit zu Zeit wurden Stimmen laut, die eine Änderung des Systems verlangten. Im Januar 1942 beklagte General T. J. Christian, daß „in den Replacement Training Centers der Korpsgeist fehle“, und schlug vor, sie so zu organisieren, daß sie komplette Einheiten, nicht einzelne Rekruten hervorbrächten; aber das Kriegsministerium lehnte den Vorschlag aus administrativen Gründen ab.[52] Es wurde auch vorgeschlagen, die Ausbildungszentren an bestimmte Divisionen zu binden und diese an der Ausbildung zu beteiligen. Das wurde jedoch mit der Begründung abgelehnt, „die Ausbildung in den Replacement Training Centers sei dem System weit überlegen, bei dem die Divisionen selbst ihre neuen Rekruten ausbildeten“, was vielleicht vom rein technischen Standpunkt aus stimmte, aber die sozialen und psychologischen Bedürfnisse des Soldaten und die Möglichkeit zur Hebung des Niveaus nicht berücksichtigte, wenn man die Kommandeure an der Ausbildung der eigenen Männer interessierte.[53] Manche Offiziere hätten gern eine amerikanische Entsprechung der deutschen Feldersatzbataillone eingerichtet, aber auch aus diesem Vorschlag wurde nichts.

Ein paar wagemutige Kommandeure, die mit dem System unzufrieden waren, machten einen Anfang und schufen eigene Systeme. Besonders die 79. Infanteriedivision unter General Ira T. Wyche richtete eine gut durchdachte Organisation zur Aufnahme und Integration ihres Personalersatzes ein. Die Neuzugänge kamen zuerst in einen Divisions-Pool und erhielten eine allgemeine Einweisung. Als nächstes gab es drei Regiments-Pools, geleitet von Offizieren und Unteroffizieren, die von ihren Regimentern abgeordnet waren, und einen weiteren Pool für die Abteilung Spezialtruppen. Das Ziel des Systems war es, den Neuankömmlingen Gelegenheit zu geben, „viel von den altgedienten Soldaten zu lernen“, und es ergab sich für Unteroffiziere und Offiziere, die eine Ruhepause brauchten, zusätzlich die Möglichkeit, wie im deutschen Heer vorübergehend aus dem Frontdienst gezogen zu werden.[54] In der Tat bestand der einzige wichtige Unterschied zwischen diesem System und dem deutschen in dem für den amerikanischen Jargon typischen Gebrauch des Wortes „Pool“ statt eines weniger anonymen und militärischer klingenden Begriffes für diese Einrichtung. Die von der 79. Infanteriedivision eingeführte Regelung wurde für so erfolgreich gehalten, daß mehrere andere sie mehr oder weniger genau kopierten. Interessanterweise ist die 79. Infanteriedivision einer der wenigen Kampfverbände, der in der offiziellen Geschichte der US-Army des Zweiten Weltkrieges ausdrücklich lobend erwähnt wird. „Ein guter Gefechtsverband“, lautete Eisenhowers Kommentar in einem Brief an Marshall.[55]

Die Schlußfolgerungen aus diesen Tatsachen sind zwingend. Es steht außer Zweifel, daß das deutsche Heer aus den Lehren des Ersten Weltkriegs gelernt hatte und ein ausgezeichnetes Personalersatzsystem besaß, das nur versagte, wie es manchmal vorkam, wenn die Umstände seine Anwendung unmöglich machten. Die US-Army setzte dagegen technische und administrative Leistungsfähigkeit an die Spitze ihrer Prioritätenliste, ließ andere Erwägungen außer acht und schuf ein System, das die stark ausgeprägte

Tendenz besaß, Männer in Nervenbündel zu verwandeln. Dieses System war vielleicht mehr noch als jeder andere Faktor für die Schwächen der US-Army im Zweiten Weltkrieg verantwortlich.

Anmerkungen

1 Müller-Hillebrand, Heer, Bd 3, S. 254, Anhang A.
2 Müller-Hillebrand, Statistisches System, Study P-011, S. 68. Hervorhebung im Original.
3 Ebd., S. 13; ähnlich S. 39.
4 Ebd., S. 41, 69 f., 139 ff.
5 Greenfield u. a., Organization, S. 159–184 (von Palmer).
6 Palmer/Wiley, The Procurement and Training of Ground Combat Troops, S. 126.
7 Ebd., S. 104 ff., 110 ff.
8 Dazu R. Hofmann, Beurteilungen und Beurteilungsnotizen im deutschen Heer, Study P-134, S. 21 (Zitat), 37, 51, 58 f., 64.
9 Unsignierte Notizen, 8. Oktober 1939, BA-MA, H 20/482b.
10 Müller-Hillebrand, Heer, Bd 3, S. 254 ff.
11 Bis Ende 1944 gehörten 80,7 Prozent aller gefallenen, vermißten oder entlassenen Offiziere dem Heer an; das war beträchtlich mehr als der relative Anteil des Heeres an der Wehrmacht (ohne Waffen-SS) zu irgendeiner Zeit nach 1939, als es kaum Verluste gegeben hatte. Müller-Hillebrand, Statistisches System, Study P-011, S. 114.
12 H.Dv. 81/15, Wehrmachtersatzbestimmungen bei besonderem Einsatz, S. 34–36, und H.Dv. 252/1, Vorschrift über militärärztliche Untersuchungen der Wehrmacht, Teil 1, S. 6.
13 Schmirigk, Die psychologische Beurteilung Dienstpflichtiger bei Musterung und Aushebung, in: Soldatentum, 6 (1939), S. 24–27.
14 H.Dv. 299/1b, Ausbildungsvorschrift für die Panzertruppen, Berlin 1943, S. 8.
15 Harrell/Churchill, Classification, S. 337–339.
16 Ansbacher, German Military Psychology, S. 371–372. Simoneits Assistenten wurden im Nachkriegsdeutschland häufig Professoren, und 1954/55 halfen mehrere von ihnen beim Aufbau des Psychologischen Dienstes der Bundeswehr.
17 Das Laboratorium wurde im Sommer 1942 plötzlich geschlossen, obwohl ein Teil noch im Dienst von Marine und Luftwaffe weiterarbeitete. In seinem Vorwort zu Max Simoneit, Die Anwendung psychologischer Prüfungen in der deutschen Wehrmacht, Study P-007, sagt Halder, daß das Laboratorium geschlossen wurde, weil es die enorm gestiegene Zahl von Fällen nicht bewältigen konnte. Sinomeit jedoch vermutete, daß der Anstoß vom Chef des Oberkommandos der Wehrmacht gegeben worden sei, dessen Sohn die Qualifikation zur Offiziersausbildung nicht geschafft hatte. Keitel selbst bestätigte dies gegenüber dem Nürnberger Psychiater Dr. G. M. Gilbert, vgl. dessen Nürnberger Tagebuch, S. 32 f.
18 Jahresbericht der Hauptstelle der Wehrmacht für Psychologie und Rassenkunde und der psychologischen Prüfstellen der Wehrmacht. Arbeitsjahr: 1. April 1938 bis 31. März 1939, BA-MA, RH 19/111/494, S. 25.
19 Simoneit, Wehrpsychologie, S. 55 ff.
20 Nass, Persönlichkeit des Kampfwagenführers, in: Beihefte zur angewendeten Psychologie, 79 (1938).
21 Roth, Zur Formulierung psychologischer Gutachten bei wehrpsychologischen Eignungsuntersuchungen, in: Soldatentum, 5 (1938), S. 175–185, bes. S. 175.

22 Ansbacher, German Military Psychology, S. 373, 381 f., 385.
23 Zahlen bei Ginzberg, Ineffective Soldier, Bd 2, S. 26 f., 34 f.
24 Palmer/Wiley, Procurement and Training, S. 2.
25 U.S. Army Medical Service, Physical Standards in World War II, S. 71.
26 Wegen des Zeitdrucks waren die amerikanischen Militärpsychologen nicht annähernd so gut ausgebildet wie die deutschen. „Ein Mann mit psychologischer Ausbildung“ verbrachte acht Wochen in einem Ausbildungszentrum der Army und machte dann ein 8- bis 12wöchiges „Praktikum im Beurteilungswesen der Army“. Dazu Henderson, Psychology and the War, in: Psychological Bulletin, 40 (1942), S. 309, und Seidenfeld, The Adjutant General's School and the Training of Psychological Personnel for the Army, ebd., S. 382.
27 Daß dies der Fall war, wird durch die Fälle von Fahnenflucht belegt, die am häufigsten bei Kampfverbänden (Infanterie, Küstenartillerie, Kavallerie und Feldartillerie) und am wenigsten bei Wirtschafts-, Chemischen, Feldzeug- und Fernmeldetruppen auftraten; bei ihnen befand sich wahrscheinlich ein hoher Prozentsatz an Spezialisten, die unmittelbar aus dem Zivilleben kamen.
28 Personnel Research Section, the Adjutant General's Office, Personnel Research in the Army VI. The Selection of Tank Drivers, in: Psychological Bulletin, 41 (1943), S. 499–508.
29 Ginzberg, Ineffective Soldier, Bd 2, S. 45; Duncan, Some Comments on the Army Classification Test, in: Journal of Applied Psychology, 31 (1947), S. 143–149; Stouffer u.a., The American Soldier, bes. Bd 2, S. 37.
30 Bericht des Replacement Board (Wehrersatzausschuß, im U.S. Department of the Army), Replacement System World Wide, Buch 1, Teil 2. Der Ausschuß empfahl die Einrichtung eines „Personalkommandos im Heimatgebiet, das allein dem Chief of Staff verantwortlich und mit der Verwaltung und Ausbildung des gesamten Army-Personals beauftragt ist, das sich im Durchgang im Heimatgebiet befindet“. Das bedeutete die Übernahme des deutschen Systems.
31 Die folgenden Bemerkungen beruhen weitgehend auf Müller-Hillebrand, Personnel and Administration, Study P-005, S. 77 f.
32 H.Dv. 130/1, Ausbildungsvorschrift für die Infanterie, H. 1, 1. Oktober 1938; Bd 1 E, 21. Juni 1940; Bd 1 E, 16. März 1943; und Bd 1 E, 11. Dezember 1943.
33 H.Dv. 299/16, Richtlinien für die Panzertruppen, Bd I a, 18. Oktober 1943. Diese wurde von Guderian als „Inspekteur der schnellen Truppen“ unterzeichnet.
34 Die folgenden Bemerkungen beruhen hauptsächlich auf Greenfield u.a., Organization, S. 30 ff.
35 Ardant du Picq, Combat Studies, S. 110.
36 Vgl. Lang, Military Institutions and the Sociology of War, und seine ausführliche Bibliographie.
37 Weigley, History of the United States Army, S. 438 f.
38 Nach Müller-Hillebrand, Personnel and Administration, Study P-005, S. 15 ff.
39 Shils/Janowitz, Cohesion and Disintegration, S. 177 ff.
40 Beratender Psychiater beim Pz.AOK 4, Erfahrungsbericht 1. April–30. Juni 1944, 14. Juli 1944, BA-MA, H 20/122.
41 Das Folgende beruht hauptsächlich auf Palmer/Wiley, Procurement and Training, S. 170 ff., und auf Dept. of the Army, The Personnel Replacement System of the US Army, S. 359.
42 U.S. Dept. of the Army. Replacement Board, Buch 5, Teil 20.
43 Headquarters Service of Supply, European Theater of Operations, directive APO 887, 13. September 1943, National Archives file RG/332/52/265.

44 Dept. of the Army, The Personnel Replacement System, S. 379, 464, dazu auch Stouffer u. a., The American Soldier, Bd 2, S. 272 ff.

45 Dept. of the Army, The Personnel Replacement System, S. 467. Der fragliche Offizier war Colonel T.J. Vross, ACoFS, G 3, 2nd Army.

46 U.S. Dept. of the Army. Replacement Board, Buch 5, Teil 19; Stouffer, The American Soldier, Bd 2, S. 272 ff.

47 Palmer/Wiley, Procurement and Training, S. 230. Aus Daten von Divisionen in Italien geht hervor, daß die Hälfte aller Neuzugänge sich weniger als drei Tage bei ihren Truppenteilen befanden, bevor sie ins Gefecht gingen. Stouffer u. a., The American Soldier, Bd 2, S. 278 f. und 289.

48 U.S. Dept. of the Army. Replacement Board, Buch 2, Teil 45.

49 Ebd., Teil 60; ebenso Palmer/Wiley, Procurement and Training, S. 395: im März 1942 forderte z. B. die 45. Infanteriedivision 3.217 Schützen an, erhielt aber nur 1.082; andererseits erhielt sie dann 671 statt der angeforderten 50 Versorgungssoldaten.

50 U.S. Dept. of the Army. Replacement Board, Buch 5.

51 Nach Marshall, Soldaten im Feuer, S. 14, stand am 6. August 1944 genau ein Schütze als Personalersatz für den gesamten europäischen Kriegsschauplatz zur Verfügung.

52 Christian war Kommandant des Feldartillerie-Ausbildungszentrums Camp Roberts, Co., s. Dept. of the Army, The Personnel Replacement System, S. 359.

53 Ebd., S. 360.

54 Ebd., S. 456. Für General Wyches eigene Aussage nach dem Krieg s. U.S. Dept. of the Army. Replacement Board, Buch 5, Teil 26.

55 Cole, The Lorraine Campaign, S. 188, und Blumenson, Breakout and Pursuit, S. 72.

8. Die Erhaltung der Kampfkraft

Truppenindoktrination

Allgemein besteht eine Neigung, die Bedeutung der Propaganda in Kriegszeiten zu übertreiben. Die Propagandisten selbst sind deutlich daran interessiert, die Bedeutung ihrer eigenen Arbeit zu verbreiten, und ihre Vorgesetzten tun das vielleicht auch, in der Hoffnung, dadurch möglicherweise unangenehme Fragen abzulenken, die das Wesen der Sache betreffen;[1] während andererseits der Feind die gegnerische Propaganda benutzt, um die tiefgründige Schlechtigkeit derjenigen zu demonstrieren, die gegen ihn sind.

Abgesehen von den Beteiligten gibt es eine Menge empirischer Belege dafür, daß sich die Indoktrination auf die Truppen in ähnlicher Weise auswirkt wie Regen auf eine Ente: sie gleitet von ihnen ab. Eine Umfrage bei amerikanischen Unteroffizieren und Mannschaften während des Zweiten Weltkrieges enthüllte, daß lediglich 5 Prozent aus sogenannten idealistischen Gründen kämpften.[2] Eine viel kleinere Umfrage von 1968 ergab eine Zahl von 5 von 34.[3] Wenn sie stimmt, würde das den einigermaßen überraschenden Schluß zulassen, daß der amerikanische Soldat, der in Vietnam Dienst tat, eigentlich viel idealistischer war als sein Vorgänger im Zweiten Weltkrieg. Auf Grund dieser Belege scheint der Soldat, der mit idealistischer Hingabe für die nationalen Ziele seines Landes kämpft, eine Ausnahme zu sein; der junge Hitler, so wird behauptet, soll so ein Mensch gewesen sein.[4] Es ist auch nicht schwer einzusehen, warum im Schrecken der Schlacht solche Gedanken den Soldaten wenig beschäftigen.

Hingegen ist schwer zu verstehen, wie Erzieher und Propagandisten jemals etwas anderes glauben konnten. Den Soldaten wirklich zu erreichen, ihn zu beeinflussen und in die gewünschte Richtung zu lenken – das ist die höchste Anforderung an den militärischen Führer. Für den Außenstehenden ist es eine nahezu unmögliche Aufgabe, dasselbe Ergebnis zu erzielen, eine Gabe, die, wenn überhaupt, nur ganz wenigen wirklich herausragenden Männern verliehen ist. Nur wenn die Propagandisten Männer von Format und Überzeugungskraft sind, werden die Zuhörer das ihnen Servierte nicht als bloße Unterhaltung oder Blödsinn betrachten.[5] Die Propaganda kann sogar kontraproduktiv sein. Anders ausgedrückt: Der Inhalt der Propaganda ist weniger wichtig als ihre Organisation – es kommt weniger darauf an, was gesagt wird, als von wem es gesagt wird. Die folgenden Seiten werden sich daher mit den verschiedenen Arten befassen, in denen die hier behandelten Streitkräfte die Propaganda organisieren.

Das deutsche Heer

Vor dem Ersten Weltkrieg war die Idee einer „Truppenindoktrination" im deutschen Heer unbekannt. Stattdessen gab es „geistige Betreuung."

Da laut Vorschrift „der Offizier der Führer und Erzieher seiner Soldaten auf jedem Gebiet" war, gab es für die geistige Betreuung keine spezielle Organisation. Versuche einer Indoktrination – selbstverständlich in konservativ-monarchischer Ausrichtung und manchmal in lächerlicher Form, wie z. B. organisierte Wettbewerbe im Pflügen und Melken – fehlten weder vor noch während des Krieges, doch wurde ihre Durchführung meist Offizieren und Unteroffizieren überlassen. Erst im November 1918 führte das Oberkommando in einem verspäteten Versuch Bildungsoffiziere ein, die der fortschreitenden Auflösung des Heeres entgegenwirken sollten.[6] Aber das war nutzlos.

Obwohl in der Weimarer Zeit konservative, rechtsstehende Ideen das Heer weiterhin durchdrangen, wurde keine besondere Organisation zur Überwachung ihrer Verbreitung geschaffen. Stattdessen hieß es in den von General v. Seeckt herausgegebenen „Bildungsgrundsätzen" von 1920 einfach, „jedermann, Offiziere und Mannschaften gleichermaßen, hat sich jederzeit als Repräsentant des Heeres zu betrachten," und dabei blieb es.[7]

Angesichts wachsender Zahlen von Sympathisanten der Nationalsozialisten in ihren Reihen versuchte die Reichswehr von 1929 bis 1932 der drohenden Gefahr dadurch zu begegnen, daß sie sogenannte „Schreibtischgenerale" auf Vortragsreisen schickte. Auch das blieb erfolglos.[8]

Nach der Machtergreifung der Nationalsozialisten entstand schnell ein Konflikt zwischen dem Heer und Goebbels Propagandaministerium über die Zuständigkeit für die Propaganda in der Reichswehr. Unter dem pronationalsozialistischen Kriegsminister General v. Blomberg hatte das Heer nichts dagegen einzuwenden, daß seine Soldaten nationalsozialistische Symbole und Abzeichen trugen oder mit nationalsozialistischen Grundsätzen indoktriniert wurden.[9] Es zog jedoch die Grenze vor der Übergabe der Verantwortung für die Durchführung der Propaganda, die ausschließlich seine Angelegenheit blieb.

Wenn auch bis 1938 das Kriegsministerium bzw. OKW von Zeit zu Zeit Richtlinien für die Erziehung der Soldaten in nationalsozialistischem Geist erließ, blieb die Situation doch im Grunde unverändert. Allerdings beschloß die Wehrmacht kurz vor dem Ausbruch des Zweiten Weltkrieges, dem wachsenden Druck der Nationalsozialisten dadurch zu begegnen, daß sie in die

Offensive ging; sie bildete eine eigene Propagandaabteilung und eine eigene Propagandatruppe.[10]

Aber die geistige Betreuung war nicht Aufgabe der neuen Organisation. Stattdessen war sie – neben der Zensur – dafür verantwortlich, das Bild der Wehrmacht in der deutschen Öffentlichkeit zu steuern und Feindpropaganda, d.h. psychologische Kriegführung zu betreiben. Beide Funktionen zusammen liefen unter der Beziehung „Aktivpropaganda".[11]

Schon am 27. September 1938 gab das OKW eine grundlegende Verfügung heraus, der eine Absprache zugrunde lag:

„Geistige Betreuung der eigenen Truppe ist allein Sache der Wehrmacht. Das R.M.V.P. [Reichsministerium für Volksaufklärung und Propaganda] stellt nur auf Anfordern Material zur Verfügung. […] Wichtiger Grundsatz ist, daß die Durchführung der geistigen Betreuung Pflicht der Truppenvorgesetzten ist, daß sie aber auch nur in ihren Händen liegen soll. Im einzelnen handelt es sich um:

- Vorbereitende Unterrichtung der Truppe vor Beginn des Krieges,
- Weitergabe militärischer und politischer Nachrichten in den ersten Kriegstagen,
- Abwehr feindlicher Propaganda,
- Lieferung von Tageszeitungen, später auch Feldzeitungen an die Truppe,
- Rundfunkbetreuung, zunächst vor allem Rundfunkempfang,
- filmische Betreuung, Feldbüchereien, Fronttheater."[12]

In der Praxis wurde natürlich der „wichtigste Grundsatz" der Einheitlichkeit der Führung insofern verletzt, als die Offiziere die meisten ihrer eigenen Zeitungen und Rundfunksendungen nicht herstellten und das auch gar nicht konnten, obwohl sich viele die größte Mühe gaben. Trotzdem behielt der Truppenvorgesetzte, und nur er allein, die Verantwortung für die Erhaltung der Moral. Im Herbst 1940 nahm der Generalstab, wiederum als Reaktion auf den Druck des Propagandaministeriums, eine gründliche Untersuchung des gesamten Problems der Unterrichtung der Truppe vor. Der Generalstabschef des Heeres, General Halder, beharrte darauf, daß die Verantwortung für die Moral bei den Truppenvorgesetzten allein bleiben müsse, und setzte sich gegen beträchtlichen Widerstand durch. Der Oberbefehlshaber, Feldmarschall v. Brauchitsch, gab daraufhin eine Liste der zu propagierenden Themen heraus. Dazu gehörten: das deutsche Volk, das Deutsche Reich, der deutsche Lebensraum, der Nationalsozialismus als Grundlage verschiedener Aspekte des deutschen völkischen Lebens und Deutschland vor dem Westfälischen Frieden.[13]

Tatsächlich konnte nicht einmal die nationalsozialistische Partei mehr verlangen, und Brauchitsch setzte dem Ganzen noch ein I-Tüpfelchen auf, indem er verkündete: „Entscheidend ist, daß im Heere eine einheitliche [Hervorhebung im Original] Auffassung über die nationalsozialistischen Grundlagen besteht und daß sie Gemeingut aller Soldaten wird."[14] Der noch wichtigere Grundsatz der Einheitlichkeit der Führung war jedoch gesichert und blieb intakt. Inzwischen versuchten neben Goebbels Propagandaministerium noch andere nationalsozialistische Organe, einen Fuß in die Tür zu bekommen. Im September 1940 unterzeichnete Feldmarschall Keitel, Chef des Oberkommandos der Wehrmacht, eine Vereinbarung mit dem NSDAP-Chefideologen Alfred Rosenberg, dessen Büro der Wehrmacht Literatur, Vorträge und nationalsozialistische Schulungskurse für Offiziere vermitteln sollte. Trotz des Drucks von Keitel weigerte sich jedoch das Oberkommando des Heeres, das Abkommen zu ratifizieren, und erklärte im Januar 1941 rundheraus, es werde sich nur bei Bedarf wegen der Lieferung von Literatur und Schulungsmaterial an Rosenberg wenden.[15]

Da die Wehrmacht zum ersten Mal im Winter 1941–1942 vor einer Niederlage stand, ergriff Keitel Maßnahmen und befahl allen Truppenteilen bis hinunter zur Bataillonsebene, Betreuungsoffiziere zu ernennen. Sie waren der Dienststelle des Nachrichtenoffiziers angegliedert und sollten neben ihrer normalen Tätigkeit Propagandadienst leisten. Es ist nicht überraschend, daß dieser Befehl erheblichen Widerstand und sogar Spott hervorrief; die Kommandeure ernannten für diese Tätigkeit ihre unfähigsten Leute, und Keitel mußte sogar verbieten, daß Geistliche mit der Aufgabe der Verbreitung nationalsozialistischer Propaganda betraut wurden! Jedenfalls wurde der Grundsatz, daß „es keine Trennung zwischen militärischer und geistiger Führung" gebe, von dem vorbildlichen nationalsozialistischen General Schörner bekräftigt und im Heer verbreitet.[16] Erst gegen Ende 1943 wurde mit Nachdruck die Einrichtung eines regelrechten Propagandadienstes in der Wehrmacht gefordert. Dahinter steckten Männer wie Martin Bormann, Leiter der Parteikanzlei, und ein Heeresoberst namens Hübner, den der Kampfgeist der Waffen-SS beeindruckt hatte, der aber bezeichnenderweise seine SS-Kontakte verschweigen mußte, um seine Karriere nicht zu gefährden. Bormanns Druck erwies sich als wirksam, und im Dezember 1943 unterzeichnete Hitler den Befehl zur Einsetzung Nationalsozialistischer Führungsoffiziere (NSFO) in der Wehrmacht. Von da an entwickelten sich die Dinge schnell. Im Februar 1944 wurden die „Vorläufigen Richtlinien für die nationalsozialistische Führung in der Wehrmacht" erlassen; in ihnen war der NSFO als normaler Stabsoffizier vorgesehen, der „genau wie ein Nachrichtenoffizier" den Kommandeur in allen Angelegenheiten der geistigen Betreuung unterstützen sollte. Er sollte jedoch durch die anderen Offiziere wirken; nur in besonderen Fällen, und dann auch nur in Anwesenheit des Kommandeurs, durfte er sich direkt an die Truppe wenden. Er hatte sich nicht in die Angelegenheiten der nachgeordneten Führer einzumischen und sollte auch kein „Wanderprediger“ werden; aber diese Bestimmungen wurden später dahingehend abgeändert, daß der NSFO sich direkt an die Truppe wenden durfte. Von den NSFO wurde erwartet, daß sie neben ihrer normalen Tätigkeit auch für die Propaganda zuständig waren, und erst gegen Ende 1944 wurden für sie besondere Planstellen geschaffen. Zweiwöchige Lehrgänge wurden für die NSFO seit März 1944 in Krössinsee in Pommern gehalten, zu denen Offiziere der drei Wehrmachtteile abgeordnet wurden. Das Programm bestand aus Vorträgen, Diskussionsgruppen und an den Abenden aus Filmen, Konzerten und Singen. Es dauerte eine ganze Zeit, bis alles organisiert war, und erst in der zweiten Hälfte des Jahres 1944 bekamen die meisten Truppenteile tatsächlich ihren NSFO. Auch nach Ansicht der Verantwortlichen waren die NSFO-Lehrgänge kaum befriedigend; denn die Teilnehmer – meist hochqualifizierte und hochdekorierte Offiziere (der Besitz einer Tapferkeitsauszeichnung war obligatorisch, um dem NSFO ein respektvolles Publikum zu sichern) – ärgerten sich natürlich darüber, daß Parteifunktionäre ausgerechnet ihnen etwas über Patriotismus *erzählen* wollten.[17] Genau wie später in den USA gab die Programmbezeichnung schon Anlaß zu höhnischen Wortspielen und mußte mehrmals geändert werden. Untersuchungen in der Nachkriegszeit haben der Masse der deutschen Soldaten ausnahmslos eine gleichgültige, um nicht zu sagen apathische Einstellung gegenüber den großen moralischen, politischen und strategischen Fragen, die sich aus dem Krieg ergaben, bescheinigt, eine behauptete sogar, das NSF-Programm habe auf die Kampfmoral eine negative Wirkung ausgeübt.[18] Eine Umfrage unter Kriegsgefangenen zeigte, daß sich nur fünf Prozent von ihnen mit anderen als ihren persönlichen Problemen befaßten[19] und eine weitere ergab, daß sich „fanatische Nazis“, Unpolitische und Antinazis auf eine fast gleichmäßig glockenförmige Kurve verteilten, wobei die erste Gruppe 11 Prozent der Gesamtheit ausmachte.[20] Überzeugte Nationalsozialisten waren erheblich häufiger bei Unteroffizieren zu finden und ganz besonders bei jüngeren Offizieren – ein Punkt, der nicht übersehen werden sollte.

Hätte Deutschland den Krieg gewonnen, dann hätten sicher viele Leute, die nun die Rolle der nationalsozialistischen Propaganda gering einschätzen, einen anderen Ton angeschlagen; andererseits hätte eine siegreiche Wehrmacht gar nicht erst die Bildung einer NSF-Organisation zugelassen. Sicherlich waren diese Organisation und die von ihr verbreitete Propaganda eher eine Reaktion auf die Niederlage als ein Beitrag zum Sieg. Als Beispiel dafür, wie die Partei versuchte, angesichts der Niederlage die ihr entgleitenden Soldaten wieder in den Griff zu bekommen, gab es Treueeide und Glaubensbekenntnisse („Ich bekenne mich …“ „Ich bin entschlossen …“ „Niemals werde ich …“ „Ich glaube …“), die sie seit 1943 wiederholen mußten.[21] Die Wirkung solcher Formeln auf die Moral des deutschen Soldaten, auch wenn sie nicht meßbar ist, war wahrscheinlich nicht größer als die von ähnlichem Unsinn in anderen Armeen.

Die US-Army

Während des Ersten Weltkrieges blieben Bestrebungen einer sogenannten „Truppenindoktrination" weitgehend den einzelnen Kommandeuren überlassen. Dagegen waren Informationen in Gestalt der Zeitung „Stars and Stripes" reichlich und leicht zugänglich.[22] Angesichts der schlechten Moral unter den Rekruten setzte die Army 1940 eine Abteilung (morale branch) ein, die sich mit dem Problem befassen sollte. Die von dem Zivilisten Frederick Osborn geleitete Abteilung wurde zur Zielscheibe von so viel Spott seitens der Soldaten, daß die Moral ihrer eigenen Offiziere darunter litt und ihre Bezeichnung geändert werden mußte, zuerst in „Special Services Branch" und dann in „Information and Education Division"[23]. Die Aufgabe der Abteilung, die nicht direkt dem Generalstab, sondern den Heeresunterstützungstruppen (Army Service Forces) unterstellt war, wurde definiert als „Unterstützung der Offiziere in allen Angelegenheiten, die zu Moral, Erholung und Fürsorge gehören". Dementsprechend bereitete sie Vorträge, graphisches Material und eine Reihe von Filmen mit dem Titel „Warum wir kämpfen" (Why We Fight) vor.[24] (Bezeichnenderweise konnte ich nur eine einzige deutsche Entsprechung finden, nämlich eine Broschüre des Heerespersonalamtes von 1944 mit der Überschrift „Wofür kämpfen wir". Die Abteilung setzte auch ihre Offiziere zur Verbreitung dieser Materialien in der Armee ein).

Die Auswirkungen dieses Programms auf die Kampfkraft der Army sind schwer zu beurteilen, denn es stellte nur einen Faktor unter vielen dar. Im April 1945 kam eine Studie zu dem Schluß, daß es im Hinblick auf Tatsacheninformationen über den Krieg, Einstellung zur Army, Behandlung von Verbündeten und persönlicher Anpassung an das Zivilleben keine „wesentlichen und logischen Unterschiede" zwischen Soldaten, die an dem Programm teilgenommen hatten, und Nichtteilnehmern gebe.[25] Auch dort, wo sich eine gewisse Zunahme an Information belegen ließ, stand sie in keinem Verhältnis zu einem persönlichen Engagement am Krieg. Alles in allem: „Das Orientierungsprogramm erfüllte den nützlichen Zweck, die Soldaten zu beruhigen und bei ihnen etwas das Gefühl zu vermindern, die Army kümmere sich nicht um das Wohlergehen des einzelnen. [...] Aber es gibt nur wenige eindeutige Beweise dafür, daß es der Army gelang, die Grundeinstellung zum Krieg zu ändern, um dadurch das persönliche Engagement für die Aufgabe, den Krieg zu gewinnen, zu vergrößern." Eine Tatsache tritt jedoch deutlich hervor: Während unter den deutschen Offizieren verhältnismäßig mehr überzeugte Nationalsozialisten als bei den Unteroffizieren und Mannschaften waren, gaben nur halb soviele amerikanische Offiziere wie Unteroffiziere und Mannschaften an, sie kämpften aus idealistischen Gründen.[26]

Interessanterweise waren die Informationsprogramme beliebter bei höheren Stäben – die sie ins Leben gerufen hatten und für die sie ein Mittel waren, die Bürde der Erhaltung der Truppenmoral zu teilen – als bei den Soldaten.[27] Diese Tatsache läßt sich leicht erklären: Wenn mich meine eigene Erfahrung nicht täuscht, so machten sich die Kommandeure selten oder nie die Mühe, an den Informationskursen selbst teilzunehmen; ja, ihre Teilnahme wäre dem unzumutbaren Eingeständnis gleichgekommen, daß sie nicht wußten, wofür sie ihre Männer in den Tod schickten. Tabelle 8.1 zeigt, daß die Orientierungskurse besser ankamen (und daher vermutlich auch wirksamer waren), wenn sie von beliebten, geachteten oder bewunderten Personen geleitet wurden.

Tabelle 8.1: *Bewertung von Orientierungskursen durch amerikanische Soldaten*

Bewertung des Lehrgangsleiters	Prozentsatz der Soldaten, die angaben, vom Lehrgang sehr profitiert zu haben
Diskussionsleiter steht bei der Gruppe in höchstem Ansehen	39 %
Diskussionsleiter steht bei der Gruppe in hohem, aber nicht in höchstem Ansehen	23 %
Diskussionsleiter steht bei der Gruppe nicht in hohem Ansehen	14 %

Quelle: Stouffer u. a., The American Soldier, Bd 4, S. 471.

Hier wird das Grundproblem jeder zentralisierten Organisation für die Schulung der Truppe deutlich: Um erfolgreich zu sein, müssen Bildungsoffiziere beliebt, geachtet und bewundert sein, aber Männer, die diese Voraussetzungen haben, werden nur selten Bildungsoffiziere.[28] Es gibt auch keinen Grund, warum sie es tun sollten: Solche Männer sollten andere führen und nicht in flüchtigen Orientierungslehrgängen mit ihnen zusammenkommen. Außerdem: Je besser ein Bildungsoffizier seine Aufgabe erfüllt – je erfolgreicher er die Moral hebt und erhält – desto größer ist die Wahrscheinlichkeit, daß er die Stellung des Kommandeurs untergräbt, dessen Gehilfe er doch sein soll. Daher ist es kein Wunder, daß die Moral der für die Moral zuständigen Offiziere paradoxerweise sowohl im deutschen wie im amerikanischen Heer zum Problem wurde, und daß es bei beiden Streitkräften Belege für eine negative Wechselbeziehung zwischen Truppenschulung und

Moral gibt.[29] Wir könnten vielleicht daraus folgern, daß ein Programm der Truppenindoktrination im Sieg unnötig und bei einer Niederlage nicht sehr wirkungsvoll ist; und wenn es überhaupt etwas bewirken soll, darf man es keiner eigenständigen oder zentralisierten Organisation anvertrauen.

Truppenaustausch

Das deutsche Heer

Das deutsche Heer hatte keine festen Regeln für die Ablösung von Truppenteilen an der Front. Während der ersten Jahre des Zweiten Weltkrieges stellte sich das Problem auch kaum; die Blitzkriege waren per definitionem kurze Feldzüge, die keinen Truppenaustausch nötig machten. Nach jedem Feldzug wurden die Divisionen jedoch einer Auffrischung unterzogen – ein Vorgang, der etwa drei Wochen dauerte, erhebliche logistische und administrative Vorbereitungen erforderte und, soweit möglich, in einem der besetzten Länder durchgeführt wurde.[30] Organisiert von einem Generalkommando eines Armeekorps umfaßte eine derartige Maßnahme die Reorganisation und Auffrischungsausbildung für die bestehenden Truppenteile, das Einfügen von Ersatzpersonal und die Ausgabe neuer Ausrüstungsgegenstände als Ersatz für Material, das im Gefecht verlorengegangen oder unbrauchbar geworden war.

Als sich die Bedingungen während der zweiten Kriegshälfte verschlechterten, wurde eine so gründliche Auffrischung ganzer Divisionen zunehmend schwieriger. Stattdessen wurde die Auffrischung immer häufiger innerhalb der Divisionen durchgeführt, das bedeutete die Ablösung einzelner Regimenter oder sogar Bataillone von der Front für Zeiträume, die tage- oder wochenlang dauern konnten. Die auf diese Weise abgelösten Soldaten wurden in Erholungsheime hinter der Front geschickt, wo sie sich ausruhen konnten und gut versorgt wurden, frei von jeder Sorge und geschützt vor den Zugriffen, die der Generalstab in Krisenzeiten auf Soldaten unternahm, die in Urlaub gingen.[31] Die so gebotene Sicherheit war außerordentlich wichtig; je länger der Krieg dauerte, desto stärker wurde die Tendenz, die Erholungsheime als Ersatz für Urlaub zu benutzen.

Die US-Army

Das amerikanische System des Truppenaustauschs im Zweiten Weltkrieg hatte nicht wie im deutschen Heer das Ziel, die Kampfkraft wiederherzustellen und zu erhalten, sondern „die Last gleichmäßig auf die Soldaten zu verteilen", indem man diejenigen in die Heimat schickte, die länger als eine bestimmte Zeit in Übersee gedient hatten. Die Dauer dieses Zeitraumes wurde vom Oberbefehlshaber des jeweiligen Kriegsschauplatzes festgelegt und betrug zwischen sechs und vierundzwanzig Monaten. Da der verfügbare Schiffstransportraum der bestimmende Faktor war, überrascht es vielleicht nicht, daß die niedrigste Zahl für den nordamerikanischen Kriegsschauplatz galt, wo überhaupt keine Kämpfe stattfanden.[32] Wegen des ständigen Mangels an Schiffstransportraum und Personalersatz war ohnehin die Zahl derjenigen, die wirklich auf diese Weise heimgeschickt wurden, sehr klein. Vielleicht war diese Politik sogar schädlich, weil sie Hoffnungen weckte, die sich in der großen Mehrheit der Fälle als unerfüllbar erwiesen. Andererseits machte die kleine Zahl der Divisionen – insgesamt 89 – und die Politik, sie durch einen ständigen Zustrom von Personalersatz auf Sollstärke zu halten, einen Truppenaustausch unmöglich und unnötig. Für die im Pazifik operierenden Truppenteile wurden die Auswirkungen dieses Verfahrens durch die Pausen zwischen den Inselsprüngen gemildert; im Mittelmeer, in Frankreich und vor allem in Italien bedeutete es, daß dieselben Soldaten Tag für Tag, Woche für Woche im Einsatz standen, bis sie, nach den Worten des leitenden Psychiaters der Army entweder als Verwundete oder Gefallene, Deserteure oder Verrückte endeten.[33] Im November 1944 wurde auf dem europäischen Kriegsschauplatz (European Theater of Operations – ETO) ein Plan für Erholungsurlaub aufgestellt, auf Grund dessen Soldaten, die mindestens zweimal verwundet oder zweimal wegen Tapferkeit ausgezeichnet worden waren oder wenigstens sechs Monate Fronteinsatz hinter sich hatten, in die Vereinigten Staaten zurückkehren durften. Die monatliche Quote betrug zunächst 2.200 Mann, erhöhte sich später auf 5.500. Trotz dieser sehr kleinen Zahl soll die Wirkung auf die Moral günstig gewesen sein. Für die Fahrt von Frankreich in die Vereinigten Staaten und zurück waren jedoch etwa vier Monate nötig, so daß nur das November-Kontingent rechtzeitig genug nach Europa zurückkehrte, um weiter am Krieg teilzunehmen.[34]

Psychiatrische Fälle

Das deutsche Heer[35]

Während des Ersten Weltkrieges waren im deutschen Heer Begriffe wie „Gefechtsneurose“ und „nicht gefechtsbedingter Ausfall“ unbekannt, da beide aussagen, daß sich der Krieg an sich zerstörerisch auf die Menschen auswirken kann. Männer mit nervösen Symptomen wurden in Geisteskranke und Nervenkranke eingeteilt. Die Zahl der ersteren betrug durchschnittlich 26.070 pro Jahr, das bedeutete, daß in jedem beliebigen Kriegsjahr 0,2 Prozent aller derjenigen, die von 1914 bis 1918 dem Heer angehörten (insgesamt 13,3 Millionen) geisteskrank wurden; bei den Nervenkranken betrug die durchschnittliche Zahl 613.047 oder 4,7 Prozent der Gesamtzahl. Unter den Nervenkranken, d.h. genau gesagt: unter den nicht gefechtsbedingten Ausfällen, wurde die Hälfte als Hysteriker diagnostiziert, zwischen 30 und 40 Prozent als Neurastheniker, und der Rest litt unter Schock oder anderen Krankheiten.[36] Gegen Ende des Krieges nahm das Problem ernste Formen an, und in der Zwischenkriegszeit wiederholten Autoren unermüdlich, daß mit dem Waffenstillstand eine „große Menge" von „Psychopathen" wie durch ein Wunder geheilt waren und „eifrige, höchst aktive Revolutionäre und lärmende Agitatoren" wurden.[37]

Über die Behandlung dieser Fälle und ihren Erfolg dabei, sie wieder diensttauglich zu machen, gibt es keine detaillierten Angaben. Auf jeden Fall scheint man jedoch eine wichtige Lektion gelernt zu haben: Unter gar keinen Umständen sollte man Soldaten mit Symptomen von Nervenkrankheiten die Heimkehr gestatten, und ihre Behandlung sollte auch nicht im Heimatgebiet stattfinden. Man glaubte, der Umgang mit Männern mit solchen Symptomen sei schädlich für die Moral der Zivilbevölkerung, und Interesse und Mitgefühl der Bevölkerung könnten wiederum die Kranken dazu ermutigen, ihre Symptome zu behalten.[38]

In den Anfangsjahren des Zweiten Weltkrieges, also in der Zeit der Blitzkriege mit ihren naturgemäß begrenzten Dauer und Intensität, gab es fast keine psychiatrischen Ausfälle. Nach dem Einmarsch in Rußland stieg ihre Zahl jedoch. In einem Versuch, das Problem zu verallgemeinern, kam der Beratende Psychiater der 2. Panzerarmee (vormals von Guderian geführt) zu dem Schluß: „Zeiten ohne in die Augen springende Erfolge und ‚große Ereignisse', Warteperioden, zermürbender Kleinkrieg – auch gegen tägliche Unbequemlichkeiten – bilden [...] eine besondere Belastung für die Truppe."[39]

Für die deutsche Einstellung war typisch, daß Fälle von kriegsbedingter Neurose (Psychoneurose) nicht als gesonderte Kategorie betrachtet, sondern unter dem Etikett „psychiatrische Fälle" zusammengefaßt wurden, und das bedeutete einfach, daß diese Fälle der Aufmerksamkeit eines Psychiaters bedurften. Psychiatrische Fälle wurden folgendermaßen unterteilt: Erstens gab es die Verwundeten – Männer, die im Zusammenhang mit physischen, sichtbaren Wunden eine organische Schädigung des Nervensystems erlitten hatten. Zweitens gab es die „neurologischen" Fälle – Männer, die zwar äußerlich unversehrt waren, aber Symptome aufwiesen, die auf eine im Gefecht oder durch einen Unfall erlittene „Commotion" (Erschütterung) oder „Kontusion" (Quetschung) zurückgeführt wurden. Schließlich gab es die „rein" psychiatrischen Fälle; rein in dem Sinne, daß die Symptome anscheinend weder direkt noch indirekt mit organischen Schäden zusammenhingen.[40]

Wenn wir die Erfahrungen des Beratenden Psychiaters der Heeresgruppe Süd als Richtschnur nehmen, gehörte ungefähr ein Drittel der psychiatrischen Fälle in diese dritte Kategorie.[41] Sie wurden wiederum in zwei Untergruppen eingeteilt, von denen uns nur die erste, nämlich die der „Psychogenen", die

43 Prozent aller psychiatrischen Fälle umfaßte, zu interessieren braucht.[42] Von 121 Männern, die in einem Zeitraum von drei Monaten als psychogene Fälle eingestuft wurden, wurde nur bei 11 (9,1 Prozent) eine „primäre Angstneurose durch Feindeinwirkung" festgestellt, und die Mehrzahl dieser Fälle hatte angeblich einen „labilen und neuropathischen Charakter".[43] Anders ausgedrückt: Unter ungefähr einer halben Million Soldaten der Heeresgruppe Süd wurden in diesen drei Monaten 844 vom Psychiater untersucht, und bei nur 14,3 Prozent von diesen wurde eine Erkrankung diagnostiziert, die im amerikanischen Fachjargon als „Psychoneurose" bezeichnet wird. Die Behandlung aller Arten psychiatrischer Fälle, die in keinem offenbaren Zusammenhang mit organischen Schäden standen (darunter Fälle von Lähmung, Verlust von Sprache und Gehör, Blindheit, Zittern, Zuckungen und Gehunfähigkeit) fand normalerweise in einem Feldlazarett unmittelbar hinter der Front statt. Sie bestand in der Beruhigung des Patienten, entweder indem man auf bestimmte, aber kameradschaftliche Weise mit ihm sprach, oder in der Verabreichung von Beruhigungsmitteln. Schon nach nur achttägiger Bettruhe mußten sich die Patienten einem sich allmählich steigernden Programm strenger militärischer Übungen unterziehen. Dann folgte eine Ruhezeit in einem Erholungsheim, von wo die meisten vollständig geheilt zu ihren Einheiten zurückkehrten.[44] Patienten, die auf diese Behandlung nicht ansprachen, wurden in ein Kriegslazarett des jeweiligen Kriegsschauplatzes überwiesen. Hier bestand die Behandlung in einer „Faradisation", d. h. in einer Elektrotherapie mit Strom, der zwar schwächer war als beim Elektroschock, aber doch stark genug, um richtige Schmerzen zu verursachen. Weitere Behandlungsmethoden bestanden, je nach den Umständen, in der Anwendung von Kardiozol (einem Medikament, das heftige Körperkontraktionen hervorruft) und Hypnose. Man hielt jedoch nicht diese Mittel an sich, sondern die damit verbundene Suggestion für wirkungsvoll: Das elektrisch induzierte Zucken eines gelähmten Beines zum Beispiel sollte den Patienten davon überzeugen, daß er tatsächlich gehen konnte, und gleichzeitig verursachte es ihm einen so starken Schmerz, daß er eine Wiederholung nicht wünschen konnte. Um die Suggestion noch zu erleichtern, wurden die Patienten nicht in gesonderten Abteilungen untergebracht, sondern auf die neurologischen Stationen normaler Kriegslazarette verteilt, in denen ihr Anteil gewöhnlich nicht mehr als 30 Prozent betragen sollte.[45]

Ganz gleich, welche Methoden angewandt wurden, sie waren sicher sehr erfolgreich, denn aus einem Lazarett, aus dem statistische Unterlagen vorhanden sind, kehrten 85 Prozent der Fälle zum Dienst zurück.[46] Nur die ganz wenigen, bei denen das nicht der Fall war, wurden zur Behandlung ins Heimatgebiet überwiesen, und dann auch nur in weit von ihrem Wohnort entfernte Lazarette, wo sie nicht von Verwandten besucht werden konnten. Außerdem wurden in keinem Fall Soldaten aus diesen Gründen aus der

Wehrmacht entlassen; wenn alle Mittel versagten, wurden sie einfach in eine Nervenheilanstalt eingewiesen.[47]

Obwohl es detailliertes statistisches Material über das Vorkommen psychiatrischer Fälle in der gesamten Wehrmacht nicht gibt, wurde doch schon während des Krieges erkannt, daß die deutschen Truppen in dieser Hinsicht besser abschnitten als die alliierten.[48] Tabelle 8.2 zeigt Häufigkeit und Verteilung solcher Fälle in Rommels Afrikakorps in einem Zeitraum von vier Monaten während schwerer Kämpfe, auf die ein 1.600 km langer Rückzug folgte. Da das Afrikakorps zu dieser Zeit 43.000 Mann stark war, müssen die psychiatrischen Fälle aller Arten ungefähr 2 Prozent der Gesamtstärke pro Jahr betragen haben. Die Zahl für die Heeresgruppe Süd in Rußland kann nicht genau berechnet werden, muß aber sehr viel niedriger gewesen sein.[49] Für die Heeresgruppe D in Frankreich, Belgien und Holland für den Zeitraum April bis Juni 1944 (in dem größtenteils keine Kämpfe stattfanden) war sie mit 2,7 Prozent der Gesamtstärke pro Jahr etwas höher.[50]

Tabelle 8.2: *Psychiatrische Ausfälle im Afrikakorps, nach Typen geordnet*

Art der wegen psychiatrischer Erkrankung behandelten Ausfälle	Zahl der Ausfälle
Verletzte	68
Nicht neurologisch-psychiatrische Fälle	13
Epilepsie	10
Schizophrenie (einschl. Verdacht)	5
Schwachsinn	6
Verdacht auf organischen Hirnprozeß	2
Neuritis und Polyneuritis	85
Beschwerden nach früheren schweren Schädeltraumen	13
Exogene echte nervöse Erschöpfung	8
Psychopathen und Psychoastheniker	73
Insgesamt	283

Quelle: Der Beratende Psychiater der Panzergruppe Afrika, Erster Erfahrungsbericht, 26. September 1941 – 17. Januar 1942, 25. Januar 1942, BA-MA, H 20/480.

Anhand einzelner Beispiele von Truppenteilen mit einem besonders hohen Anteil von psychiatrischen Ausfällen ist es möglich, auf ihre sehr niedrige Zahl in der gesamten Wehrmacht zu folgern. Mit Bezug auf das erste Quartal 1943, eine Zeit heftiger Verteidigungskämpfe, die zu einem Anstieg der Zahl psychiatrischer Fälle führten, schrieb der Beratende Psychiater der 2. Panzerarmee, sie seien besonders häufig bei Neuzugängen, die nicht genug Zeit gehabt hatten, eine feste Kampfgemeinschaft mit ihren Kameraden zu bilden, und bei Soldaten, die in Truppenteilen dienten, wo sie aufgrund der Umstände der Gefahr hilflos und isoliert ausgesetzt waren.[51] Psychiatrische

Fälle, stellte der Beratende Psychiater der Heeresgruppe D ebenfalls fest, waren besonders häufig unter „Volksdeutschen der Liste III", die nach „rassischen" Gesichtspunkten ausgewählt wurden und aus sprachlichen Gründen isoliert waren.[52] Obwohl es umfassende Daten nicht gibt und wahrscheinlich auch nie geben wird, ist der Zusammenhang zwischen der Organisation der Wehrmacht (landsmannschaftliche Rekrutierung, Personalersatz auf der gleichen Grundlage und in geschlossenen Gruppen, Feldersatzbataillone) und der niedrigen Zahl psychiatrischer Fälle daher ganz deutlich. Daß hinter dieser Tatsache Organisationssysteme und die Behandlungsweise, nicht aber angeborene Eigenschaften des deutschen Soldaten standen, wird auch durch den steilen Anstieg der Nervenkrankheiten nach der Entlassung der Soldaten aus den alliierten Kriegsgefangenenlagern belegt.[53]

Professor Panse, Beratender Psychiater beim Wehrkreis VI Köln, einer der erfolgreichsten Praktiker in der Wiederherstellung der Diensttauglichkeit von Soldaten, faßte Anfang 1945 die deutschen Erfahrungen folgendermaßen zusammen:

„Es ist m. E. zumindest zum Teil dem planmäßigen Vorgehen gegen die psychogenen Störungen zuzuschreiben, daß sie auch heute, im 6. Kriegsjahr, noch keinerlei Problem als Massenerscheinung darstellen. Schon die unter den Soldaten allgemein verbreitete Kenntnis, daß der Arzt nirgends vor den psychogenen Störungen therapeutisch resigniert, läßt sicherlich zahlreiche psychogene Ausweichreaktionen gar nicht erst aufkommen. Auch die Rezidivgefahr ist bei demjenigen, der eine zielstrebige Behandlung durchgemacht hat, relativ ganz gering und betrifft nur konstitutionell schwer Abnorme. Für den Wehrkreis VI läßt sich auch für das letzte Jahr eine sichere Zunahme der psychogenen Störungen nicht nachweisen. Es sind zwar in den letzten Monaten etwas mehr Fälle als früher zur klinischen Behandlung gekommen, doch handelt es sich hier m. E. um den Ausdruck einer besseren und vollständigeren Erfassung durch die Schleusenabteilungen."[54]

Die US-Army

In der US-Army wurde die Gefechtspsychiatrie („combat psychiatry") zuerst von Dr. Thomas W. Salmon, dem Leiter des „National Committee for Mental Hygiene", im Ersten Weltkrieg entwickelt. Als er auf einer Inspektionsreise Frankreich besuchte, stellte er fest, daß die Franzosen und Engländer verschiedene Behandlungsmethoden für die Gefechtsneurose entwickelt hatten; während die Franzosen einen harten Standpunkt vertraten und häufig Strafen anwandten, verlegten die Engländer ihre Kranken in Nervenkliniken in England. Salmon sah die englische Methode als humaner an, andererseits resultierte sie nur in einer „ziemlich niedrigen" Rate der Wiederherstellung der Diensttauglichkeit.[55] Darauf wurde beschlossen, jeder Division einen

Psychiater zuzuteilen. Seine Aufgabe bestand darin, alle Fälle zu untersuchen, die leichteren zu behandeln, die Verlegung der übrigen zu überwachen und in Fällen, wo der Verdacht auf Selbstverstümmelung bestand, zu ermitteln. Das Ziel der Gefechtspsychiatrie wurde so definiert: Sie sollte den Patienten dazu befähigen, „die *Mitwirkung* der Gruppe zu erreichen und sich selbst der Gruppe und ihrer Aufgabe *verpflichtet zu fühlen.*“ Durch die Anwendung dieser Methode soll es Salmon gelungen sein, zwei Drittel aller Fälle für den Dienst in ihrer Einheit wiederherzustellen.[56]

Im Zweiten Weltkrieg wandte man eine andere Behandlungsmethode an. Statt sich auf die Behandlung zu konzentrieren, führte die Army nun ein vorausgehendes Ausleseverfahren ein, um das Unterbewußtsein zu untersuchen und diejenigen zu eliminieren, die „psychologisch unfähig waren, die Belastungen des Gefechtseinsatzes auszuhalten“. In dem Glauben, die Tauglichkeit der Truppe auf diese Weise sichergestellt zu haben, zog die Army in den Zweiten Weltkrieg, „so als ob es den Ersten Weltkrieg nie gegeben und Dr. Salmon nie gelebt hätte“.[57]

Die Folgen ließen nicht lange auf sich warten. Mitte 1943 betrugen die Einweisungen in psychiatrische Kliniken durchschnittlich 6,76 Prozent der Personalstärke pro Jahr; wobei die niedrigste Zahl sich auf 3 Prozent (was immer noch höher ist als die Zahlen irgendeines deutschen Truppenteils, den ich finden konnte) und die höchste sich auf 120–150 Prozent belief.[58] Bei Kampfdivisionen auf dem europäischen Festland betrug die Zahl zwischen Juni und November 1944 26 Prozent,[59] also ungefähr zehnmal soviel wie bei der gegnerischen deutschen Heeresgruppe D. Die Gesamtzahl der Soldaten, die im Zweiten Weltkrieg wegen psychiatrischer Erkrankungen behandelt wurden, betrug 929.307, das waren 8,9 Prozent aller derjenigen, die die Army durchliefen.[60] Fast 43 Millionen „Arbeitstage“ gingen verloren, und 320.000 Männer mußten wegen dauernder Untauglichkeit entlassen werden. Die Zahl der Fälle war etwa so hoch wie die aller Verwundungen innerhalb und außerhalb des Schlachtfeldes zusammen und überstieg die Zahl der Gefallenen um das Dreifache. Eine Zeitlang wurden sogar mehr Männer aus psychiatrischen Gründen aus der Army entlassen als durch die Einberufung hinzukamen, woraufhin General Marshall eine Untersuchung anordnete.[61] Im deutschen Heer machten „psychogene Erkrankungen“ etwa 43 Prozent aller rein psychiatrischen Fälle aus; im amerikanischen Heer waren es 67,7 Prozent. Dann folgten in der US-Army Männer mit Charakter- und Verhaltensstörungen (12,8 %), Psychosen (7,3 %), Schwachsinnige (3,1 %) und „andere“ (6,9 %). Mit andern Worten: Zwei Drittel aller Fälle waren normale Menschen, denen die erfolgreiche Anpassung an das Leben in der Army, einschließlich des Gefechts, nicht gelungen war, und das trotz der Tatsache, daß in der vorausgegangenen Untersuchung schon 1.686.000

Mann wegen des Verdachts auf seelische oder geistige Störungen ausgesondert worden waren.[62]

Daß die enorme Zahl psychiatrischer Ausfälle in der US-Army nicht auf die Intensität des Gefechts zurückzuführen war, scheint aus der deutschen Erfahrung hervorzugehen; sie ist statt dessen einer Vielzahl von Gründen zugeschrieben worden, die mit der „auf das Kind orientierten" amerikanischen Gesellschaft beginnen und bei den fehlerhaften Ausleseverfahren enden, mit denen es anscheinend nicht gelang, die richtigen Persönlichkeiten auszuwählen, obwohl fünfmal soviele Männer abgewiesen wurden wie im Ersten Weltkrieg. Den meisten Forschern sind aber Dokumente vom europäischen Kriegsschauplatz nicht bekannt, aus denen hervorgeht, daß die amerikanischen psychiatrischen Ausfälle in zwei grundlegende Kategorien gehörten.[63] Die erste umfaßte die unerfahrenen Soldaten, gewöhnlich Ersatzpersonal, die nach etwa fünf Tagen Fronterlebnis zusammenbrachen. Zur zweiten gehörten erfahrene Soldaten, die nach etwa vier Monaten Fronteinsatz „durchdrehten". Unsere ganze Untersuchung bisher führt uns zu der Schlußfolgerung, daß die Fälle der ersten Kategorie Opfer des Ersatzsystems und des mangelhaften Zusammenhalts in den amerikanischen Truppenteilen waren;[64] dagegen wurden die Fälle der zweiten Kategorie durch die unbegrenzte Dienstzeit geschwächt.[65]

Die Behandlung der amerikanischen psychiatrischen Fälle unterschied sich auch von derjenigen, die man ihren deutschen Kontrahenten angedeihen ließ. Möglicherweise weil die Psychoanalyse in den Vereinigten Staaten einflußreicher war, sah man die Symptome als Manifestationen geistiger Prozesse, die tief im Unterbewußtsein verborgen waren und der Entladung bedurften. Die Psychotherapie nahm aber viel Zeit in Anspruch, und die Fälle wurden daher zur Behandlung in die psychiatrischen (nicht, wie es bei den Deutschen üblich war, in die neurologischen) Stationen von Kliniken gebracht, die Hunderte von Kilometern hinter der Front lagen. Das Ergebnis war, daß weniger als zehn Prozent der Fälle während des Nordafrika-Feldzuges jemals zu ihren Truppenteilen zurückkehrten.[66]

Später verbesserte sich die Lage allerdings. Während der späteren Stadien des Italienfeldzuges gelang es den Psychiatern der Army, etwa 60 Prozent der Patienten für den Dienst in irgendeiner Form wiederherzustellen, dadurch daß sie sich auf die sofortige Behandlung in „Erschöpfungszentren" (exhaustion centers) dicht hinter der Front konzentrierten.[67] Die Erfolgsrate war jedoch von einem Truppenteil und Lazarett zum andern ganz verschieden, und eine Rückkehrquote von 80 Prozent galt als „phänomenal". Für den Krieg insgesamt lag die Zahl wahrscheinlich knapp unter 60 Prozent, obwohl keineswegs alle zu ihrem ursprünglichen Dienst zurückkehrten. Diejenigen, die auf die Behandlung nicht ansprachen, wurden in die Vereinigten Staaten zurückgeschickt, aus der Army entlassen und in Nervenheilanstalten eingewiesen. Manche blieben dort noch jahrelang und wurden mit Hydrotherapie, Insulin-und Elektroschock behandelt.

Der Historiker sollte sich vor übereilten Verallgemeinerungen hüten, doch kann man sich kaum des Gefühls erwehren, daß bei einem Heer etwas nicht stimmen konnte, das zunächst zuließ, daß die nicht gefechtsbedingten Ausfälle epidemische Ausmaße annahmen und dann seine eigenen Erfahrungen bei ihrer Behandlung nicht verwertete. Diese Mißstände wurden noch durch eine äußerst liberale Einstellung der Army verschlimmert, die, möglicherweise verursacht durch die weitverbreitete Übernahme der Freudschen Theorien, den Soldaten durch halboffizielle Kanäle mitgeteilt wurde und zu der Ansicht führte, die Gefechtsneurose sei ein legitimes, ja fast normales Leiden.[68] Diese Einstellung verhinderte, daß die Army die etwas rauhen Behandlungsmethoden der deutschen Ärzte anwandte, und baute auch gleichzeitig denen goldene Brücken, die dem Gefechtseinsatz entkommen wollten. Es gibt sogar Beweise dafür, daß zumindest einige Soldaten als Alternative erwogen, sich entweder unerlaubt von der Truppe zu entfernen, zu desertieren oder um Abtransport aus psychiatrischen Gründen zu ersuchen.[69] Vielleicht war Pattons Methode, einen Soldaten zu ohrfeigen, der nicht kämpfen wollte, doch nicht so falsch.

Das Sanitätswesen

Die Bedeutung einer guten ärztlichen Versorgung für eine Armee braucht eigentlich nicht weiter erörtert werden. Für die Moral des Soldaten ist es von äußerster Wichtigkeit zu wissen, daß er im Falle einer Verwundung schnell und gut versorgt wird. In einem längeren Konflikt wie dem Zweiten Weltkrieg kann darüber hinaus verwundetes Personal, das nach der Genesung in den Dienst zurückkehrt, eine willkommene und wesentliche Verstärkung bedeuten.

Das deutsche Heer

Es gibt keine umfassende Untersuchung des deutschen Sanitätswesens im Zweiten Weltkrieg, und angesichts des vorhandenen Materials wird es wahrscheinlich auch in Zukunft keine geben.[70] Die folgenden Bemerkungen werden daher eher allgemeiner Art sein.

Im Hinblick auf die Organisation gibt Tabelle 8.3 eine Vorstellung vom Ausmaß des deutschen militärischen Sanitätswesens.

Auf seinem Höhepunkt umfaßte daher das deutsche Sanitätswesen 341.760 Männer und Frauen. Von 1939 bis 1943 stieg der Anteil der Sanitätsoffiziere (d. h. der ausgebildeten Ärzte), die bei der Truppe dienten, von 48,4 Prozent auf 54,5 Prozent aller Sanitätsoffiziere; gleichzeitig fiel der

Anteil der Unteroffiziere und Mannschaften von 73,1 Prozent auf 66,7 Prozent der Gesamtzahl dieses Personals. Mit anderen Worten: Ärzte wurden an die Front gebracht, während im rückwärtigen Gebiet die Tendenz zunahm, sich auf Sanitätshilfspersonal und natürlich Rotkreuzhelfer, meistens Schwestern, zu verlassen.

Tabelle 8.3: *Personalstärke des deutschen militärischen Sanitätswesens 1939–1943*

	Feldheer					Ersatzheer			Insgesamt	
	Truppe		Lazarette			Lazarette			Offz.	Uffz. u. Mannsch.
Jahr	Offz.	Uffz. u. Mannsch.	Offz.	Uffz. u. Mannsch.	DRK*	Offz.	Uffz. u. Mannsch.	DRK*		
1939/40	7.798	92.348	1.314	9.731	1.241	7.664	24.179	17.062	16.806	126.258
1940/41	12.127	115.264	3.258	17.951	3.899	7.034	26.153	22.580	22.419	159.368
1941/42	12.757	150.060	4.474	30.472	9.507	8.911	46.047	45.637	26.095	216.579
1942/43	17.034	164.898	4.689	28.737	8.413	9.507	53.438	55.044	31.230	247.073

Quelle: Seidler, Prostitution, Homosexualität, Selbstverstümmelung, S. 43.
* Deutsches Rotes Kreuz

Im Ersten Weltkrieg hatte der Anteil der Gefallenen 13,8 Prozent aller blutigen Verluste im Gefecht betragen, diese Zahl stieg im Frankreichfeldzug von 1940 auf 21,9 Prozent und auf 22,9 Prozent im ersten Jahr des Rußlandfeldzuges. Dieser Anstieg ist wahrscheinlich sowohl auf die tödlicheren Waffen als auch auf die schwierigere Bergung der Verwundeten während der beweglich geführten Operationen zurückzuführen.

Zwischen September 1939 und April 1945 wurden annähernd 52,4 Millionen Verwundete und Kranke in Lazaretten der Wehrmacht und der SS behandelt. Tabelle 8.4 gibt Aufschluß über die Ergebnisse.[71]

Tabelle 8.4: *Überlebensrate von Verwundeten in der Wehrmacht*

Feldzug	I. Weltkrieg	Frankreich 1940	Rußland Sommer 1941	Rußland Januar 1942
Ergebnisse nach dem Stand von		Oktober 1942	November 1943	Mai 1944
An Verwundung gestorben überlebt	6,0 % 94,0 %	7,9 % 92,1 %	10,5 % 89,5 %	12,2 % 87,8 %
Insgesamt	100,0 %	100,0 %	100,0 %	100,0 %

Quelle: Müller-Hildebrand, Statistisches System, Study P-011, S. 144 ff.

Von hundert Verwundeten, die im Frankreichfeldzug überlebten, konnten 85 mit der Rückkehr zum Dienst rechnen (65 zum aktiven und 20 zum Garnisonsdienst). Diese Zahl fiel auf 83 (58 und 25) im Sommer 1941 in Rußland und sank im Winter desselben Jahres auf 77 (51 und 26). Von denjenigen, die zum Dienst zurückkehrten, waren innerhalb von drei Monaten 58 Prozent innerhalb von sechs Monaten 86 Prozent, innerhalb von neun Monaten 93 Prozent, und innerhalb eines Jahres 96 Prozent wieder bei der Truppe. Bei gefechtsbedingten Ausfällen betrug der durchschnittliche Dienstausfall 98 Tage.[72]

Von 100 Mann, die während des Krieges wegen Krankheit ins Lazarett eingeliefert wurden, überlebten 98,5; 85,4 kehrten zum Dienst zurück; 14,6 wurden untauglich. 48,9 Prozent derjenigen, die zum Dienst zurückkehrten, taten das innerhalb eines Monats, 71,7 Prozent innerhalb von zwei Monaten, 85,9 Prozent innerhalb von drei Monaten, 93,8 Prozent innerhalb von vier Monaten, 97,2 Prozent innerhalb von fünf Monaten und 98,7 Prozent innerhalb von sechs Monaten. Nicht alle Kranken wurden jedoch im Lazarett behandelt, viele wurden bei ihrem Truppenteil versorgt. Hier betrug die Überlebenschance des Soldaten 99 Prozent, die der Rückkehr zum Dienst 86,7 Prozent. Der durchschnittliche Dienstausfall bei diesen Fällen betrug 9,3 Tage.

Da es keine zusätzlichen Unterlagen gibt, ist es unmöglich, diesen Zahlen viel hinzuzufügen. Eine Tatsache verdient jedoch Beachtung: Es war ein Grundprinzip, das sich aus den schlechten Erfahrungen im Ersten Weltkrieg herleitete, daß Verwundete nach ihrer Genesung zu dem Ersatztruppenteil geschickt wurden, der ihrem letzten Feldtruppenteil angegliedert war.[73] Sie wurden Ersatzkompanien bis zur Wiederherstellung ihrer Diensttauglichkeit zugeteilt, fuhren dann gemeinsam mit neuen Rekruten in denselben Marschbataillonen zu ihrem ursprünglichen Truppenteil zurück und wurden dabei häufig von Offizieren angeführt, die selbst zum aktiven Dienst zurückkehrten. Trotz wachsender technischer Schwierigkeiten im Verlauf des Krieges hielt man sich streng an diesen Grundsatz.

Die US-Army

Die Gesamtstärke des „Medical Department" der US-Army im Zweiten Weltkrieg betrug nach einer Quelle 680.438 Mann. Von ihnen entfielen 48.317 auf den ärztlichen Dienst, 14.848 auf den zahnärztlichen Dienst, 2.056 auf den tierärztlichen Dienst, 19.439 gehörten zur Sanitätsverwaltung, 54.128 waren Schwestern (Army Nurse Corps), und 541.650 waren Unteroffiziere und Mannschaften im Medical Department.[74] Im Vergleich zum übrigen Personal der Army bestand beim Personal des Medical Department natürlich die Tendenz, sich im rückwärtigen Gebiet zu sammeln, das traf besonders für Ärzte, d. h. Sanitätsoffiziere zu.[75] Zum Beispiel taten von 2.277 Neuropsychiatern der US-Army am Tag der Kapitulation 762 oder 33,46 Prozent Dienst in Übersee, während der Rest sich im US-Heimatgebiet befand.[76]

Die Gesamtzahl der Einweisungen in Lazarette aller Arten (die psychiatrischen Fälle ausgenommen) im Zweiten Weltkrieg soll 16.744.724 betragen haben; von diesen waren 599.724 im Kampf Verwundete (3,5 %), 1.800.000 sonstige Verletzte (10,7 %) und 14.345.000 Kranke (85,8 %). Die Durchschnittszahl der Dienstausfalltage pro Verwundeten war 117,8, für alle Einweisungen kam sie auf 23,3 Tage.[77] Die Verwundeten blieben also etwas länger im Lazarett als beim deutschen Heer.

Im Ersten Weltkrieg starben 8 Prozent aller amerikanischen Verwundeten, im Zweiten Weltkrieg waren es nur noch 4,5 Prozent. Etwa 64 Prozent der Verwundeten kehrten zu irgendeiner Art von Dienst zurück; diese Zahl liegt beträchtlich unter der deutschen, was vielleicht an einem höheren Maßstab liegt oder – und das kommt auf dasselbe hinaus – ein Ergebnis des weniger anspruchsvollen Einstufungssystems nach physischer Tauglichkeit ist, das die US-Army anwandte.

Im Vergleich zum deutschen Sanitätswesen war also das amerikanische – auch ohne das der Navy mitzurechnen – viel größer; es behandelte weit weniger Fälle und war wesentlich erfolgreicher in der Lebensrettung, was vielleicht teilweise auf die alliierte Luftüberlegenheit zurückzuführen war, die eine schnelle Verlegung der Patienten ermöglichte. Vielleicht war das amerikanische Sanitätswesen etwas weniger effektiv bei der Wiederherstellung der Dienstfähigkeit der Verwundeten, aber das ist nicht ganz sicher. Aber der Unterschied zwischen beiden Heeren lag nicht so sehr in der mechanischen Leistung wie in der Art, wie die Verwundeten nach der Genesung behandelt wurden. „Als Ergebnis der Erfahrungen in Nordafrika“ wurden die Verwundeten, die in ein Lazarett eingewiesen werden mußten, nach ihrer Verlegung von der Personalliste gestrichen. Nach ihrer Entlassung aus dem Lazarett kamen sie in das Ersatzsystem, wo sie wie alle anderen behandelt wurden. Um die Entwicklung eines „zu großen Personalüberhangs“ zu verhindern, erlaubte man den Soldaten nur selten, zu ihrem alten Truppenteil zurückzukehren; das war nur möglich, wenn „dieser Truppenteil eine geeignete Planstelle frei und einen Antrag gestellt hatte“.[78] Wie so oft bei der US-Army wurden die psychologischen Bedürfnisse des Soldaten dem administrativen Gutdünken der höheren Kommandobehörden geopfert.

Anmerkungen

1 Hier ist vielleicht der folgende, Sir Thomas More zugeschriebene Vers angebracht: „Denn es soll schon Soldaten gegeben haben, die denken, ja, sogar Obersten, die ver-

nünftig urteilen. Und Soldaten, die denken, stehen (in neun von zehn Fällen) an der Schwelle des Verrats."

2 Stouffer u. a., The American Soldier, Bd 2, S. 109.

3 Moskos, Eigeninteresse, Primärgruppen und Ideologie, in: Beiträge zur Militärsoziologie, S. 199–220, bes. S. 212.

4 Bullock, Hitler, A Study in Tyranny, S. 47. Seine Kameraden betrachteten Hitler als einen weißen Raben".

5 Diese Bemerkungen beruhen auf meinen eigenen Erfahrungen und auf denen meiner Kameraden im Dienst der „Informationsabteilung" des israelischen Heeres.

6 Dazu Quinett, Hitler's Political Officers. S. 4.

7 Karldrack, Offizier und politische Bildung, S. 15.

8 Ebd., S. 21.

9 Dazu O'Neill, The German Army and the Nazi Party, bes. Kap. 5, S. 62 ff.

10 Messerschmidt, Wehrmacht, S. 240 f.

11 Heil Beil! Flugblattpropaganda im Zweiten Weltkrieg, S. 14 f.

12 Zit. bei v. Wedel, Die Propagandatruppen der Deutschen Wehrmacht, S. 29–33 (Verfügung auszugsweise zitiert); ebenso (mit berichtigter Datierung) Buchbender, Das tönende Erz, S. 17 f.

13 Der Hinweis auf den Westfälischen Frieden sollte die weitreichenden Gebietsansprüche an Frankreich rechtfertigen.

14 Zit. bei Messerschmidt, Wehrmacht, S. 252.

15 Quinett, Hitler's Political Officers, S. 43 f.

16 Ebd., S. 45 ff.

17 Ebd., S. 190 ff.

18 Lerner, Psychological Warfare against Nazi Germany, S. 297.

19 Shils/Janowitz, Cohesion and Disintegration, S. 202. Laut Ansbacher, Attitudes of German Prisoners of War, S. 21, stand der Glaube an Hitler wie „Granit" in einem „aufgewühlten Meer des Zweifels" über allem anderen.

20 Dicks, Licensed Mass Murder, S. 64.

21 Messerschmidt, Wehrmacht, S. 331 f.

22 Jordan, Troop Information and Indoctrination, in: Handbook of Military Institutions, S. 347–371, bes. S. 348 f.

23 Office of the Chief Military Historian, Study of Information and Education Activities, World War II, Washington D.C. 1946, S. 27, 31.

24 Zur Geschichte und Kritik des Films s. Steele, The Greatest Gangster Movie Ever Filmed: Prelude to War, in: Prologue, 11 (1979), S. 221–235. Daraus geht hervor, daß die Wirkung des Films in umgekehrtem Verhältnis zur Intelligenz seiner Zuschauer stand.

25 Stouffer, u. a. The American Soldier, Bd 1, S. 473 f.

26 Ebd., Bd 2, S. 108.

27 Laut Jordan, Troop Information, S. 361, gab es „ein umgekehrtes Verhältnis zwischen Dienstgrad und Begeisterung für Informationstätigkeit".

28 Haggis, An Appraisal of the Administration, Scope, Concept and Function of the US-Army Troop Information Program.

29 Stouffer u. a., The American Soldier, Bd 1, S. 470 ff.

30 Müller-Hillebrand, Personnel and Administration, Study P-005, S. 44 f.

31 Ebd., S. 68 f. Für Einzelheiten darüber s. Merkblatt 18b/31, Frontnahe Auffrischung eines Grenadierregiments, Januar 1945, BA-MA, RH 6/18b/31.

32 U.S. Dept. of the Army. Replacement Board, Bd 4, Teil 5.

33 Menninger, Psychiatry in a Troubled World, S. 74 f.

34 U.S. Dept. of the Army. Office of Military History, Basic Needs of the ETO Soldier, Kap. 8, S. 80 ff.

35 Da ein systematischer Bericht über diese Frage weder gedruckt noch in einer unveröffentlichten Form vorliegt, basieren unsere Bemerkungen auf Archivmaterial und sind etwas fragmentarisch.

36 BA-MA, H 20/480. Diese Aufzeichnung ist ohne Unterschrift und Datum. Anscheinend ist sie Teil einer Untersuchung, die als Grundlage für eine Voraussage im Zweiten Weltkrieg dienen sollte.

37 Zwirner, Psychopathologische Lehren des Weltkrieges, in: Soldatentum, 2 (1935), S. 181–185, bes. S. 183 f. (letzteres Zitat des Psychiaters Bonhoeffer).

38 Beratender Psychiater beim Heeressanitätsinspekteur, BA-MA, H 10/481. Enthalten ist die Aufzeichnung einer Konferenz von Heeresärzten und -psychiatern in der Wehrmedizinischen Akademie Berlin vom 30. November bis 3. Dezember 1942.

39 Der Beratende Psychiater der 2. Panzerarmee, Seelische Gesunderhaltung der Truppe, 18. April 1942, BA-MA, H 20/480.

40 Aufzeichnungen von Dr. Brandt, dem Beratenden Psychiater der Heeresgruppe Süd, Vierteljährlicher Erfahrungsbericht März–Juni 1943, 10. Juli 1943, BA-MA, H 20/500.

41 Ebd.

42 Die restlichen 57 Prozent waren Schizophrene, Depressive, Epileptiker, Drogensüchtige und Fälle „nervöser Erschöpfung“ nach Krankheit. In der US-Army würden die meisten dieser Fälle als „Psychose“ bezeichnet.

43 Die restlichen 90,9 Prozent umfaßten (häufig leicht retardierte) Männer, die mit ihren Symptomen auf ein Gefühl der Unzulänglichkeit in ihrer Stellung reagierten, und eine „zahlenmäßig starke“ Gruppe meist älterer Männer, deren „kriecherischer“ Charakter eher disziplinarische als medizinische Maßnahmen erforderte, um ihnen bei der Anpassung an die Härten des Soldatenlebens zu helfen.

44 Beratender Psychiater beim Heeres-Sanitätsinspekteur, BA-MA, H 20/481; s. auch H.Dv. 209/2, Nr. 126, Richtlinien für die Beurteilung von Soldaten mit seelisch-nervösen Reaktionen sowie für die Überweisung in Sonderabteilungen, Berlin 1. August 1942.

45 Wehrmedizin, Bd 3, S. 606–614. Bei der Faradisation wurde offenbar eine Stromstärke von 100 Milliampere für zwei bis drei Minuten angewandt.

46 Beratender Psychiater beim Heeres-Sanitätsinspekteur, Sammelbericht Nr. 8, Juni 1944. BA-MA, H 20/90. Das war Professor Wuth.

47 Beratender Psychiater beim Heeres-Sanitätsinspekteur, Sammelbericht Nr. 4, Juli 1943, S. 4, 6, BA-MA, H 20/574.

48 In diesem Sinne wurde der kanadische Brigadegeneral B. Chisholm am 1. November 1943 in Newsweek zitiert.

49 Von Oktober 1943 bis Ende März 1944, einer Zeit ständiger Kämpfe, wurden Dr. Brandt, dem Beratenden Psychiater der Heeresgruppe Süd, 1 188 Fälle zur Kenntnis gebracht. Vierteljährlicher Erfahrungsbericht 1. Oktober–31. Dezember 1943 vom 30. Januar 1944 und Januar bis Ende März 1944 vom 13. April 1944, BA-MA, H 20/500.

50 Beratender Psychiater beim Heeresgruppenarzt D, Vierteljährlicher Erfahrungsbericht, 1. April–30. Juni 1944, BA-MA, H 20/122.

51 Beratender Psychiater der 2. Panzerarmee, Erfahrungsbericht 1. Januar–31. März 1943, 9. April 1943, S. 9, BA-MA, H 20/485.

52 Beratender Psychiater bei Heeresgruppe D, Tagebuchauszug für die Zeit vom 1. November 1942–30. Januar 1943, BA-MA, H 20/502.

53 Janowitz/Little, Militär und Gesellschaft, S. 127 f.
54 Beratender Psychiater beim Wehrkreisarzt VI an Berichtssammelstelle der Militärärztlichen Akademie, Durchschrift des Tagebuchs für die Zeit vom 1. bis 31. Januar 1945, 1. Februar 1945, BA-MA, H 20/502.
55 Über Dr. Salmon s. Wiest/Devis, Psychiatrie and Social Work Services, S. 323 f.
56 Ebd., S. 324 (zit. Hausman/Rioch); Watson, Psycho-Krieg. Möglichkeiten, Macht und Mißbrauch der Militärpsychologie.
57 Stouffer u.a., The American Soldier, Bd 2, S. 207. Die angewandten Verfahren sind anschaulich beschrieben in der Saturday Evening Post vom 8. Januar 1944, S. 19.
58 Wiest/Davis, Psychiatrie and Social Work Services, S. 326.
59 Menninger, Psychiatry in a Troubled World, S. 345.
60 The U.S. Army Medical Department, Medical Statistics in World War II, S. 43.
61 Cooke, All but Me and Thee. Psychiatry at the Foxhole Level, S. 11.
62 Ginzberg, Ineffective Soldier, Bd 2, S. 36.
63 U.S. Dept. of the Army. Replacement Board, Buch 5, Teil 12.
64 Empirisches Beweismaterial dafür, daß sich der Gruppenzusammenhalt positiv auf die seelische Gesundheit auswirkt, bietet Seashore, Group Cohesiveness in the Industrial Work Group, S. 98.
65 Britische Soldaten, die häufiger ausruhen konnten, hielten zweimal so lange durch.
66 Menninger, Psychiatry in a Troubled World, S. 305.
67 U.S. Army Medical Department, Medical Statistics, S. 43; Ginzberg, Ineffective Soldier, Bd 1, S. 94; U.S. Army Medical Service, Neuropsychiatry in World War II, S. 153 f.
68 Lang, Military Institutions, S. 77; Stouffer u.a., The American Soldier, Bd 2, S. 196 ff.; für die Nachteile einer solchen Einstellung s. auch Richardson, Fighting Spirit, S. 62.
69 Rose, The Social Psychology of Desertion from Combat, in: American Sociological Review, 16 (1951), S. 614–629.
70 Eine in sich nicht zusammenhängende Darstellung sanitätsdienstlicher Vorgänge auf allen Kriegsschauplätzen ist neuerdings erschienen: Hubert Fischer, Der deutsche Sanitätsdienst 1921–1945. Organisation, Dokumente und persönliche Erfahrungen, 4 Bde, Osnabrück 1983–1985. Zur Zeit wird im Militärgeschichtlichen Forschungsamt an einem Forschungsprojekt gearbeitet, dessen Aufgabe es ist, die Organisation und den Einsatz des Heeressanitätsdienstes im Zweiten Weltkrieg darzustellen.
71 Tab. 8.3 zeigt den Umfang des Sanitätspersonals des Heeres nach Seidler, Prostitution, Homosexualität, Selbstverstümmelung, S. 43.
72 Hosemann, Die Wiedereinsatzfähigkeit nach Verwundungen, Erfrierungen, Erkrankungen, hrsg. vom Heeres-Sanitätsinspekteur, Berlin 1944, S. 21.
73 Weniger, Wehrmachtserziehung und Kriegserfahrung, S. 132.
74 Menninger, Psychiatry in a Troubled World, S. 599.
75 Am 30. September 1944 befanden sich 33,7 Prozent des gesamten ETO (European Theater of Operations)-Personals in der Verbindungszone, verglichen mit 51,9 Prozent des gesamten Sanitätspersonals. 38 Prozent aller ETO-Offiziere und 64,1 Prozent aller Sanitätsoffiziere waren in der Verbindungszone. Dazu s. U.S. Army Medical Service, Personnel in World War II, S. 310 f.
76 Menninger, Psychiatry in a Troubled World, S. 600.
77 U.S. Army Medical Department, Medical Statistics, S. 13.
78 Dept. of the Army. The Personnel Replacement System of the U.S. Army, S. 460.

9. Belohnung und Bestrafung

Kein noch so gut organisiertes soziales System kann, wenn es reibungslos funktionieren soll, ohne ein System der Belohnung und Bestrafung auskommen. Um seine Aufgabe zu erfüllen, sollte ein solches System kraftvoll, umfassend und schnell im Handeln, aber vor allem gerecht sein.

Besoldung

Das deutsche Heer

In den deutschen Streitkräften richtete sich die Besoldung nach Dienstgrad und Dienstalter; abgesehen von der Luftwaffe wurden zwischen den einzelnen Waffengattungen und Diensten keine Unterschiede gemacht. So erhielt beispielsweise jeder Obergefreiter den gleichen Grundsold, egal ob er als Schütze in Rußland oder als Ordonnanz unter den komfortablen Bedingungen im Hauptquartier des Generalstabs diente.

Seit Oktober 1912, als die Gehaltstarife wesentlich erhöht wurden, bekam ein „Gemeiner“ 9 Mark, ein Gefreiter 10,50 Mark und ein Unteroffizieranwärter (Kapitulant) 15 Mark im Monat. Diese aus moderner Sicht lächerlich niedrigen Beträge waren jedoch viel höher als die, die Wehrpflichtige in allen übrigen europäischen Ländern erhielten. Bei den Berufsarmeen in England und den USA lagen die Dinge natürlich ganz anders.[1]

Vor dem Zweiten Weltkrieg und währenddessen reichte der jährliche Grundsold bzw. das Gehalt von weniger als 200 Mark für einen Rekruten bis zu 2.064 Mark für einen Unteroffizier mit 13jähriger Dienstzeit, 7.700 Mark für einen Major und 26.500 Mark für einen Generaloberst in bestimmten Dienststellungen.[2] Nicht nur waren die Unterschiede groß, sondern die Besoldung eines Generalobersten betrug fast das 25fache des Pro-Kopf-Anteils des Bruttosozialprodukts, der 1938 bei etwa über 1.000 Mark lag. Ein völlig anderes Bild ergibt sich jedoch, wenn man die verschiedenen Zulagen berücksichtigt. Es gab Zulagen für Wohnung, Familie und Dienst an „besonders schwierigen“ Orten oder unter „besonders schwierigen“ Bedingungen. Für Soldaten, die in einem besonders teuren Land oder Gebiet stationiert waren, gab es Zuschüsse zur Lebenshaltung. Aus offensichtlichen Gründen sind Zulagen für den Dienst in schwierigen Gebieten besonders interessant. Für den Dienst in Nordafrika erhielten zum Beispiel die Mannschaften eine Zulage von 2 Mark pro Tag, die Unteroffiziere 3 Mark und Offiziere 4 Mark. Mit anderen Worten: In Rommels Afrikakorps konnte ein Gefreiter seinen Grundsold um 400 Prozent erhöhen, ein Unteroffizier (14 Jahre Dienstzeit vorausgesetzt) um 53 Prozent und ein Major nur um 19 Prozent.[3]

Auch die Tarife für die Besoldung der Spezialisten in der Wehrmacht sind aufschlußreich. Für die Wehrmacht galten drei verschiedene Besoldungsordnungen: eine für Wehrmachtbeamte (A und B), eine für Soldaten (C) und eine für Fliegeringenieure der Luftwaffe (IL); dabei orientierten sich die beiden letzteren an der ersten. Beamte und Offiziere der Sonderlaufbahnen im Generals- und Admiralsrang (Sanitäts-, Veterinär-, Ingenieur-, Waffenoffiziere, bei Kriegsende Offiziere des Truppensonderdienstes) wurden bezahlt wie die entsprechenden Generale und Admirale, allerdings konnten – wie in allen Armeen der Welt – nur Soldaten die höchsten Dienstgrade erreichen.[4] Übrigens war auch die Besoldung der Führer des Reichsarbeitsdienstes (der nicht zur Wehrmacht gehörte) an die der Reichsbeamten angelehnt (Besoldungsordnung AD). Der Reichsarbeitsführer verdiente soviel wie ein Generaloberst, die Besoldung eines Generalarbeitsführers lag zwischen der eines Obersten und eines Generalmajors – nicht zuletzt deshalb, weil es beim RAD weniger Dienstgrade gab als bei der Wehrmacht.

Die US-Army

Auch in den US-Streitkräften richtete sich die Besoldung nach Dienstgrad und Dienstzeit und war für alle Waffengattungen und Dienste gleich, das Marinekorps ausgenommen, dessen Angehörige nach einer besonderen und höheren Kategorie besoldet wurden.

Bei einer detaillierten Untersuchung ergeben sich jedoch bedeutsame Unterschiede zwischen dem amerikanischen und dem deutschen System.

Ein US-Gefreiter erhielt im Ersten Weltkrieg \$ 30 Grundsold im Monat, der 1923 auf \$ 21 reduziert wurde und in der ganzen Zwischenkriegszeit auf diesem Niveau blieb. Erst im Juni 1942 wurden die Besoldungstarife wieder revidiert, diesmal nach oben. Die Grundbesoldung eines Gefreiten betrug nun \$ 50 im Monat, die eines Stabsunteroffiziers mit 15jähriger Dienstzeit \$ 120, die eines Majors \$ 250 und die eines General of the Army (5-Sterne General) \$ 666,67.[5] Die Unterschiede zwischen den Dienstgraden waren also viel kleiner als bei der deutschen Wehrmacht und verringerten sich noch weiter durch eine ganze Reihe von Zulagen, die den Unteroffizieren und Mannschaften, nicht aber den Offizieren zustanden.[6] Die höchste Besoldung, die des General of the Army, überstieg um das 16fache den Pro-Kopf-Anteil am Bruttosozialprodukt (\$ 500 im Jahr 1939).

Wie die Deutschen erhielten auch die amerikanischen Soldaten Zulagen für Familie, Wohnung und Lebenshaltung. Es gab auch eine Zulage für den Dienst im Ausland, sie bestand aus 20 Prozent des Grundsoldes bei den Unteroffizieren und Mannschaften und 10 Prozent bei den Offizieren. Den amerikanischen Soldaten im allgemeinen, besonders aber den Mannschaften, wurde also ein viel geringerer Anreiz für den Dienst im Ausland geboten als ihren deutschen Kontrahenten.

Anders als die Wehrmacht hatte die US-Army keine besondere Besoldungskategorie für Spezialisten. Stattdessen gab man ihnen ein Offizierspatent und bezahlte sie nach ihrem Dienstgrad. Die für das deutsche System so typische Trennung zwischen Offizieren und Spezialisten war unbekannt.

Urlaub

Das deutsche Heer

Grundsätzlich stand allen deutschen Soldaten, unabhängig von Dienstgrad oder Waffengattung, der gleiche Urlaub zu. Für seine Gewährung war meist der Kompaniechef verantwortlich, in dessen Hand sie bei geschickter Anwendung zu einer wirkungsvollen Waffe für die Erhaltung von Disziplin und Moral werden konnte. Die Autorität des Kompaniechefs war jedoch nicht ohne Grenzen: Aus Geheimhaltungsgründen vor größeren operativen Bewegungen konnten die höheren Dienststellen allen Urlaub sperren und taten das auch. Soldaten des Feldheeres standen jährlich zweimal 14 Tage, den Soldaten des Ersatzheeres 14 Tage Urlaub zu, dazu kamen Reisetage. Sonderurlaub zwischen 10 und 20 Tagen konnte bei wichtigen Familienereignissen, besonderen Härtefällen (wie einem Bombenangriff auf das Haus eines Soldaten) oder nach einem Lazarettaufenthalt gewährt werden. Verheiratete Soldaten, besonders solche mit Problemen zu Hause, hatten normalerweise Vorrang vor unverheirateten, meist jüngeren Soldaten. Nach den Bestimmungen der Vorschrift durfte die Zahl der Urlauber des Feldheeres niemals 1 Prozent der gesamten Iststärke übersteigen.[7]

Es ist schwierig, wenn nicht unmöglich, zu untersuchen, wie diese Vorschriften ausgeführt wurden – das liegt schon in der Natur der Sache. Eine Stichprobe in den Unterlagen einer Armee (Models 9. Armee) förderte interessante Informationen zutage. Die Armee beurlaubte anscheinend jeden Monat etwa 10 Prozent ihres Personals. In ihrem ersten Jahr an der Front konnten die Soldaten mit einem Urlaub innerhalb von 12 Monaten, im zweiten Jahr mit einem Urlaub innerhalb von neun Monaten und im dritten innerhalb von sechs Monaten rechnen. Fronttruppen, d. h. diejenigen, die vorwärts der Regimentsstäbe eingesetzt waren, hatten hier die Priorität. Für die ganze Armee lief die Urlaubsregelung sogar in Zeiten schwerer Kämpfe weiter, doch wurden bei einzelnen Divisionen, die einen besonders wichtigen

Frontabschnitt halten mußten, Ausnahmen gemacht.[8] Hier, wie auch in der Frage der Ablösung wirkte sich die große Zahl der Divisionen günstig aus.

Obwohl man insgesamt bei der Urlaubsgewährung sehr sparsam vorging (im August 1942 hatte die 9. Armee 123.760 Mann,[9] die seit einem Jahr oder länger nicht zu Hause gewesen waren; sie machten immerhin ein Drittel ihrer Stärke aus), so scheint die Verteilung auf die Dienstgrade gerecht gewesen zu sein. So waren im Mai 1942 von 179.997 Mann, die seit mindestens einem Jahr keinen Urlaub gehabt hatten, 32.064 oder 17,8 Prozent Unteroffiziere und 5.489 oder 3 Prozent Offiziere.[10] Diese Zahlen entsprechen ziemlich genau dem Anteil dieser Dienstgrade in der ganzen Armee.

Neben diesen allgemeinen Regelungen benutzte das Oberkommando der 9. Armee systematisch den Urlaub als Belohnung für die Soldaten, für die Offiziere, besonders aber für Unteroffiziere und Mannschaften, die sich bei besonders gefährlichen Einsätzen, z. B. als Scharfschützen, bei der Panzerabwehr oder ähnlichem ausgezeichnet hatten. Gedruckte Berichte über die Taten der Soldaten, zusammen mit der Ankündigung, daß sie sofort Urlaub bekämen, wurden in der ganzen Armee verteilt, nachdem Model sie persönlich unterschrieben hatte.[11]

Die US-Army

Nach einer Vorschrift aus dem Jahre 1876, die 70 Jahre lang in Kraft blieb, hatten die Offiziere Anspruch auf Urlaub (leave), Unteroffiziere und Mannschaften bekamen Dienstbefreiung (furlough). Der Urlaub der Offiziere dauerte 30 Tage im Jahr und konnte akkumuliert und gegen Bargeld eingelöst werden; die Dauer der Dienstbefreiung war dagegen nicht festgelegt und konnte daher weder gesammelt noch finanziell abgegolten werden. Das war auch in Friedenszeiten nicht so wichtig, aber es bedeutete doch, daß die Offiziere – nicht aber Unteroffiziere und Mannschaften – in Kriegszeiten, wo natürlich ein großer Teil des Urlaubs nicht genommen werden konnte, beträchtliche Geldsummen ansammelten.

Außer diesen allgemeinen Regelungen gab es Sonderbestimmungen, die es erlaubten, Soldaten in Notfällen nach Hause zu schicken. Während des Krieges waren aber die Entfernungen so groß und die bürokratische Abwicklung so schwerfällig, daß solcher Urlaub normalerweise erst sechs Monate nach der Antragstellung gewährt wurde.[12]

Um einen Eindruck davon zu bekommen, wie das tatsächlich funktionierte, führte ich in den Akten des europäischen Kriegsschauplatzes, auf dem weitaus die meisten Soldaten Dienst taten, eine Stichprobe durch. Dabei stellte sich heraus, daß Eisenhowers Soldaten während ihres Aufenthaltes in England etwa alle drei Monate sieben Tage Urlaub bekamen; das hieß, daß ungefähr 7 Prozent aller Soldaten zu jeder beliebigen Zeit vom Dienst abwesend waren.[13] Es gibt keine direkten Belege dafür, daß man den Urlaub als Führungsinstrument verwendete; offenbar war der Grund dafür, daß selbst Divisionskommandeure nicht befugt waren, Empfängern von Auszeichnungen Urlaub usw. zu gewähren.[14] US-Soldaten, die in Frankreich eingesetzt waren, erhielten anscheinend im Sommer und Herbst 1944 überhaupt keinen Urlaub. Sobald sich aber die Front an der deutschen Grenze stabilisiert hatte, begann man, Urlaubsscheine, die 48 Stunden galten, für große Städte wie Paris und Brüssel auszugeben. Zu den typischen Gruppen, die in den Genuß dieses Privilegs kamen, gehörten z. B. im Januar 1945 12.307 Mann; davon waren 2.097 oder 17 Prozent Offiziere, fast das Doppelte ihres Anteils in der Army.[15] Anfang März 1945 machte eine Gruppe von 560 (!) Offizieren und 56 Unteroffizieren und Mannschaften Urlaub an der Riviera.[16] Das Problem war immerhin so ernst, daß es die persönliche Intervention General Marshalls in einem Brief an General Eisenhower erforderlich machte.[17]

Auszeichnungen

In jeder Armee, besonders aber in großen und unpersönlichen, kann die Bedeutung von Auszeichnungen gar nicht hoch genug eingeschätzt werden. In einem Ausspruch Napoleons heißt es, Männer würden mit Ordensbändern geführt.

Das deutsche Heer

Während des Ersten Weltkrieges hatte man im deutschen Heer die ganze Problematik der Auszeichnungen falsch gehandhabt. Die Zahl der verschiedenen Orden, die verliehen werden konnten, war zu klein, so daß wiederholte Taten und Dienste nicht angemessen belohnt werden konnten. Aus dem gleichen Grund konnte man den Unterschied zwischen Tapferkeit und anderen Verdiensten an der Front oder im rückwärtigen Gebiet nicht aufrechterhalten; und in der zweiten Kriegshälfte war es leichter als in der ersten, eine Auszeichnung zu bekommen, was zu weitverbreiteter Unzufriedenheit führte. Verwirrung stifteten auch die verschiedenen, von den Einzelstaaten verliehenen Orden und die oft daran geknüpften Vorrechte. Es gab besondere Auszeichnungen für Offiziere und für Unteroffiziere und Mannschaften, so daß diese die höchste Auszeichnung, den Pour le Mérite, nicht erhalten konnten.[18]

Obwohl man diese Mängel erkannte, wurde doch in der Zwischenkriegszeit anscheinend wenig getan, um sie abzustellen. Als der Zweite Weltkrieg ausbrach, wurde der wichtigste deutsche Orden – das Eiserne Kreuz, das in den Befreiungskriegen gestiftet worden war – wie in allen früheren

Konflikten „erneuert“. Seine beiden Stufen konnten nur an Mitglieder der Wehrmacht und nur für im Kriege erworbene Verdienste verliehen werden.

Bald nach dem Polenfeldzug hielt man es für nötig, zusätzliche Orden für Soldaten zu schaffen, die schon beide Stufen des Eisernen Kreuzes besaßen und sich weiterhin durch außergewöhnliche Tapferkeit auszeichneten. Folglich wurden zwischen 1940 und 1944 die fünf Stufen des Ritterkreuzes des Eisernen Kreuzes eingeführt, d.h. das Ritterkreuz, das Ritterkreuz mit Eichenlaub, mit Eichenlaub und Schwertern, mit Eichenlaub, Schwertern und Brillanten und das Ritterkreuz mit Goldenem Eichenlaub, Schwertern und Brillanten. Bezeichnenderweise war die letzte und höchste Stufe Einzelkämpfern vorbehalten und die Zahl der Empfänger auf zwölf begrenzt. Sie wurde nur einmal verliehen.[19] Diese Orden waren gestuft, d.h. ein Soldat konnte nur für eine Stufe eingereicht werden, wenn er schon alle vorherigen besaß. Das bedeutete, daß gleiche Verdienste nicht immer gleich belohnt werden konnten, schuf aber doch zugleich einen starken Anreiz für wiederholte Tapferkeit. Obwohl die Zahl der verliehenen Orden seit 1941 kontinuierlich stieg, spiegelte sich darin nicht so sehr eine Lockerung der Anforderungen als vielmehr die Intensität des Kämpfens, wie sie sich auch an der Zahl der Opfer messen läßt. Die Anforderungen wurden eher heraufgesetzt, so erhöhte sich beispielsweise die Zahl der von einem Piloten abzuschießenden Flugzeuge.

Obwohl alle Dienstgrade für alle Stufen des Eisernen Kreuzes vorgeschlagen werden konnten, waren doch die Voraussetzungen für eine Auszeichnung nicht für alle gleich. Um eine der höheren Stufen (Ritterkreuz und darüber) zu bekommen, mußte ein einfacher Soldat oder ein Unteroffizier eine besonders tapfere Tat vollbracht (oft in der Panzerabwehr) oder selbständig eine Entscheidung herbeigeführt haben.[20] Bei Offizieren in Kommandostellen bildeten mehrere Fälle von selbständigem Handeln eine unabdingbare Voraussetzung; bloße Tapferkeit, wie außergewöhnlich sie auch sein mochte, war nicht genug. Als Generalfeldmarschall Schörner ersucht wurde, einen Oberstleutnant Mokros für das Eichenlaub zum Ritterkreuz vorzuschlagen, schrieb er, es sei für einen Regimentskommandeur „eine selbstverständliche Pflichterfüllung“, seine Soldaten in einem erfolgreichen Gegenangriff mit Maschinengewehr und Handgranaten anzuführen.[21]

Um eine dieser höheren Auszeichnungen zu erhalten, mußte ein Regimentskommandeur von seinem unmittelbaren Vorgesetzten vorgeschlagen werden. Wurde die Empfehlung vom Kommandierenden General des Armeekorps oder vom Armeeoberbefehlshaber befürwortet, so wurden die ausgefüllten Formulare, die auch eine kurze autobiographische Skizze enthielten (die Kandidaten benutzten sie oft dazu, um ihren Dienst in der Hitlerjugend usw. hervorzuheben), mit einem Foto an Hitler zur Entscheidung eingereicht. Das ganze Verfahren dauerte normalerweise zwischen drei und fünf Wochen, doch in manchen Fällen wurden nur 14 Tage oder sogar noch weniger benötigt. Sobald eine Empfehlung genehmigt war, wurden Zeitungen und Rundfunk davon benachrichtigt, daß z.B. Major X der soundsovielte Soldat der Deutschen Wehrmacht sei, dem das Eichenlaub verliehen werde.

Tabelle 9.1 stellt die Auszeichnungen dar, die von September 1939 bis Mai 1945 verliehen wurden.

Tabelle 9.1: *Verleihung des Eisernen Kreuzes an Angehörige der Wehrmacht und der Waffen-SS*

Orden	Anzahl der Verleihungen
Eisernes Kreuz 2. Klasse	2.300.000
Eisernes Kreuz 1. Klasse	300.000
Ritterkreuz des Eisernen Kreuzes	5.070
Ritterkreuz des Eisernen Kreuzes mit Eichenlaub	569
Ritterkreuz des Eisernen Kreuzes mit dem Eichenlaub mit Schwertern	87
Ritterkreuz des Eisernen Kreuzes mit dem Eichenlaub mit Schwertern und Brillanten	13
Ritterkreuz des Eisernen Kreuzes mit dem Goldenen Eichenlaub mit Schwertern und Brillanten	1

Quelle: Absolon, Wehrgesetz, S. 262.

Die Träger der fünf Stufen des Ritterkreuzes bildeten demnach eine kleine Elite, zu der nicht mehr als 0,033 Prozent aller Wehrmachtangehörigen in der fünfeinhalbjährigen Kriegszeit und etwa 0,3 Prozent der Gefallenen gehörten. Um diese Exklusivität zu erhalten, wurde im September 1941 eine besondere Serie von Auszeichnungen – das Deutsche Kreuz in Silber und in Gold – für diejenigen eingeführt, die schon das Eiserne Kreuz 1. Klasse hatten, deren wiederholte Tapferkeit und bewährte Leistungen (ohne selbständiges Handeln) aber nicht zur Verleihung des Ritterkreuzes berechtigten. Das Deutsche Kreuz war aber nicht Teil des Ordens des Eisernen Kreuzes oder eine Voraussetzung für die Verleihung seiner höheren Stufen; die zwei Orden blieben streng getrennt. Um einen Eindruck von der Praxis zu bekommen, machte ich Stichproben bei Vorschlägen und Verleihungen in verschiedenen Einheiten zu beliebigen Zeiten während des Krieges. Auffallend ist sofort die große Zahl von Fällen, in denen höhere Auszeichnungen (über dem Eisernen Kreuz 1. Klasse) für selbständiges Handeln von Soldaten und Offizieren aller Dienstgrade verliehen wurden; sie machten etwa 40 Prozent der Gesamtsumme aus.[22] Es ist bemerkenswert, daß das System sogar noch nach dem Tag der Kapitulation funktionierte, als es keinen Krieg, keinen Führer, kein Reich mehr gab.

Die US-Army

Nach Meinung von General Marshall war die US-Army im Ersten Weltkrieg außerordentlich geizig bei der Verleihung von Auszeichnungen gewesen. Es wurden nicht nur wenige verliehen, sondern auch die Wartezeiten waren so lang, daß die meisten Empfänger ihre Orden erst bekamen, als die Feindseligkeiten bereits vorüber waren. Marshall war entschlossen, diesen Zustand zu verbesssern, sogar angesichts von Beschuldigungen, daß die Auszeichnungen im Wert herabgesetzt würden.[23]

So wie das amerikanische System der Orden und Auszeichnungen im Zweiten Weltkrieg gehandhabt wurde, unterschied es sich beträchtlich vom deutschen. Die Auszeichnungen waren zu verschiedenen Zeiten und unter unterschiedlichen Voraussetzungen entstanden, sie standen in keinem Zusammenhang zueinander und hatten keine Stufenfolge. Manche konnten nur an Soldaten verliehen werden, andere auch an Zivilisten. Bei keiner einzigen amerikanischen Auszeichnung war selbständiges Handeln eine Vorbedingung für die Verleihung, andererseits wurde größerer Wert auf Verdienste außerhalb des Gefechtseinsatzes gelegt. Während es in Deutschland für Offiziere schwerer als für andere Dienstgrade war, höhere Auszeichnungen zu erhalten, war das bei der US-Army nicht der Fall.[24]

Trotz seiner guten Absichten gelang es Marshall nicht, die Zeitspanne zwischen der Leistung eines Soldaten und der Verleihung eines Ordens wesentlich zu verkürzen; die durchschnittliche Wartezeit für die höheren Stufen betrug wahrscheinlich zwischen fünf und sechs Monaten, doch muß sie für die niedrigeren Stufen kürzer gewesen sein.[25]

Die höchste Auszeichnung, die „Medal of Honor", wurde für hervorragende Tapferkeit verliehen, die über die bloße Pflichterfüllung hinausging; während des Krieges und danach wurden 289 dieser Auszeichnungen verliehen. Der zweithöchste Orden, das „Distinguished Service Cross" setzte gleichfalls „außerordentliches Heldentum in Verbindung mit militärischen Operationen gegen einen bewaffneten Feind" voraus; es wurde 4.434mal verliehen. Der dritthöchste Orden war die „Distinguished Service Medal", mit der „außergewöhnliche Verdienste in Positionen mit großer Verantwortung" ausgezeichnet wurden; von 1940–1945 betrug die Zahl der Empfänger 1.439.[26]

Danach kam der „Silver Star" (73.651 Verleihungen) für Tapferkeit im Gefecht, für die eine der beiden höchsten Auszeichnungen nicht gerechtfertigt war, und die „Legion of Merit" für außergewöhnlich verdienstvolles Verhalten bei der Ausübung eines außerordentlichen Dienstes (20.273 Verleihungen). Die fünf höchsten Stufen wurden zusammen also 100.086mal verliehen; diese Zahl betrug etwa 33 Prozent der Zahl der Gefallenen und übertraf die entsprechende deutsche Zahl um das Hundertfache.

Zu den übrigen Orden gehörte die „Air Medal“ der US-Luftwaffe, die mehr oder weniger wahllos an alle verliehen wurde, die Gefechtseinsätze flogen; ihr Gegenstück bei den Landstreitkräften, der „Bronze Star“ wurde nicht annähernd so großzügig verteilt, und das war der Anlaß für weitverbreiteten Neid. Am unteren Ende der Skala war das „Purple Heart“, das freigiebig zu Hunderttausenden für Verwundungen und nicht selten auch für Verletzungen verliehen wurde, die nicht vom Schlachtfeld stammten.

Der große Wert, den die US-Army auf Verdienste in verantwortungsvollen Positionen im Gegensatz zur Führung im Gefecht legte, begünstigte die Offiziere, die nahezu die Hälfte aller verliehenen Orden erhielten.[27] Eine Aufschlüsselung der Empfänger der fünf höchsten Auszeichnungen nach ihrem Dienstgrad findet sich in Tabelle 9.2.

Tabelle 9.2: *Empfänger amerikanischer Auszeichnungen nach Dienstgrad*

Art der Auszeichnung	Zahl der Verleihungen	an Offiziere	Anteil in Prozent
Medal of Honor	289	94	32,4
Distinguished Service Cross	4.434	2.071	46,7
Silver Star	73.651	23.877	32,4
Für Gefechtseinsatz insgesamt	78.374	26.042	33,2
Distinguished Service Medal	1.439	1.438	99,9
Legion of Merit	20.273	17.159	84,6
Für sonstige Verdienste insgesamt	21.712	18.597	85,6
Gesamtsumme	100.086	44 639	44,6

Quelle: U.S. War Departement (Hrsg.), Decorations and Awards.

Je höher Tapferkeit als Voraussetzung für einen Orden bewertet wurde, desto kleiner war der Prozentsatz der Offiziere, die ihn erhielten.

Militärgerichtsbarkeit

Führung besteht, wie schon gesagt wurde, aus einer Mischung von Vorbild und Überredung; wo beide versagen, muß man Zwang anwenden. Ohne ein ordentliches Rechtssystem, das Gesetze schnell und wirksam durchsetzt, kann keine soziale Organisation, von einer Armee ganz zu schweigen, funktionieren.

Das deutsche Heer

Während des Ersten Weltkrieges – möglicherweise als Folge positiver Erfahrungen in den Einigungskriegen – bewies das deutsche Heer, daß es zu Unrecht im Ruf des „Militarismus“ stand, indem es sich bei der Verkündung und Vollstreckung von Todesurteilen außerordentlich zurückhaltend zeigte.[28] Das wird auch durch die Zahlen in Tabelle 9.3 erhärtet.

Tabelle 9.3: *Todesurteile im deutschen Heer während des Ersten Weltkrieges*

Delikt	vollstreckt	nicht vollstreckt	zusammen
Gehorsamsverweigerung vor dem Feinde	4	21	25
Fahnenflucht von dem Posten vor dem Feind und im Rückfall	10	17	27
Kriegsverrat (Überlaufen zum Gegner)	18	31	49
Militärischer Aufruhr, Meuterei bzw. Anstiftung dazu	2	7	9
Tätlicher Angriff auf einen Vorgesetzten im Felde	3	5	8
Mord	11	21	32
Insgesamt	48	102	150

Quelle: Volkmann, Soziale Heeresmißstände, S. 63.

Also beruhten 78,6 Prozent aller verkündeten und 77 Prozent aller vollstreckten Todesurteile eher auf militärischen als auf zivilen Vergehen. Die überraschend niedrigen Zahlen lassen widersprüchliche Deutungen zu: Entweder war die Disziplin in der Armee des Kaiserreichs so gut, daß drastische Disziplinarmaßnahmen nicht nötig waren, oder dem System der Militärgerichtsbarkeit widerstrebte es – möglicherweise aus politischen Erwägungen heraus –, das Todesurteil auszusprechen und zu vollstrecken.[29] Die letztere Auffassung wurde auch von Adolf Hitler geteilt.

1935 wurde das Militärstrafgesetzbuch geändert. Ein neues und typisch nationalsozialistisches Kapitalverbrechen, Zersetzung der Wehrkraft, kam zu den bestehenden wie Verrat, Meuterei und Anstiftung zu Meuterei, Fahnenflucht, tätlicher Angriff auf einen Vorgesetzten im Feld und Plünderung hinzu. Auch zivile Straftaten wie Mord, widernatürliche Unzucht und Raub wurden mit dem Tode bestraft.

Während des zweiten Weltkrieges waren Fahnenflucht und Zersetzung der Wehrkraft (zu der auch die Selbstverstümmelung gehörte) die Hauptverbrechen, die mit dem Tode bestraft wurden, wie Tabelle 9.4 zeigt.

Tabelle 9.4: *Mit dem Todesurteil bestrafte Verbrechen im deutschen Heer im Zweiten Weltkrieg*

	Okt.–Dez. 1943	1. April–30. Juni 1944
Gesamtzahl der Todesurteile	1.455	1.906
wegen Zersetzung	309	343
wegen Fahnenflucht	728	1.033
wegen aller übrigen Straftaten	418	530

Quelle: Beratender Psychiater beim Heeressanitätsinspekteur, BA-MA, H 20/481.

Aufgrund dieser Zahlen und anderer Belege kann man folgern, daß 70 Prozent aller Todesurteile wegen Zersetzung und Fahnenflucht gefällt wurden, denen erst in weitem Abstand die übrigen Straftaten folgten.[30] Tabelle 9.5, zwar ungenau und unvollständig, vermittelt eine Vorstellung von den absoluten Zahlen.[31]

Tabelle 9.5: *Todesurteile und Hinrichtungen im deutschen Heer im Zweiten Weltkrieg*

	Todesurteil wegen Fahnenflucht	Zahl der Hinrichtungen wegen aller übrigen Straftaten
1940	312	559
1941	470*	425
1942	1.551	1.560 (?)
1943	1.364*	2.880
1944 (Jan.–Sept.)	1.605*	3.829
1945 (Jan.–April)	keine Angaben	2.400
Insgesamt	5.302	11.753

Quelle: OKH (Hrsg.), Kriminalitätsstatistik für die Wehrmacht, 1. Januar 1940–31. März 1942, BA-MA, RW 6/v. 129 und 130; Seidler, Die Fahnenflucht in der deutschen Wehrmacht während des Zweiten Weltkrieges, S. 27, 36.
* eigene Schätzung

Obwohl diese Zahlen keinen Anspruch auf Genauigkeit erheben, sind sie doch ein guter Anhaltspunkt für die Größenordnungen und zeigen, wieviel drakonischer die Militärgerichtsbarkeit seit dem Ersten Weltkrieg geworden war.[32] Daß diese Maßnahmen angesichts der großen Übermacht, gegen die sie kämpfte, auf den Zusammenhalt der Wehrmacht einige Wirkung hatte, geht aus der folgenden Schätzung der Gesamtzahl der Fahnenflüchtigen und unerlaubt von der Truppe abwesenden Soldaten hervor.[33] Sie stieg von 9.778 im Jahr 1941 auf 16.548 im Jahre 1942, 66.852 im Jahre 1943 und auf über 202.422 im Jahre 1944. Das entspricht einem Anteil von 7,9 pro Tausend pro Jahr, wobei 1944 mit 21,5 der höchste Stand erreicht wurde.

Von Januar 1940 bis Juni 1941 standen 2.251 Offiziere, 17.107 Unteroffiziere und 87.188 Mannschaften – insgesamt 106.546 Mann – unter Anklage. Mit 2,1 Prozent aller Straftaten waren also die Offiziere im Verhältnis zu ihrem Anteil an der Gesamtstärke etwas unterrepräsentiert, während die Unteroffiziere mit 16 Prozent genau ihrem Anteil an der Gesamtstärke entsprachen. Die Gesamtzahl der Verurteilten betrug 95.230, das waren 89,4 Prozent aller Angeklagten. Das System scheint insofern voreingenommen gewesen zu sein, als die Offiziere eine 22,6 prozentige Chance hatten, freigesprochen zu werden, die Unteroffiziere eine von 15,5 Prozent, aber die Mannschaften bloß noch eine von 9,3 Prozent.

Trotzdem war das System andererseits sowohl in der Lage, die Untergebenen vor Vorgesetzten zu schützen wie auch deren Autorität durchzusetzen. Für beide Arten von Vergehen waren die Strafen ähnlich (Fassung 1935 und 1940): zwei Jahre Freiheitsstrafe für die Beleidigung eines Vorgesetzten (§ 91 des Wehrmachtstrafgesetzbuches), das gleiche für die Beleidigung eines Untergebenen (§ 121). Für den tätlichen Angriff auf einen Vorgesetzten (§ 97) gab es nicht weniger als drei Jahre Gefängnis (Fassung 1935; Fassung 1940: Gefängnis oder Festungshaft nicht unter 6 Monaten), das gleiche galt für die Mißhandlung eines Untergebenen (§ 122, Fassung 1935; Fassung 1940: Gefängnis oder Festungshaft oder Arrest nicht unter 14 Tagen). Nach § 122 a (Fassung 1935) stand der Mißhandlung des Untergebenen gleich, „wenn ein Vorgesetzter einen Untergebenen durch unnötige Erschwerung des Dienstes oder auf andere Weise boshaft quält oder solches Quälen oder Mißhandlungen durch andere Soldaten duldet oder fordert.“[34] Daß das nicht leere Worte waren, zeigen die Zahlen in Tabelle 9.6.

Tabelle 9.6: *Fälle von tätlichen Angriffen auf Vorgesetzte und von Mißhandlung Untergebener im deutschen Heer*

Zeitraum	Jan.–Juni 1940	Juni–Dez. 1940	Jan.–Juni 1941	Juni–Dez. 1941	Jan.–März 1942
Tätliche Angriffe auf Vorgesetzte	746	738	1.246	920	515
Mißhandlung Untergebener	434	603	893	939	431
Differential	71,8 %	22,3 %	39,5 %	– 2,1 %	19,4 %

Quelle: OKH (Hrsg.), Kriegs-Kriminalstatistik für die Wehrmacht, 1. Januar 1940–31. März 1942, BA-MA. RW 6/v. 129 und 130.

Das Differential für den gesamten Zeitraum beträgt 26,2 Prozent.

Die US-Army

Obgleich das amerikanische Wehrstrafgesetzbuch wie das jeder Armee zahlreiche Paragraphen zur Aufrechterhaltung der Disziplin enthielt (Article of War AW 63: „Mißachtung eines vorgesetzten Offiziers"; AW 64: „Tätlicher Angriff auf einen vorgesetzten Offizier oder Ungehorsam ihm gegenüber"; AW 65: „Ungehorsames Verhalten gegenüber Unteroffizieren" u. a.), unterschied es sich doch vom deutschen darin, daß es keine ausdrückliche Bestimmungen zum Schutz der Soldaten gegen Vorgesetzte enthielt. Stattdessen wurde in AW 95 „Grausamkeit gegenüber Soldaten" erwähnt; dieser Paragraph befaßte sich mit „für einen Offizier und Gentleman ungehörigem Benehmen" und stellte dieses Vergehen auf eine Stufe mit Trunkenheit, Scheckbetrug und ähnlichem. Mit anderen Worten: Die richtige Einstellung zu den Untergebenen war eine Frage der Offiziersehre.

Tabelle 9.7: *Todesurteile und Hinrichtungen auf dem Kriegsschauplatz Europa von 1942–1945*

Straftat	Todesurteile		Nach Revision		Vollstreckung	
	Anzahl	% der Gesamtzahl	Anzahl	% der Gesamtzahl	Anzahl	% der Gesamtzahl
Mord	82	18,7			28	
Mord, Vergewaltigung	18	4,1			12	
Mord und Fahnenflucht	2	0,4			–	
Vergewaltigung	151	34,1			29	
zivile Straftaten insgesamt	253	57,5			69	27,4
Fahnenflucht	73	16,8			–	
Fahnenflucht zur Vermeidung gefährlichen Dienstes	57	12,9			1	0,5
Fehlverhalten vor dem Feind	24	5,7			–	
Wachvergehen	3	0,7			–	
Tätlicher Angriff auf einen Offizier	24	5,4			–	
Meuterei	7	1,6			–	
Militärische Straftaten insgesamt	188	42,5			1	0,5
Gesamtzahl	443	100,0	108	24,3	70	15,8

Quelle: Historical Brigade, Office of the Judge Advocate with the US. Forces, ETO, Statistical Survey – General Courts Martial in the European Theater of Operations, MS 8-3,5 AA, Bd 1, NA, Akte 204-58(87). Unstimmigkeiten bei der Berechnung sind nicht mehr aufzuklären.

Im Vergleich zum deutschen Heer wurde bei den Amerikanern die Anwendung des Gesetzes sehr lax gehandhabt; von den fast 4 Millionen Mann, die zwischen 1942 und 1945 auf dem europäischen Kriegsschauplatz eingesetzt waren (nur für diesen Kriegsschauplatz gab es genaue Statistiken) waren nur 22.214 oder 0,5 Prozent jemals vor einem Militärgericht angeklagt. Von ihnen waren 1.737 oder 7,8 Prozent Offiziere, was ihrem Anteil am Gesamtpersonal entsprach. Andererseits bestand eine Ähnlichkeit mit dem deutschen System darin, daß angeklagte Offiziere eine doppelt so große Chance hatten, vom Militärgericht freigesprochen zu werden wie Unteroffiziere und Mannschaften.[35] Obwohl auf Fahnenflucht in der US-Army, wie bei den Deutschen, die Todesstrafe stand (AW 58), ergibt eine Untersuchung der in beiden Armeen gefällten Todesurteile einige sehr große Unterschiede der ihnen zugrundeliegenden Auffassungen. Die Zahlen in Tabelle 9.7 (nur für den europäischen Kriegsschauplatz) sprechen für sich.

Also waren nicht nur die Todesurteile für zivile Straftaten häufiger als für militärische, sondern auch die Chance eines wegen einer zivilen Straftat zum Tode verurteilten Soldaten, wirklich hingerichtet zu werden, waren 54mal (!) so groß wie die eines wegen einer militärischen Straftat Verurteilten. Möglicherweise war es eine Folge hiervon, daß die Zahl der Fahnenflüchtigen 1944 45,2 pro Tausend und 1945 63 pro Tausend betrug, wodurch die deutsche Zahl mehrfach übertroffen wurde.[36] Schließlich wurden von den Hunderttausenden, die desertierten oder sich unerlaubt von der Truppe entfernten, nur 2.854 jemals vor Gericht gestellt; von diesen wurde nur ein einziger hingerichtet, und seine Verwandten führten einen Schadenersatzprozeß gegen die Regierung.[37]

Beschwerden von Soldaten

In jeder Armee ist es riskant, eine Beschwerde einzulegen. Die Autorität, an die sie gerichtet wird, ist weit weg, während diejenige, gegen die sie gerichtet ist, wahrscheinlich ganz in der Nähe ist und dem Soldaten das Leben schwer machen kann. Wenn der Beschwerdeführer nicht einigermaßen davon überzeugt sein kann, daß eine Autorität fähig und willens ist, sich mit seiner Beschwerde zu befassen, wird er wahrscheinlich seinen Unmut lieber für sich behalten.

Das deutsche Heer

Ein einheitliches Verfahren für die Beschwerden von Soldaten wurde 1895 eingeführt und 1921 und 1936 geändert.[38] Soldaten konnten sich, normalerweise unterstützt von einem älteren Kameraden, mündlich oder schriftlich beschweren, und zwar in einem Zeitraum zwischen einem Tag und sieben Tagen (für Offiziere drei) nach dem angeblichen Unrecht. Beschwerden von einfachen Soldaten und Unteroffizieren wurden bei dem unmittelbaren Vorgesetzten eingelegt, oder, falls dieser selbst Gegenstand der Beschwerde war, beim nächsthöheren Disziplinarvorgesetzten, in dessen Hand dann die Entscheidung lag. Bei negativem Bescheid konnte die Beschwerde beim nächsthöheren Vorgesetzten eingereicht werden, theoretisch bis zur höchsten Instanz (erst der Kaiser, dann der Reichspräsident und später Adolf Hitler). Unbegründete Beschwerden sollten, wiederum theoretisch, nicht zur Bestrafung führen, vorausgesetzt, der Beschwerdeführer hatte in guter Absicht und unter Einhaltung der Vorschriften gehandelt.

Dieses System, das so typisch für die dezentralisierte Organisation des deutschen Heeres ist, setzte also bemerkenswertes Vertrauen in die Bereitschaft des Vorgesetzten, die Beschwerdeführer sogar gegen ihnen unterstellte Offiziere zu unterstützen; andererseits, sobald eine Beschwerde als gerechtfertigt anerkannt war, war ihr Empfänger in der Lage, schnell und wirksam darauf zu reagieren.

Die US-Army

Wie in vielen anderen Fällen stützte sich die US-Army auch bei den Beschwerden der Soldaten auf die Zentralisierung, um Gerechtigkeit zu erreichen. Folglich mußten die Beschwerden an den Generalinspekteur der jeweiligen Waffengattung gerichtet werden. Allerdings waren seine Befugnisse nur beratender Art: Laut AR 20-30 von 1937 konnte die Abteilung des Generalinspekteurs „aus den entstandenen Tatsachen Schlüsse ziehen und Empfehlungen machen, die sich darauf stützten, aber sie hat keine Befugnis, Urteile zu fällen oder Strafen zu verfügen". Ob ein Beschwerdeführer in einem solchen System schnelle und zuverlässige Gerechtigkeit erwarten konnte, kann man füglich bezweifeln.

Anmerkungen

1 In Österreich-Ungarn erhielten Wehrpflichtige umgerechnet 4,05 Mark pro Monat, in Italien 2,40 Mark, in Frankreich 1,20 Mark und in Rußland 1,08 Mark. Ein britischer Gefreiter bekam 30 Mark, ein amerikanischer 63 Mark im Monat. Zahlen aus: Handbuch zur deutschen Militärgeschichte, Bd 3, Abschnitt V, S. 102 (Schmidt-Richberg).

2 Heeresverwaltungs-Taschenbuch 1941/42, Grimmen 1941, S. 632 ff.

3 Absolon, Wehrgesetz, S. 302.

4 Heeresverwaltungs-Taschenbuch 1941/42, S. 603 ff. (Besoldungsgesetz vom 16. Dezember 1927), bes. S. 603, § 2; S. 619 ff. (Besoldungsordnungen).

5 U.S. Dept. of the Army, Technical Manual TM 14-509.

6 The Doolittle Report, S. 12 f.

7 Müller-Hillebrand, Personnel and Administration, Study P-005, S. 73–76.

8 AOK 9/IIa/b, Tätigkeitsbericht 18. August–31. Dezember 1943, BA-MA, RH 20-9/340.
9 AOK 9/IIa/b, Anlagen zum Tätigkeitsbericht, 1. Juli–30. September 1942, BA-MA, RH 20-9/333.
10 AOK 9/II a/b, Beilage zum Kriegstagebuch, 1. April–30. Juni 1942, Befehl von Gen. Oberst Model, Oberbefehlshaber 9. Armee vom 6. Mai 1942, BA-MA, RH 20-9/331.
11 Siehe z.B. AOK 9/IIa/b, Anlagen zum Tätigkeitsbericht, 1. Oktober 1942–31. Dezember 1942, Tagesbefehle von Model vom 5. und 22. November 1942, BA-MA, RH 20-9/335, und AOK 9/IIa/b, Anlage zum Tagesbericht, 1. Januar–25. März 1943, Tagesbefehl vom 17. Januar 1943, BA-MA, RH 20-9/337.
12 U.S. Dept. of the Army. Office of Military History, Basic Needs of the ETO Soldier, Kap. 8, S. 45.
13 Ebd., S. 5.
14 Aussage von General Arnold, U.S. Dept. of the Army. Replacement Board, Buch 5, Teil 32.
15 U.S. Dept. of the Army. Office of Military History, Basic Needs of the ETO Soldier, Kap. 8, S. 38. Hier werden weitere Beispiele dieser Art erwähnt.
16 Ebd., S. 24.
17 Ebd., S. 22.
18 Weniger, Wehrmachtserziehung, S. 91 ff.; s. auch Blecher, Gedanken zur Erneuerung des Eisernen Kreuzes vor 25 Jahren, S. 242–246, bes. S. 245.
19 Absolon, Wehrgesetz, S. 261 ff.
20 Da Unteroffiziere und Mannschaften, die diese Auszeichnung erhalten hatten, wegen „Bewährung vor dem Feind“ Offizieranwärter werden konnten, erhielten fast nur Offiziere die höheren Stufen.
21 Notiz Schörners vom 14. März 1945, BA-MA, RH 7/v. 299.
22 Siehe BA-MA, RH 20-9/333.
23 Marshall an King, National Archives (NA), Aktenzeichen 204-58-90 (20-819).
24 Daß das geändert werden sollte, war eine der Hauptempfehlungen des „Doolittle Report“ von 1946 über das Verhältnis zwischen Offizieren und Unteroffizieren/Mannschaften.
25 Die Zahlen beruhen auf einer Untersuchung von Akten des europäischen Kriegsschauplatzes (NA, Box 322/Admin. File ETO 7/38 und 38/183).
26 Alle Zahlen aus: U.S. War Department (Hrsg.) Decorations and Awards, S. 10.
27 804.533 von 1.800.739 oder 44,6 Prozent außer „Purple Heart“.
28 Schwinge, Die Entwicklung der Mannszucht in der deutschen, britischen und französischen Wehrmacht seit 1914, S. 48.
29 Vom 4. August 1914 bis 31. März 1920 fällten britische Militärgerichte 3.080 Todesurteile, von denen 346 vollstreckt wurden. Siehe War Office, Statistics of the Military Effort of the British Empire during the Great War, S. 648.
30 Oberkommando des Heeres (Hrsg.), Kriegs-Kriminalstatistik für die Wehrmacht, 1. Januar 1940–31. März 1942, BA-MA, RW 6/v. 129 und 130.
31 Eine weitere Schätzung, die auf anderen Quellen beruht, aber zu im wesentlichen ähnlichen Zahlen kommt, bringt Hennicke, Auszüge aus der Wehrmachtskriminalstatistik, in: Zeitschrift für Militärgeschichte, 5 (1966), S. 438–456, bes. S. 444, Tab. 5.
32 Unter nationalsozialistischem Druck wurden die Strafen für verschiedene Arten von Fahnenflucht im Verlauf des Krieges noch verschärft. Die Militärrichter wirkten dem jedoch entgegen, indem sie immer mehr Delinquenten nicht wegen Fahnenflucht, sondern wegen unerlaubter Entfernung von der Truppe verurteilten.

33 Hennicke, Auszüge, S. 444, Tab. 4; vgl. Seidler, Die Fahnenflucht in der deutschen Wehrmacht während des Zweiten Weltkriegs, in: Militärgeschichtliche Mitteilungen, 22 (1977), S. 23–42.

34 Militärstrafgesetzbuch [MStGB] in der Fassung vom 1. August 1935, in: Strafrecht der deutschen Wehrmacht, München/Berlin 21939, und vom 10. Oktober 1940, ebd., 1941. Der Inhalt des Paragraphen 122a (1935) ist in der Fassung von 1940 in den § 122 aufgenommen worden.

35 Historical Brigade, Office of the Judge Advocate General with the U.S. Forces, ETO, Statistical Survey – General Courts Martial in the European Theater of Operations, Ms. 8-3.5-AA, Bd 1, NA, Akte 204-58(87).

36 Gabriel/Savage, Crisis in Command, S. 180, Tab. 1. Absolute Zahlen über Fahnenflucht gibt es nicht.

37 International Herald Tribune, 8.–9. September 1979, S. 5. Dieser Soldat – so gab sein Biograph an – hatte damit gerechnet, dem Gefechtseinsatz durch eine Gefängnisstrafe zu entgehen, die nach dem Krieg umgewandelt werden würde; Tausende hatten das mit Erfolg getan, aber in diesem Fall ging die Rechnung nicht auf. Siehe Huie, The Execution of Private Slovik, New York 1954, S. 107.

38 Frahm, Wehrbeschwerdeordnung, S. 13. Für das Folgende (Stand 1936): H.Dv. 3/10, vom 8. April 1936.

10. Die Unteroffiziere

Das deutsche Heer

Auswahl und Ausbildung

In der Armee des Kaiserreichs gab es eine klare soziale Trennungslinie zwischen Offizieren und einfachen Soldaten, aber das traf nicht auf die Unteroffiziere zu. Sie rekrutierten sich meist aus der kleinbäuerlichen und der unteren Mittelschicht. Nur wenige hatten eine über die Volksschule hinausgehende Bildung.[1] Nach einjähriger Dienstzeit fand die Auswahl der künftigen Unteroffiziere statt. Dieselben Kompanie- und Batterieoffiziere, die nach den vom Kriegsministerium herausgegebenen Richtlinien die Auswahl durchführten, waren dann später dafür zuständig, einen Soldaten für den Dienst in ihrer Einheit zu akzeptieren oder abzulehnen. Dieses außerordentlich dezentralisierte System, das noch aus der Zeit des Absolutismus stammte, trug zur Entstehung einer starken Bindung zwischen den Unteroffizieren und ihren Einheiten bei und blieb bis 1945 bestehen.

Die Unteroffizieranwärter wurden in einem besonderen Bataillon des Regiments ausgebildet; erst 1936 wurde wieder eine zentrale Heeresunteroffiziersschule neu gegründet.[2] Die Ausbildung dauerte zwei Jahre und lag in der Hand von Offizieren des Regiments und dienstälteren Unteroffizieren. Mit diesen war der Kontakt im Dienst und außer Dienst sehr eng, so daß sich bei den Unteroffizieren eine Art Korpsgeist entwickelte. Die häufigen Zusammenkünfte der Unteroffiziere der verschiedenen Einheiten des Regiments, wie auch ihr verhältnismäßig hoher gesellschaftlicher Status wirkten bei der Schaffung des Standes von robusten Berufssoldaten mit, auf die sich letztlich die Struktur jeder Armee stützen muß. Während der Weimarer Zeit machte die von den Alliierten erzwungene lange Dienstzeit (12 Jahre) eine noch gründlichere Ausbildung als vorher möglich. Auf eine Ausbildung von dreieinhalb Jahren folgte ein sieben- bis achtmonatiger Regimentsdienst, bei dem großer Wert auf Führung, praktische Kenntnis der Waffen und Sport gelegt wurde. Die Reichswehr, die nach dem Grundsatz handelte, jeder Soldat müsse Aufgaben erfüllen können, die zu einer um zwei Dienstgrade höheren Stellung gehörten, baute ein Unteroffizierkorps auf, das Anfang der dreißiger Jahre ohne Schwierigkeiten imstande war, die schnell wachsende Armee auszubilden, sowie Führer für die bewaffneten Formationen der nationalsozialistischen Partei zu stellen.

Obwohl 1933 die Dauer der Ausbildung auf zwei Jahre verkürzt wurde, ermöglichte die außergewöhnlich gründliche Vorarbeit der Reichswehr, daß bis zum Ausbruch des Zweiten Weltkrieges der Bedarf an Unteroffizieren ohne eine Einbuße an Qualität gedeckt werden konnte. In der Tat traf eigentlich das Gegenteil zu: Während der intelligente, selbständig denkende Unteroffizier 1914 noch eine Ausnahme war, war er 25 Jahre später die Regel.[3]. Ein Aspekt des Auswahlsystems der Unteroffiziere, der besondere Erwähnung verdient, ist die Art und Weise, in der die Vorschriften, die in Frie-denszeiten für alle Waffengattungen gleich waren, nach Kriegsausbruch diejenigen bevorzugten, die Fronterfahrung hatten. So konnte die Beförderung zum Unteroffizier im Feldheer nach sechsmonatigem Dienst stattfinden, und das bei besonderen Verdiensten sogar dann, wenn keine Planstelle frei war. Im Ersatzheer dagegen konnte ein Soldat erst nach einjährigem Dienst (davon zwei Monate an der Front) zum Unteroffizier befördert werden, und auch nur dann, wenn für ihn eine geeignete Stelle frei war.[4]

Dienstverhältnisse

Im deutschen Heer verlief bis 1939 die Unteroffizierlaufbahn getrennt von der Offizierlaufbahn und parallel dazu. Wer sich als Berufsunteroffizier verpflichtete, strebte deshalb nicht danach, Offizier zu werden, und diese Beförderung war auch nur in sehr seltenen Fällen möglich. Der Grund dafür lag nicht so sehr an einem erkennbaren Mangel an Fähigkeiten, sondern in der Tatsache, daß die Unteroffiziere, im Gegensatz zu ihren vorgesetzten Offizieren, in der Zeit vor dem Dritten Reich politisch nicht als völlig zuverlässig galten.[5]

Während des Ersten Weltkrieges war dieses System der Anlaß für weitverbreitete Unzufriedenheit und Kritik. An der Front fanden sich die Unteroffiziere, oft zuverlässige und bewährte Männer, unter dem Kommando sogenannter Einjähriger, jungen Männern aus der Mittelschicht, die nach der Primareife ein Jahr dienten, eine vier- bis sechswöchige Offizierausbildung durchliefen und dann zu Leutnants der Reserve befördert wurden. Infolgedessen führten 19- bis 20jährige „Muttersöhnchen" häufig weit ältere und erfahrenere Männer.[6] Abgesehen davon, daß das System viel berechtigte Verbitterung verursachte, beeinträchtigte es auch die Leistung der Armee im Felde.[7]

So wurde 1919 die Institution der Einjährigen abgeschafft. Die sozialdemokratische Regierung ließ durch Reichswehrminister Gustav Noske und den Ersten Generalquartiermeister General Gröner 1.000 verdiente Unteroffiziere auswählen und zu Offizieren befördern.[8] Später war die Hürde, die den Unteroffizier- vom Offizierdienstgrad trennte, zwar immer noch hoch, aber keinesfalls mehr unüberwindlich. Im Zweiten Weltkrieg schrumpfte sie noch mehr zusammen, als Zehntausende von Unteroffizieren zu Offizieren befördert wurden, in einigen Ausnahmefällen sogar ohne eine Offizierschule absolviert zu haben. Nach einer neueren Untersuchung sind mindestens 79 deutsche Generale und Admirale aus dem Unteroffizierstand hervorgegangen: 54 Generale des Heeres, 11 Generale der Luftwaffe, 5 Admirale, 2 Generale der Polizei und 7 Generale der Waffen-SS – darunter auch Sepp Dietrich, der ehemalige Kommandeur der Leibwache Hitlers und spätere Oberbefehlshaber der 6. SS-Panzerarmee, dem nach dem Krieg die Verantwortung für das „Massaker" von Malmedy zugeschrieben wurde.[9] Darüber hinaus wurden die Aufstiegsmöglichkeiten für Unteroffiziere innerhalb ihrer eigenen Laufbahn während der Weimarer Zeit erweitert.[10] Nach zweijähriger Ausbildung wurde ein Unteroffizieranwärter Gefreiter, nach 4 Jahren konnte, falls entsprechende Stellen frei waren, die Beförderung zum Unteroffizier folgen. Nach zweijähriger Dienstzeit als Unteroffizier kam automatisch die Beförderung zum Unterfeldwebel. Nach dreijähriger Dienstzeit war die Beförderung zum Feldwebel möglich. Die Beförderung zum Oberfeldwebel hing vom Bestehen einer besonderen Prüfung ab, die man sieben Jahre (in Ausnahmefällen: fünf Jahre) nach der Beförderung zum Gefreiten ablegen konnte. 1935 kam ein weiterer Dienstgrad, der des Hauptfeldwebels hinzu, und ab 1938 konnten diejenigen, die über die normale Dienstzeit für Unteroffiziere (12 Jahre) hinaus dienen wollten, zum Stabsfeldwebel befördert werden. Das waren jedoch Ausnahmen. Der hohe soziale Status des Heeres und seine verhältnismäßig geringe Größe machten es während der Kaiserzeit und in der Weimarer Republik leicht, eine ausreichende Zahl geeigneter Bewerber zu finden. Trotzdem wurde es 1936 nötig, neben der normalen zwölfjährigen eine verkürzte Laufbahn einzurichten, die nur fünf Jahre dauerte. Soldaten, deren zweijähriger Wehrdienst zuendeging, erhielten so die Möglichkeit, sich für weitere drei Jahre zu verpflichten.

Bei der Verpflichtung für eine Verlängerung der Dienstzeit bekamen die künftigen Unteroffiziere seit 1900 einen Betrag von 100 Mark und zusätzlichen Sold während ihrer Ausbildungszeit. Um die politische Zuverlässigkeit des Unteroffizierkorps zu gewährleisten, hatte man 1890 eine Entlassungsprämie von 1.000 Mark (später auf 1.500 Mark erhöht) eingeführt. Die so ausgeschiedenen Unteroffiziere konnten mit einer Beamtenlaufbahn rechnen, auf die sie einen vorrangigen Anspruch hatten und wo sie wegen ihrer Gewissenhaftigkeit und hohen Zuverlässigkeit sehr begehrt waren. Einige von ihnen stiegen später in die mittleren Ränge der Hierarchie auf.[11] Unterstützt von großzügigen Darlehen und Zuschüssen, die die nationalsozialistische Regierung eingeführt hatte, weil sie die Unteroffiziere zu den wertvollsten gesellschaftlichen Gruppen zählte, kauften wieder andere Bauernhöfe und siedelten auf dem Land.

Stellung und Leistung

In der Armee des Kaiserreichs standen die Unteroffiziere auf der untersten Sprosse der militärischen Hierarchie. Das allein genügte schon, um ihnen ein gewisses Ansehen als Repräsentanten der Staatsgewalt und Angehörige seines hochgeschätzten Kriegsinstruments zu verleihen.

Teils deshalb, teils aber auch wegen der sehr beträchtlichen Belohnungen – sowohl materieller wie auch nichtmaterieller Art – deren sich die Unteroffiziere im Gegensatz zu den einfachen Soldaten erfreuten,[12] gab es nie einen Mangel an geeigneten Kandidaten. Sogar das Gegenteil traf zu: Schon 1901 gab es im preußischen Heer allein 1.200 überetatmäßige Unteroffiziere, und die Zahl der Bewerber stieg weiter an.[13] Um die Nachfrage zu bewältigen, wurden 1904 719 neue Unteroffizierstellen geschaffen.[14] Während der Weimarer Zeit war es kaum ein Problem, Unteroffiziere für das 100.000-Mann-Heer zu beschaffen. Während der hektischen Erweiterung in den Jahren vor dem Zweiten Weltkrieg begann sich die Situation jedoch zu ändern, und das führte zur Einrichtung der fünfjährigen Laufbahn neben der traditionellen zwölfjährigen. 1939 bei Ausbruch des Zweiten Weltkrieges hatte die Wehrmacht jedoch nur 75 Prozent des Offizierbestandes des Kaiserreiches, obwohl beide Streitkräfte ungefähr gleich groß waren.[15] Die absolute Zahl an Unteroffizieren im Heer lag 1939 um 40 Prozent über der von 1914. Während des Krieges selbst war nur jeder sechste Unteroffizier Berufssoldat; noch bis 1943 stammte mehr als die Hälfte der von den westlichen Alliierten gefangengenommenen Unteroffiziere aus dem Heer vor 1935. Es waren harte, hervorragend ausgebildete Männer, die ihre Aufgabe aus tiefempfundener Verpflichtung gegenüber dem Soldatenberuf erfüllten.[16] Die Stellung der Unteroffiziere unterschied sich von der ihrer Kameraden in den meisten Heeren des Kontinents. Sie hatten keine Disziplinargewalt und arbeiteten unter der genauen Aufsicht ihrer Offiziere, aber nicht an ihrer Stelle.[17] Vielleicht neigten aus diesem Grund die Unteroffiziere, wenn sie Soldaten befehligten, dazu, häufigen Gebrauch von Strafen zu machen.

Im Ersten Weltkrieg fielen 110.618 Unteroffiziere (aktive und Reserve-), weitere 190.205 wurden als vermißt gemeldet und galten als tot, und weitere 477.734 wurden verwundet.[18] Preußische, bayerische und sächsische Unteroffiziere erhielten 2.544 Auszeichnungen, die dem Pour le Mérrie der Offiziere entsprachen.[19] Es ist unbekannt, wieviele Unteroffiziere im Zweiten Weltkrieg fielen. Bekannt ist aber, daß von einer Gesamtzahl von 5.740 Ritterkreuzen (aller Stufen) ungefähr 1.300 an Unteroffiziere verliehen wurden.

Die US-Army

In der US-Army waren Unteroffiziere einfache Soldaten, die aufgrund ihrer

Fähigkeiten oder ihres Dienstalters befördert worden waren. Da sie keinen Anspruch auf Offizierprivilegien hatten und ohnehin einer anderen sozialen Umgebung entstammten, identifizierten sie sich mehr mit den Mannschaften. Bei den Unteroffizieren soll es einen Korpsgeist, das „sogenannte Rückgrat einer Armee", nicht gegeben haben.[20]

Angesichts der schlechten Besoldung und der geringen Wertschätzung hatte die Army in der Zwischenkriegszeit manche Schwierigkeiten, qualifizierte Bewerber für die Unteroffizierslaufbahn zu finden. So kam es, daß 1940 und 1941 während des großen Zustroms viel besser gebildeter Männer die Unteroffiziere meist diejenigen mit der niedrigsten Bildung und den geringsten Fähigkeiten in ihren Einheiten waren.[21] Das Problem löste sich später weitgehend von selbst, als die einberufenen Soldaten ihre Unteroffiziersstreifen bekamen.

Die Beförderung zum Unteroffizier hing hauptsächlich vom Dienstalter ab. Schulen wurden eingerichtet – und das ist wieder typisch für die gesamte Einstellung der US-Army – für Soldaten, die technische Fertigkeiten erwerben mußten, wie Funker oder Automechaniker, aber nicht für die Führungspositionen wie Feldwebel von Schützenzügen, Hauptfeldwebel oder Panzerkommandanten. Bei ihnen nahm man an, daß sie ihre Führungsqualitäten einfach durch den Truppendienst erwerben würden und keine besondere Ausbildung brauchten.[22] Änderungsvorschläge für dieses System wurden von Zeit zu Zeit vorgebracht, aber sie wurden alle vom „Army Ground Forces Command" abgelehnt, das beharrlich für ein „einfaches" Heer kämpfte.[23]

Erstaunlich groß ist die Zahl der Soldaten, die Unteroffiziere wurden. Im Zweiten Weltkrieg war nur jeder sechste deutsche Soldat Unteroffizier, in der US-Army waren es am Tag der Kapitulation fast 50 Prozent aller Soldaten.[24] Insbesondere hatte der Zustrom von Unteroffizieren aus dem Heimatgebiet über das Personalersatzsystem auf die Moral der Altgedienten eine verhängnisvolle Wirkung, weil sie ihre Beförderungschancen durch die Neuankömmlinge blockiert sahen. Auch wurde die Moral ruiniert, wenn die Neuankömmlinge als Schützen an die Front kamen, oft unter Führung von Männern mit weniger Streifen. Aus der offiziellen Geschichtsschreibung wird als Ergebnis deutlich, daß die Unteroffiziere – theoretisch die härtesten und am besten ausgebildeten Soldaten – zu der Art von Personalersatz gehörten, der den Divisionen nicht willkommen war.[25]

Anmerkungen

1 Nach Handbuch zur deutschen Militärgeschichte, Bd 3, Abschnitt V, S. 91 ff.; Bd 4, Abschnitt VII, S. 374 ff.

2 Im Juli 1944 war die Zahl der Unteroffizierschulen auf 21 gestiegen. Das Ausbildungspersonal, meist verwundete Offiziere und Unteroffiziere, die mit Auszeichnung

gedient hatten, hatte eine Stärke von 5.250 Mann. Die Zahl der Auszubildenden in allen Schulen betrug 13.400. Dazu Lahne, Unteroffiziere, S. 487.

3 Handbuch zur deutschen Militärgeschichte, Bd 4, Abschnitt 7, S. 378.

4 H.Dv. 29/a, Bestimmungen über die Beförderung und Ernennung der Unteroffiziere und Mannschaften während des Krieges, Berlin 1939, S. 7.

5 Handbuch zur deutschen Militärgeschichte, Bd 3, Abschnitt V, S. 93.

6 Außergewöhnlich erfahrenen Unteroffizieren wichtiger Speziallaufbahnen standen schon kurz vor dem Krieg eigene Offizierkorps, freilich minderen Ansehens, offen (Festungsbau-, Zeug-, Feuerwerker-, Torpederoffiziere). Die drei letzteren gingen 1928 im Waffenoffizierkorps auf, das seit 1942/43 insgesamt 8 Generale und Admirale stellte. Vgl. Stumpf, Wehrmacht-Elite. S. 107 ff.

7 Hobohm, Soziale Heeresmißstände als Teilursache des deutschen Zusammenbruchs von 1918, Berlin 1929. Das ist eine der vielen Studien des eingesetzten Untersuchungsausschusses, der die Ursachen der Niederlage ermitteln sollte.

8 Demeter, Das deutsche Offizierkorps, S. 53.

9 Heuer, Vom „Marschallstab im Tornister". Deutsche Generale und Admirale des 2. Weltkrieges aus der Unteroffizierlaufbahn, III. Teil, in: Deutsches Soldatenjahrbuch, 32 (1984), S. 88–93.

10 Der Dienst in der Reichswehr begann zunächst für alle Freiwilligen beim Feldtruppenteil; erst nach zwei Jahren gabelten sich die Laufbahnen. Vgl. Lahne, Unteroffiziere, S. 447.

11 Handbuch zur deutschen Militärgeschichte, Bd 3, Abschnitt V, S. 93; Bd 4, Abschnitt VII, S. 377.

12 Dazu gehörten für Portepeeunteroffiziere seit 1910 außer der höheren Besoldung bessere ärztliche Versorgung, Nachturlaub und das Recht, bei Übungen und Manövern kein Gepäck tragen zu müssen; Handbuch zur deutschen Militärgeschichte, Bd 3, Abschnitt V, S. 97.

13 Ebd.

14 Ebd. und Lahne, Unteroffiziere, S. 320 f.

15 Handbuch zur deutschen Militärgeschichte, Bd 4, Abschnitt VII, S. 378.

16 Shils/Janowitz, Cohesion and Desintegration, S. 198.

17 G. Blumentritt, Das alte deutsche Heer von 1914 und das neue deutsche Heer von 1939, Study B-296, 1947, S. 19 f.

18 Zahlen nach Lahne, Unteroffiziere, S. 380 ff.

19 Handbuch zur deutschen Militärgeschichte, Bd 3, Abschnitt V, S. 94. Dabei handelte es sich um folgende Orden: das Goldene Militär-Verdienstkreuz (Preußen), die Goldene Tapferkeitsmedaille (Bayern) und die Goldene Militär-St. Heinrich-Medaille (Sachsen).

20 Stouffer u. a., The American Soldier, Bd 1, S. 402 f.

21 Ebd. S. 63.

22 Command and General Staff College, History of the Army Personnel Replacement System, S. 280.

23 Palmer/Wiley, Procurement and Training, S. 249.

24 Stouffer u. a., The American Soldier, Bd 1, S. 237 f. Daß dafür nicht ein höheres Maß an technologischer Entwicklung verantwortlich war, zeigt sich an der heutigen Bundeswehr, in der jeder dritte Soldat Unteroffizier ist.

25 Ebd., Bd 2, S. 279; Palmer/Wiley, Procurement and Training, S. 249, 478.

11. Führung und Offizierkorps

Es ist nun an der Zeit, einen Bestandteil der Kampfkraft zu untersuchen, der vielleicht mehr als alle anderen über den Ausgang des Krieges entscheidet: die Führung. Es gibt umfangreiche Literatur, die das zeigt, was Kurt Lang so ausdrückt: „Es kommt darauf an, was der militärische Führer tut.“[1] Alles was mit ihm zusammenhängt – vom Auswahlverfahren bis hin zum Beförderungssystem – ist daher von ganz außerordentlicher, ja entscheidender Bedeutung.

Bevor wir in die Erörterung eintreten, ist vielleicht eine Warnung angebracht. Anders als Truppen und Maschinen, die relativ schnell aufgestellt werden können, benötigt ein Offizierkorps eine lange Tradition und Erfahrung, um effektiv zu funktionieren. Das amerikanische Offizierkorps, das während des Krieges um das Vierzigfache vergrößert wurde, hatte diese Tradition und Erfahrung nicht und konnte sie auch nicht haben. Ein systematischer Vergleich zwischen dem amerikanischen und dem deutschen Offizierkorps kann diese grundlegende Tatsache nicht ignorieren.

Image und Position

Das deutsche Heer

In der Armee der Kaiserzeit trennte eine tiefe Kluft die Offiziere von den Unteroffizieren und Mannschaften. Die Privilegien der Offiziere im Hinblick auf Besoldung, Uniform, Verpflegung, Unterbringung und andere Annehmlichkeiten waren sehr groß und trugen wahrscheinlich auch zu den Auflösungserscheinungen im Heer im letzten Kriegsmonat und zum Ausbruch der Meuterei in der Marine bei.[2] In den Weimarer Jahren waren diese Privilegien dann Gegenstand einer lebhaften Debatte, und bis zum Ausbruch des Zweiten Weltkrieges wurden sie beträchtlich beschnitten. Um einen Eindruck von den Eigenschaften zu bekommen, die das deutsche Heer von seinen Offizieren forderte und wahrscheinlich auch bei ihnen fand, zitieren wir nochmals die H.Dv 300, Truppenführung, von 1936.

> „6. Heer- wie Truppenführung erfordern urteilsfähige, klarblickende und vorausdenkende Führerpersönlichkeiten von Selbständigkeit und Festigkeit im Entschluß, Beharrlichkeit und Tatkraft bei sei-

ner Durchführung, Unempfindlichkeit gegen die Schwankungen des Kriegsglückes und einem ausgeprägten Gefühl für die auf ihnen ruhende hohe Verantwortung.

7. Der Offizier ist auf allen Gebieten Führer und Erzieher. Neben Menschenkenntnis und Gerechtigkeitssinn muß ihn Überlegenheit an Kenntnissen und Erfahrungen, sittlicher Ernst, Selbstbeherrschung und hoher Mut auszeichnen.
8. Das Beispiel und die persönliche Haltung des Offiziers und der in Führerstellen verwendeten Soldaten sind von bestimmendem Einfluß auf die Truppe. Der Offizier, der vor dem Feinde Kaltblütigkeit, Entschlossenheit und Wagemut zeigt, reißt die Truppe mit sich fort. Er muß aber auch den Weg zum Herzen seiner Untergebenen finden und ihr Vertrauen durch Verständnis für ihr Fühlen und Denken sowie durch nie rastende Fürsorge erwerben. Das gegenseitige Vertrauen ist die sicherste Grundlage der Mannszucht in Not und Gefahr.
9. Jeder Führer soll in allen Lagen ohne Scheu vor Verantwortung seine ganze Persönlichkeit einsetzen. Verantwortungsfreudigkeit ist die vornehmste Führereigenschaft. Sie darf jedoch nicht darin gesucht werden, eigenmächtige Entschlüsse ohne Rücksicht auf das Ganze zu fassen oder Befehle nicht peinlich zu befolgen und ein Besserwissen an Stelle des Gehorsams treten zu lassen. Selbständigkeit darf nicht zur Willkür werden. Selbsttätigkeit, die sich in richtigen Grenzen geltend macht, ist dagegen die Grundlage großer Erfolge. […]

12. Die Führer müssen mit der Truppe leben und mit ihr Gefahren und Entbehrungen, Freud und Leid teilen. Nur dann gewinnen sie aus eigener Anschauung ein Urteil über den Gefechtswert und die Bedürfnisse der Truppe.
    Der Mann ist nicht nur für sich selbst, sondern auch für seinen Kameraden verantwortlich. Wer mehr kann, wer leistungsfähiger ist, muß den Unerfahrenen und Schwachen anleiten und führen.
    Auf solcher Grundlage erwächst das Gefühl echter Kameradschaft, die ebenso wichtig ist zwischen Führer und Mann wie innerhalb der Mannschaft.
13. […] Jeder Führer ist verpflichtet, gegen Nachlassen der Mannszucht, Ausschreitungen, Plünderungen, Paniken und sonstige schädigende Einflüsse unverzüglich mit allen, selbst den schärfsten Mitteln einzuschreiten. Die Mannszucht ist der Grundpfeiler des Heeres und ihre strenge Aufrechterhaltung eine Wohltat für alle.
14. Die Kräfte der Truppe müssen für höchste Anforderungen in entscheidenden Augenblicken frisch erhalten werden. Wer die Truppe unnütz anstrengt, versündigt sich am Erfolg. Der Kräfteverbrauch

im Gefecht muß im Verhältnis zum erstrebten Ziel stehen. Unerfüllbare Anforderungen schädigen das Vertrauen zur Führung und den Geist der Truppe.

Platz des oberen Führers und sein Stab.

109. Die persönliche Einwirkung auf die Truppe durch ihren oberen Führer ist von größter Bedeutung. Er muß der kämpfen den Truppe nahe sein.

110. Für die Wahl des Platzes des Führers eines Armeekorps ist die Möglichkeit, schnelle und dauernde Verbindung zu den Divisionen und nach rückwärts herzustellen, in erster Linie bestimmend. Auf die technische Verbindung allein darf er sich nicht verlassen. Weites Abbleiben verlängert trotz vervollkommneter Nachrichtenmittel den Befehls- und Meldeweg, gefährdet die Verbindung und kann zum verspäteten Eintreffen oder Ausbleiben von Nachrichten und Befehlen führen. Es erschwert ferner die persönliche Unterrichtung über die Eigenart des Geländes und den Stand des Gefechts. Andererseits soll der Aufenthalt eines Korpskommandos wegen des Geschäftsbetriebes der zahlreichen Dienststellen stetig sein. [...]

111. Der Divisionskommandeur gehört zu seinen Truppen. [...]

113. [...] Beim Zusammentreffen mit dem Feinde ist Selbstsehen das Beste.“[3]

Das sind ziemlich autoritative Worte, denen man kaum etwas hinzufügen braucht. Wenn wir nun von der Theorie zur Praxis übergehen, ist erwähnenswert, daß der Weg vom Unteroffizier zum Offizier im Zweiten Weltkrieg offen war und von Zehntausenden eingeschlagen wurde. Das Band zwischen Offizieren und Mannschaften wurde noch stärker durch die Verwendung des umfassenden Begriffes „Soldaten“ betont, der beide bezeichnete, sowie durch Vorschriften, die von den Soldaten verlangten, nicht nur ihre Offiziere, sondern sich auch gegenseitig zu grüßen. Den Offizieren, die einen großen Teil ihrer Ausbildungszeit in der Gemeinschaft von Unteroffizieren und Mannschaften verbracht hatten, stand es frei, außer Dienst freundschaftlich mit ihnen umzugehen, ja, die Grundsätze des Nationalsozialismus ermunterten sie sogar dazu. Auf alles dies läßt sich vielleicht zurückführen, daß in Befragungen der Kriegsgefangenen „fast alle Unteroffiziere und Offiziere auf der Kompanieebene vom deutschen Soldaten während des Westfeldzuges als tapfer, tüchtig und rücksichtsvoll angesehen wurden.“[4]

Die US-Army

Hier folgen die Abschnitte aus der US-Heeresvorschrift FM 100-5, die sich mit Führung und Befehlsgewalt befassen:

„102. Das Führen von Truppen im Gefecht erfordert ungeachtet der Befehlsebene gelassene und besonnene Führer mit einem ausgeprägten Gefühl für die große Verantwortung, die ihnen auferlegt ist. Sie müssen entschlossen und selbstsicher in ihren Entscheidungen sein, energisch und beharrlich bei der Durchführung und dürfen sich durch Schwankungen des Gefechts nicht aus der Ruhe bringen lassen.

103. Die Truppe wird in starkem Maße durch das Beispiel und Verhalten ihrer Führer beeinflußt. Ein Führer muß überlegenes Wissen, Willenskraft, Selbstvertrauen und Initiative besitzen und darf auf sich selbst keine Rücksicht nehmen. Jedes Anzeichen von Furcht oder mangelnde Bereitschaft, sich in Gefahr zu begeben, wirkt sich auf die Führung verhängnisvoll aus. Andererseits wird ein kühner und entschlossener Führer seine Soldaten mitreißen, ganz gleich, wie schwierig das Unternehmen auch sein mag. Gegenseitiges Vertrauen zwischen Führer und Soldaten ist die sicherste Grundlage der Disziplin. Um dieses Vertrauen zu gewinnen, muß der Führer den Weg zu den Herzen seiner Männer finden. Das wird ihm gelingen, wenn er sich Verständnis für ihr Denken und Fühlen erwirbt und sich ständig um ihr Wohlergehen kümmert.

104. Ein guter Führer vermeidet es, seine Truppe unnötigen Härten auszusetzen; er hütet sich davor, ihre Kampfkraft bei unwichtigen Aktionen zu vergeuden oder sie durch fehlerhafte Stabsarbeit zu belästigen. Er hält durch persönliche Besuche und Beobachtung enge Verbindung zu allen unterstellten Truppenteilen. Es ist für ihn wichtig, durch persönlichen Kontakt die geistige, moralische und physische Verfassung seiner Soldaten, die Bedingungen, mit denen sie konfrontiert sind, und ihre Leistungen, ihre Wünsche und Bedürfnisse zu kennen.

105. Der Kommandeur soll umgehend gute Leistungen anerkennen, dort helfen, wo es nötig ist und im Unglück Mut zusprechen. Gegenüber denen, die er führt, muß er rücksichtsvoll sein, und treu und loyal gegenüber denen, die ihn führen. Ein Führer muß mit seiner Truppe leben und ihre Gefahren und Entbehrungen wie auch ihre Freuden und Sorgen teilen. Durch persönliche Beobachtung und Erfahrung ist er dann in der Lage, sich ein Urteil über ihre Bedürfnisse und ihren Gefechtswert zu bilden. […] Wenn es für die Durchführung

des Auftrags nötig ist, fordert der Führer von seinem Truppenteil ein Höchstmaß an Opferbereitschaft und erhält es auch.

106. Der Geist selbstloser Zusammenarbeit mit den Kameraden muß bei Offizieren und Mannschaften gefördert werden. Die Starken und Fähigen müssen die Schwachen und weniger Erfahrenen führen. Auf dieser Grundlage wird sich ein Gefühl wirklicher Kameradschaft festigen, und der übergeordnete Führer wird so über den vollen Gefechtswert der Truppe verfügen. […]

109. Ein kluger und fähiger Führer […] wird den Arbeitsablauf in seinem Truppenteil so regeln, daß alle Gruppen das gleiche Maß an Arbeit leisten und das gleiche Maß an Freizeit genießen. Er wird darauf achten, daß gezeigte Leistungen umgehend anerkannt und belohnt werden. Er verlangt von allen vorbildliches militärisches Verhalten und wendet auf alle dieselben Disziplinarregeln an. […]

119. […] Befehlsgewalt und Führung sind untrennbar. Ob der Truppenteil groß oder klein ist, ob die Kommandofunktionen kompliziert oder einfach sind, der Führer muß der leitende Kopf und führende Geist sein, von ihm müssen Energie und Impulse ausgehen, die alle seine Untergebenen anregen. […]

121. Die Bereitschaft, Verantwortung zu übernehmen, ist die vornehmste Führereigenschaft. Jeder einzelne, vom ranghöchsten Führer bis zum einfachen Soldaten muß immer bedenken, daß Untätigkeit und Versäumen von Gelegenheiten einen schlimmeren Verweis nach sich ziehen als die falsche Beurteilung bei einem durchgeführten Einsatz. Das Kriterium, nach dem der Führer die Richtigkeit seiner eigenen Entscheidung beurteilt, ist, ob sie die Absichten des übergeordneten Führers fördert. Die Bereitschaft, Verantwortung zu übernehmen, darf sich nicht darin äußern, daß man Befehle aufgrund der bloßen Wahrscheinlichkeit mißachtet, die Lage besser zu kennen als der übergeordnete Führer. Der nachgeordnete Truppenteil ist Teil einer taktischen Einheit, die der übergeordnete Führer zur Durchführung eines bestimmten Auftrags einsetzt, und jedes selbständige Handeln von seiten eines nachgeordneten Führers muß mit dem allgemeinen Plan für den ganzen Truppenteil in Einklang stehen. […]

Verhalten im Gefecht

140. Nachdem er Vorkehrungen für die Befehlsausgabe getroffen hat, nimmt der Führer einen Platz ein, von dem aus er am besten den Gefechtsverlauf kontrollieren und seine Führung ausüben kann. Sein Gefechtsstand bietet den Vorteil fest eingerichteter Nachrichtenverbindungen. Wenn sich die Gelegenheit bietet und seine An-

wesenheit im Gefechtsstand nicht dringend erforderlich ist, besucht er seine untergeordneten Führer und seine Truppe, um Zuversicht einzuflößen und sich zu vergewissern, daß seine Befehle verstanden und richtig ausgeführt werden. [...]

142. Während der entscheidenden Phase des Gefechts ist der Platz des Führers in der Nähe des kritischen Geschehens."

Obwohl auch hier wieder ganze Sätze direkt aus der deutschen Vorschrift stammen, bleibt der allgemeine Eindruck doch etwas anders. So wird das Wissen als erste Eigenschaft des Führers mehr betont. Die Loyalität gegenüber den Vorgesetzten erhält einen höheren Stellenwert („das Kriterium, nach dem der Führer die Richtigkeit seiner eigenen Entscheidung beurteilt, ist, ob sie die Absichten des übergeordneten Führers fördert"), selbständiges Handeln einen geringeren. Obwohl Absatz 106 der amerikanischen Vorschrift eine fast wörtliche Übersetzung des deutschen Absatzes 12 darstellt, werden bezeichnenderweise die Bemerkungen über Kameradschaft zwischen Offizieren und Mannschaften weggelassen. Die Disziplin („Manneszucht") – nach der deutschen Vorschrift „der Grundpfeiler des Heeres" – wird in der amerikanischen Vorschrift kaum erwähnt, was vielleicht etwas über die Funktion des Systems der Militärgerichtsbarkeit aussagt. Statt wie der deutsche Offizier die Anweisung zu bekommen, die Soldaten unter Kontrolle zu halten, wird der amerikanische dazu ermahnt, sie gerecht zu behandeln. Aus Gründen, die weiter unten erklärt werden, war die Hürde, die in der US-Army des Zweiten Weltkrieges die Unteroffiziere vom Offiziersrang trennte, beträchtlich höher als im deutschen Heer. Das wird auch durch die Grußvorschriften und das Fehlen eines umfassenden Begriffes für das gesamte militärische Personal bestätigt, und das war etwas, das auch die Empfehlungen des Doolittle Reports von 1946 nicht änderten. Die Kluft zwischen beiden Gruppen wird durch die Tatsache veranschaulicht, daß ein Soldat, um Offizier zu werden, zuerst formell aus der Army entlassen werden mußte, um dann später wieder einzutreten. Außer Dienst war die Fraternisierung zwischen amerikanischen Offizieren und Unteroffizieren und Mannschaften verboten, woraus sich die kuriose Tatsache ergab, daß weibliche Offiziere (WAC – Women's Army Corps) für Unteroffiziere und Mannschaften unantastbar waren. Eine offizielle Publikation des War Department, von General Marshall persönlich unterzeichnet, stellte überrascht fest, daß man von deutschen Kompaniechefs erwartete, sie sollten ihren Soldaten zum Geburtstag gratulieren.[5] Vielleicht war es auf alle diese Faktoren zurückzuführen, daß 70 bis 80 Prozent aller amerikanischen Unteroffiziere und Mannschaften, die während des Krieges befragt wurden, der Meinung waren, die Offiziere stellten ihr eigenes Wohlergehen über das ihrer Soldaten.[6]

Auswahl der Offiziere

Das deutsche Heer[7]

In den Jahren vor 1914 wurde man Offizier, indem man entweder in eine der zehn Kadettenanstalten eintrat (Friedrich der Große hatte sie gegründet, um den Söhnen von Offizieren und anderen verarmten Adeligen eine billige Ausbildung zu bieten) oder indem man sich an einen Regimentskommandeur wandte.[8] Die Entscheidung darüber, ob man als Offizieranwärter angenommen wurde oder nicht, lag in der Hand des Regimentskommandeurs, der zuerst die soziale Herkunft, Bildung und Religion überprüfte (für Juden war es fast unmöglich, Offizier zu werden) und dann ausgedehnte Gespräche führte, um die allgemeine Eignung festzustellen. Derselbe Kommandeur entschied auch darüber, ob der Anwärter nach Beendigung seiner Ausbildung das Offizierspatent erhalten sollte; seine Entscheidung bedurfte allerdings der Bestätigung durch den Monarchen, aber das war normalerweise nur eine Formsache. Bei der Prüfung der Bewerber achteten die Regimentskommandeure vor allem auf Willenskraft und Verantwortungsbewußtsein – kurz gesagt: der Charakter war ausschlaggebend. Der Charakter, das braucht nicht besonders erwähnt zu werden, wurde oft mit der sozialen Herkunft gleichgesetzt; Männer aus ungeeigneter Familie (und alles, was sich unter der Mittelschicht befand, galt als ungeeignet) brauchten sich nicht zu bewerben.

Obwohl die Bildung bewußt unter dem Charakter eingestuft wurde, stieg doch in dem Vierteljahrhundert vor dem Ersten Weltkrieg das allgemeine Niveau der Schulbildung, wie Tabelle 11.1 zeigt.[9]

Tabelle 11.1: *Bildungsgrad der Fahnenjunker in Preußen und Bayern und der Seekadetten im Deutschen Reich von 1890 bis 1914*

Jahr	1890	1900	1905	1910
Abiturienten unter den Fahnenjunkern in Preußen und Bayern	35 %	44 %	48 %	63 %
Jahr	1895–99	1900–04	1905–09	1910–14
Abiturienten unter den Seekadetten im Deutschen Reich	31,1 %	43,5 %	65,0 %	77,8 %

Quelle: Bald, Lippert, Zabel, Zur sozialen Herkunft des Offiziers, S. 41.

Von den deutschen Bundesstaaten verlangte nur Bayern das Abitur als conditio sine qua non; die anderen waren mit dem Abschluß der Primareife (nach sechs Jahren Gymnasium) zufrieden, und auch hier noch machte man Ausnahmen bei Familien, die als besonders verdient angesehen wurden. Insgesamt war jedoch der Trend zu mehr Bildung nicht aufzuhalten und wurde auch offiziell gutgeheißen. Die Abiturienten erhielten nicht nur bei Erhalt des Offizierspatents eine Vorgabe von zwei Dienstjahren, auch die Aufnahme zur Generalstabsausbildung – das glänzende Ziel, das die große Mehrheit der Offiziere anstrebte – hing davon ab.[10] So groß war das Prestige, das den Offiziersberuf umgab, daß sogar im verhältnismäßig bürgerlichen Bayern die Abiturienten in die Armee strömten, ja, manche gingen sogar so weit, sich bei 30 Regimentern gleichzeitig zu bewerben. In einem Durchschnittsjahr konnten die Behörden eine Flut von 3.000 Kandidaten erwarten, die sich um 154 offene Stellen bewarben; sie hatten eine wirkliche Auswahl.[11]

Der Erste Weltkrieg mit seinem gewaltig gestiegenen Bedarf an Offizieren veränderte diese günstige Situation von Grund auf. Er erzwang eine einschneidende Absenkung der sozialen und bildungsmäßigen Maßstäbe und ermöglichte es allen, die auch nur halbwegs akzeptabel waren, ein Offizierspatent zu erhalten. Als die Ausfälle im regulären Offizierkorps zunahmen, rückten ältere Reservisten und junge Einjährige nach. Seit 1916 begann die Oberste Heeresleitung, als Teil einer Politik, die sich bewußt zum Ziel gesetzt hatte, das zu erhalten, was vom alten Offizierkorps übrig war, seine Mitglieder von der Front abzuziehen und in den Generalstabsdienst zu versetzen, was zu einer weiteren Schwächung der Führung an der Front führte. Man kann die daraus entstehenden Folgen mit Sicherheit als einen der Gründe für die Niederlage Deutschlands im Ersten Weltkrieg ansehen.

Unter dem Zwang, die Zahl der Offiziere drastisch zu verringern, um sich so den Beschränkungen zu unterwerfen, die der Vertrag von Versailles festgesetzt hatte, wählten Noske und Groener 1919 aus 200.000 Mann 3.000 aus. Sie beförderten auch 1.000 verdiente Unteroffiziere und beseitigten so eine der Hauptquellen für die Unzufriedenheit, die die letzten Jahre des Ersten Weltkrieges beeinträchtigt hatte. Diese Männer, die unter denjenigen ausgewählt wurden, die in Kampfverbänden gedient hatten, für Tapferkeit ausgezeichnet worden und mindestens sechs Monate lang als Offizierstellvertreter eingesetzt waren, erhielten in den meisten Fällen ihr Offizierspatent erst nach Beendigung ihrer Ausbildung und Absolvierung der Offizierschule.[12]

Jedoch erst der nächste Chef des Truppenamts – des getarnten Generalstabs der Reichswehr – befaßte sich ernstlich mit der Aufgabe einer Reform des Offizierkorps. General v. Seeckt schloß die Kadettenanstalten und schaffte die Institution der Einjährigen ab. Die offizielle Lehre lautete nun, „vom Wissen zum Können sei ein sehr großer Schritt, vom Nichtwissen aber ein noch größerer."[13] Dementsprechend wurde von den Offizierbewerbern eine Vorbildung verlangt, die sie zum Studium an einer Universität berechtigt hätte, obwohl das Abitur selbst formell nicht Bedingung war. Sein Fehlen konnte durch eine Vor- und Nachprüfung ausgeglichen werden, und diese

Einrichtung öffnete Unteroffizieren und Mannschaften den Weg in eine Offizierslaufbahn und gab ihnen so einen Ansporn dazu, sich anzustrengen.[14]

Seeckt tat auch viel, um die Bildung seiner Offiziere in anderer Hinsicht zu verbessern. Die „Donnerstagsvorträge" wurden eingeführt, und die Wehrkreisprüfung wurde nun obligatorisch statt freiwillig wie früher.[15] Eine beträchtliche Anzahl von Offizieren wurde an Technische Hochschulen abkommandiert, weil dahinter die Auffassung stand, der Mangel an technischem Verständnis[16] sei ein Hauptgrund für die Niederlage im Ersten Weltkrieg gewesen. Diese Maßnahmen zeigten ihre Wirkung, und 1930 waren nicht weniger als 77,6 Prozent der frisch beförderten Offiziere Abiturienten.[17]

In anderer Hinsicht war Seeckt eher ein Restaurator als ein Innovator. Der Charakter blieb für ihn entscheidend, und im Sinne dieser Forderung bestand er darauf, daß die Bewerber Mitglieder von Sportoder Jugendvereinen sein mußten. Noch wichtiger war, daß die Entscheidung darüber, wer Offizier werden sollte, in der Hand der Regimentskommandeure blieb, und erst nach dem Ausscheiden Seeckts 1926 setzte Groener bei der Reichswehr die Einrichtung einer Psychologischen Sonderabteilung durch.

Der Weg zum Offizieranwärter verlief nun folgendermaßen: Die Bewerber stellten sich weiterhin beim Regiment ihrer Wahl vor und wurden dort auf ihren Hintergrund überprüft (Alter, Schulbildung, polizeiliches Führungszeugnis, politische Aktivitäten); wenn sie der Regimentskommandeur akzeptabel fand, wurden sie in ihrem Wehrkreis zu einer Reihe von Prüfungen einberufen, wobei ihnen alle Kosten erstattet wurden.[18] Hier blieben dann die Bewerber zwei oder drei Tage lang, in Gruppen zu fünft oder sechst. Man unterzog sie ausgedehnten Befragungen durch Offiziere und Psychologen aus Simoneits Laboratorium und verlangte von ihnen anstrengende körperliche Übungen (z. B. das wiederholte Erklettern einer glatten Wand mit vollem Gepäck oder das Spannen eines Expanders, durch den ein allmählich stärker werdender elektrischer Strom geleitet wurde), um ihre Willenskraft zu testen; währenddessen zeichnete eine versteckte Filmkamera Gestik und Mimik für die spätere Untersuchung auf. Die technische Geschicklichkeit wurde mittels einer Vielfalt von Instrumenten, einschließlich eines Kinderbaukastens geprüft. Um die pädagogische Begabung zu ermitteln, mußte der Bewerber einer Gruppe von Soldaten – die ständig verfügbar zu sein hatte – beibringen, wie man zum Beispiel aus einem Stück Draht einen Kleiderbügel anfertigte. Man ließ ihn vielleicht auch ein Bild beschreiben, ein Gedicht interpretieren oder schriftlich erklären, wie er einen Ausflug seiner Klasse nach Berlin organisieren würde. „Die charakterologische Prüfung" erreichte nach Simoneit „ihren Höhepunkt" in der sogenannten „Führerprobe" und dem „Schlußkolloquium", d. h. „Anleitungsarbeiten, bei denen der Prüfling seine Kameraden oder Soldaten bei verschiedenartigen Tätigkeiten zu führen hatte". Man ging davon aus, so Simoneit, daß „Menschen andere Menschen nur beeinflussen können, wenn sie sich selbst voll und frei geben".[19]

Das ganze langwierige Verfahren wurde mit einer Befragung durch einen Ausschuß abgeschlossen, der sich aus einem Offizier, einem psychiatrisch geschulten Arzt und einem Psychologen zusammensetzte. Die drei faßten zuerst einzeln ihre Ergebnisse zusammen und trafen sich dann, um eine endgültige Entscheidung zu fällen. Sie wurde schriftlich niedergelegt – es gab kein Punktesystem – und dem Regimentskommandeur zugeschickt, für den sie jedoch formal nicht verbindlich war. Die endgültige Entscheidung lag weiterhin allein bei ihm.

Eines der bemerkenswertesten Kennzeichen dieses Verfahrens war die Tatsache, daß kein systematischer Versuch unternommen wurde, die Intelligenz zu prüfen; denn man ging davon aus, wie es in der H.Dv. 300 hieß, daß der Krieg vor allem eine Sache des Charakters sei.[20] Einem reinen Intelligenztest am nächsten kam die Aufforderung, eine Reihe von 32 Gegenständen verschiedener Größe, Farbe und Form, nach verschiedenen Gesichtspunkten zu ordnen, aber auch hier wurde die Art und Weise, in der der Bewerber seine Aufgabe durchführte, für wichtiger erklärt als die tatsächliche Leistung. Willenskraft und Neigung zu einem Leben im Freien, technische Fähigkeiten und ein kämpferisches Wesen (das sich unter anderem in Aufsässigkeit in der Schule zeigte; eine oder zwei Klassen wiederholt zu haben, galt folglich als Pluspunkt), die Fähigkeit zu repräsentieren und zu führen; das alles – und nicht geistige Leistung an sich – wurde zu den wichtigsten Eigenschaften gezählt, die ein Offizier besitzen mußte.

Die Effektivität dieser Methoden läßt sich nur schwer direkt beurteilen. Da die Prüfung sich über eine so große Bandbreite erstreckte, waren ihre Ergebnisse nur schwer quantifizier- und verwertbar, umso mehr, als man zu der Erkenntnis kam, daß Männer mit ganz verschiedenen Persönlichkeiten gleich gute Offiziere abgeben konnten. Simoneit, der vor allem ein praktischer Mensch war, kümmerte sich wenig um eine theoretische Rechtfertigung seiner Methoden, solange sie Ergebnisse produzierten; er selbst sprach von einer Erfolgsquote von über 80 Prozent (eine Quelle geht sogar von einer 98prozentigen Übereinstimmung zwischen den Bewertungen des Laboratoriums und den späteren Beurteilungen der Anwärter aus), und Gegenbeweise sind bis jetzt noch nicht aufgetaucht. Amerikanische Psychologen, die 1940–1941 für die US-Army über das Verfahren berichteten, äußerten einhellig die Meinung, daß es sich wahrscheinlich als effektiv erweisen werde. Der gleichen Ansicht waren spätere Beobachter, die ausnahmslos die hohe Qualität der deutschen Offiziere vor und während des Zweiten Weltkrieges herausstellten. Es mag sein, wie einer von Simoneits Kritikern schrieb, daß seine Vorstellungen von den Eigenschaften eines Offiziers auf vorgefaßten

Meinungen beruhten und empirisch nicht nachweisbar waren; aber sogar dieser Kritiker nennt seine Methoden „beispielhaft“.[21]

Auch wenn das psychologische Testverfahren der Offizierbewerber während des Dritten Reiches gründlich war, machte doch der ungeheure Bedarf bald in anderer Hinsicht eine Senkung der Maßstäbe notwendig. Vor allem wurden die sozialen und bildungsbezogenen Anforderungen gelockert, was sich auch gut mit der nationalsozialistischen Ideologie vertrug und für manche Leute als Erklärung dafür ausreicht, warum das Offizierkorps, das sich nun zum ersten Mal in seiner Geschichte aus Männern aller Schichten zusammensetzte, in diesem aussichtslosen Krieg bis zum bitteren Ende kämpfte.[22]

Obwohl das Heer, das am 1. September 1939 in Polen einmarschierte, auch eine beträchtliche Anzahl älterer Reserveoffiziere enthielt, die ihre Ausbildung noch in der Reichswehr oder sogar in der Alten Armee erhalten hatte, dazu auch ehemalige österreichische Offiziere, hatte doch die Mehrheit, besonders die dienstjüngeren Offiziere, Simoneits Laboratorium absolviert. Trotzdem war und blieb es ein rein technisches Organ; es konnte Vorschläge machen, aber die Entscheidung über die Zulassung zur Offizierausbildung und über die Ernennung blieb fest in der Hand des Regimentskommandeurs. Man war der Auffassung, daß das unentbehrliche gegenseitige Vertrauensverhältnis unter den Offizieren desselben Truppenteils nur durch dieses dezentralisierte System entstehen und bewahrt werden konnte.

Die US-Army

In der US-Army war während des Zweiten Weltkrieges die „höchste Anforderung“ an einen Offizier die Fähigkeit, Soldaten im Kampf zu führen. Zwar mußten auch Verwaltungsstellen besetzt werden, aber da es notwendig war, daß ein Offizier auch imstande sein mußte, den Posten eines andern zu übernehmen, hielt man besonders bei jüngeren Offizieren ein Übermaß an Spezialisierung nicht für wünschenswert.

Für Offiziere der Landstreitkräfte war die „Fähigkeit, den Dienst von Unteroffizieren und Mannschaften zu leiten und inmitten der Risiken und Unsicherheiten des Kampfes mit anderen Offizieren zusammenzuarbeiten“, wesentliche Voraussetzung. Dies wurde in den Vorstellungen von „Verantwortung und Führung“– und zwar in dieser Reihenfolge – zusammengefaßt.[23]

Obgleich also die Doktrin des Heeres damit klargemacht war, gab es kein eindeutiges Verfahren, um die vage „Entwicklungsmöglichkeit eines Mannes zum Kämpfer oder Führer im Gefecht“ zu ermitteln.[24] Da man keine direkten Verfahren hatte (jedenfalls wäre es äußerst zeitraubend gewesen, sie zu planen, vorzubereiten und anzuwenden) verließ man sich „mehr oder weniger auf indirekte Anhaltspunkte“, unter denen der „Army General Classification Test“ an erster Stelle zu nennen ist.[25] Da dieser Test die Gebildeten bevorzugte, aber auch, weil in Amerika alle Altersgruppen zwischen 18 und 37 und nicht nur 19jährige eingezogen wurden, hatten die amerikanischen Offiziere im allgemeinen eine bessere Schulausbildung als die deutschen; denn 86,5 Prozent hatten die High School absolviert, und nicht weniger als 47,9 Prozent hatten wenigstens eine Zeitlang ein College besucht.[26]

Nach der Eignungsprüfung fuhren die Offiziersbewerber an eine der Offiziersanwärterschulen, von denen es überall im Land eine ganze Reihe gab; die Kosten für Reise und Unterbringung mußten sie selbst tragen. Die eigentliche Auswahl lag in der Hand des Schulkommandeurs und seines Stabes, die die Bewerber befragten.[27] Die Maßstäbe waren verschieden, schlossen aber immer Alter, körperliche Verfassung, Militärdienst, Führungseigenschaften, Lernfähigkeit, staatsbürgerliches Verhalten, Charakter und Schulbildung ein.

Aber auch hier entsprachen wieder die praktischen Instrumente nicht dem von der offiziellen Doktrin aufgestellten Ideal. Es war nicht leicht für einen Schulkommandeur, die Führungseigenschaften zu ermitteln; andererseits waren die Ergebnisse des schriftlichen „Army Classification Test“ leicht zu beschaffen. Daher bleiben sie „das Hauptinstrument der Auswahl“, wie die offizielle Geschichtsschreibung es ausdrückt.[28]

Es lohnt sich, die Unterschiede zwischen dem deutschen und dem amerikanischen Verfahren zusammenzufassen, da sie für die Art und Weise, wie man in beiden Heeren vorging, ausgesprochen typisch sind. Beide sahen Führungseigenschaften als die wichtigste Voraussetzung für Offiziere an, aber während das deutsche Heer sich große Mühe gab, festzustellen, ob diese Eigenschaften vorhanden waren, geschah das bei der US-Army – zweifellos teilweise aus Zeitdruck – nicht. Die Deutschen verlangten Charakter, die Amerikaner Intelligenz. Obwohl die Deutschen ausführlichen Gebrauch von psychologischen Testverfahren machten, lag die Auswahl der Offiziere letztendlich bei denselben Männern, die die Anwärter später ausbilden und sie im Gefecht führen sollten; dagegen war die Auswahl der amerikanischen Offiziere zwischen einem psychologischen Amt und Schulkommandeuren aufgeteilt, die zwar für die Ausbildung verantwortlich waren, aber den Bewerber wahrscheinlich nie mehr sahen, sobald er sein Patent erhalten hatte.[29] Das deutsche Verfahren war also persönlich und dezentralisiert, das amerikanische unpersönlich und zentralisiert.

Hinter diesen Unterschieden verbargen sich natürlich abweichende Vorstellungen vom Wesen der Führung und sogar des Krieges. Die deutschen Offiziere waren vor allem Führer im Gefecht; das Hauptproblem bestand in Simoneits Augen darin, dieses Erfordernis mit dem Bedarf an Erziehern während langer Friedenszeiten in Einklang zu bringen.[30] Obwohl das Erkennen charakterlicher Eigenschaften und eine Voraussage über ihre künftige

Entwicklung ungeheuer schwierige Aufgaben waren, die sicherlich manchmal zu Irrtümern führten (ohne hier von dem Einfluß politischer Erwägungen zu sprechen, die vor 1933 nicht nur jedem leicht rötlich angehauchten, sondern auch den Abkömmlingen der falschen Familien jeglichen Charakter absprachen), kann man doch nicht leugnen, daß die Deutschen sich sehr darum bemühten und dabei als erste Methoden entwickelten, die heute noch von vielen Armeen verwendet werden.

Im Gegensatz dazu war die US-Army hauptsächlich an Intelligenz interessiert; obwohl ihre Offiziere eigentlich Soldaten im Gefecht führen sollten, betrachtete man das hauptsächlich als ein Problem der „Humantechnologie“ (human engineering). Um ein qualifizierter „Personaltechniker“ zu werden, mußte sich ein Offizier die Kniffe eines Handwerks aneignen.[31] Die Unterschiede zwischen beiden Heeren sind daher ganz deutlich.

Ausbildung

Das deutsche Heer

In der Alten Armee durchliefen die Offizieranwärter (d. h. diejenigen, die mit 19 Jahren eingezogen worden waren und keine der Kadettenanstalten absolviert hatten) eine 18monatige Ausbildung, bevor sie das Patent erhielten. Neun Monate davon entfielen auf die Grund- und Vollausbildung und neun auf die Offizierschule.[32] Im Lauf des Ersten Weltkrieges, als der Bedarf an Offizieren wuchs, mußten diese Fristen zunehmend verkürzt werden. 1918 erhielten aktive Offiziere eine dreimonatige Grundausbildung im Ersatzheer, dienten dann drei Monate bei einem Truppenteil des Feldheeres, wurden dann zu einem dreimonatigen Offizierlehrgang geschickt, machten eine Prüfung, kehrten zu einer weiteren Dienstzeit beim Feldheer zurück und bekamen schließlich ihr Patent.[33] Die Ausbildung eines Reserveoffiziers war ähnlich, außer daß die Zeitspanne bei der fechtenden Truppe viel länger war. In der Reichswehr war es dank der durch die Alliierten auferlegten langen Dienstzeiten möglich, die Offizierausbildung zu verlängern und sie gründlicher als je zuvor zu gestalten. Die Anwärter verbrachten nun zwei volle Jahre bei der Truppe (deren Quartiere sie teilten), bevor sie in die Infanterieschule, 1. Lehrgang, aufgenommen wurden, der zehneinhalb Monate dauerte. Dann folgten weitere zehneinhalb Monate an der Waffenschule; die gesamte Zeit vom Beginn der Dienstzeit bis zur Ernennung zum Offizier betrug also fast vier Jahre.[34]

Unter der lenkenden Hand Seeckts wurde die Ausbildung auch inhaltlich revidiert. Dabei wurde zwar die Tradition des deutschen Heeres bestätigt, der Persönlichkeit den Rang vor Wissen und Charakter und diesen wiederum vor dem Intellekt einzuräumen,[35] doch wurde jetzt den sogenannten „wissenschaftlichen“ Fächern mehr Aufmerksamkeit gewidmet. Der Lehrplan der Offizierschulen sah folgendermaßen aus: Taktik – sechs Wochenstunden; Waffentechnik – drei Stunden; Pionierdienst – drei Stunden; Geländekunde, Heeresorganisation und staatsbürgerlicher Unterricht – je zwei Stunden; Flugabwehr, Nachrichten- und Kfz-Technik – je eine Stunde; theoretischer Sportunterricht – eine Stunde; Hygiene – 2/3 Stunden und Militärverwaltung – 1/3 Stunde. Später, wenn ein Offizier seine Ausbildung in einer der Waffenschulen fortsetzte, entfielen einige theoretische Fächer (einschließlich staatsbürgerlicher Unterricht), andererseits gab es zusätzlich zwei bis drei Stunden Militärgeschichte, die sich auf die selbständige Arbeit der Studierenden stützte und in der Bedeutung gleich hinter der Taktik rangierte. Außerdem kamen noch Spezialfächer wie Mathematik, Physik und Chemie hinzu.

Im großen und ganzen blieb dieses System bis 1937 in Kraft. Die Ausbildung blieb dreigeteilt: d. h. Grundausbildung bei der Truppe, Offizierschule und Waffenschule. Darauf folgte eine weitere Dienstzeit bei der Truppe, und ein Anwärter konnte damit rechnen, zwei Jahre nach seinem Eintritt in die Wehrmacht zum Offizier ernannt zu werden. Der Inhalt des Unterrichts an der Offizierschule wurde praxisnäher; auf die Taktik entfielen nun neun Wochenstunden, und an die Stelle des staatsbürgerlichen Unterrichts trat eine Stunde Unterrichtung in den nationalsozialistischen Grundsätzen. Das Reifezeugnis blieb die Mindestvoraussetzung an Schulbildung, doch mußte man sie Ende 1942 fallenlassen.[36] Nach dem Ausbruch des Zweiten Weltkriegs nahm die Tendenz zu, die Formalausbildung an der Offizierschule durch aktive Dienstzeiten an der Front zu ersetzen. So erhielten bis Ende 1942 die künftigen Offiziere zuerst eine sechsmonatige Ausbildung beim Ersatzheer, taten dann drei Monate Dienst an der Front, kehrten für drei Monate an die Offizierschule zurück, dienten weitere zwei bis vier Monate an der Front und wurden schließlich nach einer Dienstzeit von 14 bis 18 Monaten zu Offizieren ernannt. Aber die Verluste unter den Offizieranwärtern während ihrer Frontdienstzeiten waren so groß, daß das Verfahren nochmals geändert werden mußte. Vom Herbst 1942 bis zum Kriegsende gliederte sich der Weg bis zum Offizier in der Regel in die folgenden Stationen (siehe Tabelle auf der Folgeseite).

Darüberhinaus konnten nun Männer, die ursprünglich nicht für die Offizierausbildung vorgesehen waren, sich aber während ihres aktiven Dienstes gut bewährt hatten, von ihren Regimentskommandeuren nach einer Mindestzeit von sechs Monaten, falls sie das Abitur hatten, und nach zwölf Monaten, wenn sie es nicht hatten, für die Offizierausbildung vorgeschlagen werden. Diese Männer, die nach Prinzipien wie „erwiesene Führungseigenschaften […] Persönlichkeit, soldatisches Verhalten und Leistungen“ ausgewählt wurden, kamen dann auf die Offizierschule und kehrten – unter

	Monate
Grundausbildung beim Ersatztruppenteil	3–4
Unteroffizierausbildung beim Ersatztruppenteil	2–4
Zugführerausbildung beim Ersatztruppenteil	
Beförderung zum Unteroffizier	2
Verwendung beim Feldtruppenteil	
Beförderung zum Fahnenjunker	2
Ausbildung beim Fahnenjunkerlehrgang an einer Fahnenjunkerschule	
Beförderung zum Oberfähnrich	3–4
Vollausbildung	2
Insgesamt	14–18

Quelle: Bachelin, Deckung des Offiziersbedarfs, Study D-110, S. 10.

normalen Umständen – zu ihrem eigenen Truppenteil zurück, um dort aus der Hand des Regimentskommandeurs ihre Ernennung zum Offizier entgegenzunehmen. Diese Einrichtung, durch die die Bewährung vor dem Feind zum vorherrschenden Kriterium für die Offizierauswahl wurde, ermöglichte es Zehntausenden von Unteroffizieren und Mannschaften während des Krieges, Offizier zu werden.

Wie immer der Weg des Soldaten zum Offizier verlief, es wird doch deutlich, daß der Dienst an der Front für die beste Ausbildung gehalten wurde, die ein Soldat bekommen konnte. Wenn auch die Umstände es unmöglich machten, an der Einsatzdauer von fünf bis sieben Monaten festzuhalten, die bei Kriegsbeginn festgesetzt worden war, erhielt doch kein Anwärter seine Ernennung zum Offizier, ohne daß er den Ernst des Krieges kennengelernt hätte.

Die US-Army

In den Jahren vor dem Zweiten Weltkrieg dauerte die Offizierausbildung in den amerikanischen Militärakademien wie heute vier Jahre. Aus verschiedenen Gründen ging jedoch der für die Fachgebiete bestimmte Anteil der Ausbildungszeit zurück; ein Midship-man in Annapolis z. B. verbrachte 31,6 Prozent seiner Zeit bei allgemeinbildenden Fächern der Art, die man an jedem College belegen konnte, 31,2 Prozent bei technischen Fächern und nur 37,2 Prozent bei der fachlichen Ausbildung.[38]

In West Point – das damals wie heute anderen als nachahmenswertes Modell diente – tendierte das System, das General Thayer als Kommandeur vor über hundert Jahren eingeführt hatte, dazu, Absolventen hervorzubringen, die vor allem gute Manager waren. Es wurde großer Wert darauf gelegt, alles – auch unter Druck – schnell und effektiv zu erledigen.[39]

Da das Heer klein und außerdem in kleinen Gruppen über das ganze riesige Land verstreut war, gab es nur wenige Möglichkeiten für eine praktische Ausbildung. Daher verbrachten die amerikanischen Offiziere einen großen Teil ihrer Laufbahn an Schulen, wo sie entweder unterrichteten oder selbst unterrichtet wurden, und nur selten erhielten sie ein Kommando über einen ansehnlichen Truppenkörper. Die einzige Ausnahme bildete die unvermeidliche Dienstzeit auf den Philippinen, wo eine größere Garnison es den Offizieren ermöglichte, wenigstens etwas praktische Erfahrung zu sammeln.

Als 1940 die Wiederaufrüstung in Gang kam, stand die US-Army, die damals nur 20.000 reguläre Offiziere zählte, vor der wahrhaft herkulischen Aufgabe, Offiziere für die Führung und Verwaltung einer Streitkraft zu finden, die mit Sicherheit Millionen von Menschen umfassen würde, auch wenn ihre endgültige Größe noch unbekannt war. Anfang 1943 war diese Aufgabe vollendet; innerhalb von zwei Jahren hatte sich das Offizierkorps um mehr als das Dreißigfache vergrößert, und aus dem ursprünglichen Mangel an Offizieren wurde ein Überschuß, der bis zum Kriegsende bestehen blieb.

Da die Kämpfe zu dieser Zeit noch kaum begonnen hatten, gab es wenig Möglichkeiten, Unteroffiziere und Mannschaften auf Grund des Fronteinsatzes zu Offizieren zu ernennen. Schlimmer noch: Der Überschuß bedeutete, daß nach Anfang 1943 einberufenes Personal nur geringe Chancen hatte, Offizier zu werden, ungeachtet ihrer Fähigkeiten. Stattdessen wurden dann die besten von ihnen Unteroffiziere – mit verhängnisvollen Folgen für alle Beteiligten.[40]

Wie alle Soldaten erhielten die künftigen Offiziere in der US-Army zuerst eine 12 -(später 17-)wöchige Grundausbildung. Daran schlossen sich vier Wochen in einer Vorbereitungsschule für Offizieranwärter an, wo Unterricht in Waffenkunde, Taktik kleiner Einheiten, Kartenlesen und Formalausbildung erteilt wurde. Dieser Vorbereitungsunterricht dauerte 17 Wochen und war nach Waffengattungen eingeteilt. In dieser Hinsicht unterschied sich das Verfahren von dem deutschen. Die Gesamtzeit, die ein Soldat von der Einberufung bis zur Ernennung zum Offizier in der Army verbrachte, betrug acht bis neun Monate, doch wurden in einzelnen Fällen Offiziere nach nur sieben Monaten ernannt.[41]

Der Lehrplan einer Offizieranwärterschule (Officer Candidate School), die für die Ausbildung von Offizieren der Panzertruppe zuständig war, wird in Tabelle 11.2 dargestellt.

Außer einer Prüfung in diesen Fächern wurden die Offizieranwärter ständig im Hinblick auf ihr Verhalten im Unterricht, Persönlichkeit, Initiative, Führungseigenschaften usw. beurteilt.[42] Die Leistung wurde nach einem Punkteschema bewertet, doch gab es in der Army dafür keinen einheitlichen Maßstab. Der Mangel an detaillierten Unterlagen macht es unmög-

Tabelle 11.2: *Ausbildung amerikanischer Offiziere (nach Fächern gegliedert)*

Fach	Anzahl der Stunden	
	Allgemein-ausbildung	Fachausbildung
Formalausbildung und Disziplin	99	–
Allgemeine Fächer	52,5	–
Taktik	129	108
Nachrichten	42	–
Radfahrzeuge	50	–
Kettenfahrzeuge	–	46
Schieß- und Geschützausbildung	136	94
Lehrerausbildung	33	–
Orientierung	17	–
Verfügungsstunden	9,5	–
Insgesamt	**568**	**248**

Quelle: Palmer/Wiley, Procurement and Training, S. 363.

lich, den Inhalt der amerikanischen Offizierausbildung mit ihrer deutschen Entsprechung zu vergleichen. Wir können hier jedoch festhalten, daß ein amerikanischer Offizieranwärter eine acht- bis neunmonatige Ausbildung erhielt, während der deutsche Offizieranwärter, je nach dem Zeitpunkt im Krieg, zu dem er eingezogen worden war, eine neun- bis sechszehnmonatige Ausbildung durchlief, zusätzlich zu einem Frontdienst von zwei bis sieben Monaten. Der amerikanische Kadett kam nach seiner Abschlußprüfung in einen „Pool" (schon das bloße Wort war in der deutschen Wehrmacht unbekannt, stattdessen sagte man „Führerreserve") und wurde dann einer der 91 Divisionen der Army zugeteilt, je nachdem, wo eine Planstelle frei war. Der deutsche Anwärter hingegen wurde in dem Regiment zum Offizier ernannt, in dem er schon vorher gedient hatte, und dessen Kommandeur ihn sogar oft namentlich angefordert hatte.

Beförderung

Das deutsche Heer

Die Beförderung in der Alten Armee erfolgte nach dem Dienstalter und war nach heutigen Begriffen unerträglich langsam. Bis ein Leutnant Hauptmann wurde, dauerte es 15 Jahre. Nach weiteren 10 Jahren wurde er Major. Die große Mehrheit der aktiven Offiziere beendete ihre Laufbahn als Major.[43]

Zur Qualifikation für eine bevorzugte Beförderung wurde von einem Offizier die Generalstabsausbildung praktisch als conditio sine qua non verlangt – eine Tatsache, die das verhältnismäßig niedrige Bildungsniveau der unteren Dienstgrade ausschloß. Die Generalstabsoffiziere, die durch Prüfungswettbewerbe ausgewählt wurden und drei bis vier Prozent der Gesamtzahl der Offiziere ausmachten, konnten selbst in Friedenszeiten mit verhältnismäßig schneller Beförderung rechnen.

Dieses Verfahren bot zwar die Garantie dafür, daß es im Heer keinen sturen Kommißknochen wie „Colonel Blimp“[44] gab (ein „Blimp“ wäre entlassen worden, bevor er den Dienstgrad eines Obersten erreicht hätte), es bedeutete aber auch, daß Kompaniechefs und Bataillonskommandeure oft ältere Herren mit zweifelhafter Befähigung waren. Deshalb wurden im Ersten Weltkrieg diese Dienstgrade wiederholt ausgekämmt: 1914 zweimal, 1915 zweimal, 1916 dreimal, 1917 siebenmal (!) und 1918 wieder zweimal.

In der Weimarer Zeit behielt man die wesentlichen Bestandteile dieses Verfahrens bei, obwohl der begrenzte Umfang des Heeres zur Folge hatte, daß die Beförderung noch langsamer vor sich ging als früher. Seeckt leitete allerdings die Reform der Beurteilungsbögen ein, nach denen die Vorgesetzten aller Dienstgrade ihre Untergebenen beurteilten und die das Hauptinstrument der Auswahl darstellten. 1920 kam eine Neufassung heraus, die eine noch stärkere Betonung der charakterlichen Eigenschaften enthielt, d. h. Ehrlichkeit, Selbstlosigkeit, Einsatzbereitschaft und Verantwortungsgefühl. Strebertum war verpönt, während die Fähigkeit, Vertrauen zu bilden und zu erhalten als höchste Tugend bewertet wurde. Um zu verhindern, daß man bei diesem Beurteilungssystem zu leichtes Spiel hatte, wurden die beurteilenden Kommandeure darauf hingewiesen, daß sie unter anderem nach der Qualität der von ihnen abgegebenen Berichte beurteilt würden. Diese mußten kurz abgefaßt sein, aber alles Wesentliche enthalten: Persönlichkeit, Charakter, fachliche Befähigung und Leistungen. Auf Grund dieses Verfahrens konnten Offiziere bei normalem Karriereverlauf damit rechnen, Regimentskommandeure zu werden – eine Stellung, die im deutschen Heer mit beträchtlicher Verantwortung und Prestige verbunden war. Um weiter aufzusteigen, mußte man normalerweise Erster Generalstabsoffizier (Ia) einer Division gewesen sein, also eine Generalstabsausbildung haben. Die nächsthöhere Dienststellung, die eines Divisionskommandeurs, hing in praktisch allen Fällen vom Abschluß dieser Ausbildung ab.

Ein Problem, vor dem die Personalplaner der Reichswehr standen und das sie zu lösen versuchten, war, zu verhindern, daß die begrenzten Beförderungschancen in einem kleinen Berufsheer sich nachteilig auf den Geist des Offizierkorps auswirkten. Das geschah dadurch, daß man neben das Dienstalter die Fähigkeit stellte und außergewöhnlich qualifizierte Offiziere – im Durchschnitt etwa 15 Prozent der Gesamtzahl – auf besonderen Listen führte. Die meisten dieser Offiziere, die auf Grund ihrer Eignung für die nächsthöhere Dienststellung ausgewählt worden waren, waren Generalstäbler; doch konnten in Ausnahmefällen auch andere berücksichtigt werden, und eine unerläßliche Bedingung für die bevorzugte Beförderung eines Generalstabsoffiziers war die Dienstzeit bei einem Fronttruppenteil. Sobald die bevorzugte Beförderung ausgesprochen war, bedeutete sie einen wirklichen Auftrieb für die Karriere (in den Ranglisten war sie mit dem Überspringen von 200–275 Plätzen gleichzusetzen). Die trostlosen Beförderungschancen, die der Vertrag von Versailles geschaffen hatte, wurden auf diese Weise in gewissem Maße korrigiert, allerdings auf Kosten erheblicher Mobilität im Offizierkorps.[45]

Abgesehen davon, daß die Erweiterung des Heeres zu einer schnellen und willkommenen Verjüngung des Offizierkorps führte, wurde das Verfahren auch während der dreißiger Jahre beibehalten. Generalstabsoffiziere wurden weiterhin bevorzugt befördert, genau wie eine kleine Zahl außerordentlich befähigter Truppenoffiziere, die früher als die übrigen befördert werden konnten.[46] Die schnelle Vergrößerung des Offizierkorps, im Verein mit den so entstandenen Möglichkeiten hatte aber auch ihre Nachteile: dies war in der Tat eine Zeit für „Karrieremacher".

Auch das Beurteilungssystem wurde vollständig beibehalten. Truppenoffiziere wurden nun in geraden Jahren, Angehörige des Generalstabs und Generale in ungeraden Jahren beurteilt – eine Einteilung, die den letzteren eine Aufmerksamkeit verschaffte, die in keinem Verhältnis zu ihrer Zahl stand. Zusätzlich zur Angabe der beiden nächsthöheren Dienststellen, für die ein Untergebener geeignet war, hatten die Vorgesetzten ihn als „überdurchschnittlich", „durchschnittlich" oder „unterdurchschnittlich" einzustufen; in Friedenszeiten führte die Einstufung unter dem Durchschnitt automatisch zur Entlassung. Es wurden weder forcierte Vergleiche noch Punktesysteme verwendet. 1938 wurde die Einführung eines Punktesystems vorgeschlagen, aber von der großen Mehrheit der Offiziere mit der Begründung abgelehnt, daß das so erwünschte „plastische Bild" dadurch verlorenginge.[47]

Im Rückgriff auf diese Beurteilungen führte jede Division Offiziers-Bewertungslisten, die in sieben Kategorien unterteilt waren: 1. diejenigen, die für das Oberkommando der Wehrmacht und des Heeres geeignet waren, 2. diejenigen, die für den Generalstab geeignet waren, 3. diejenigen, die für die Adjutantur geeignet waren, 4. Offiziere mit besonderer Eignung für die Lehre, 5. diejenigen, die aus gesundheitlichen Gründen vorübergehend schonungsbedürftig waren, 6. diejenigen, die für die nächsthöhere Dienststellung ungeeignet waren, und 7. diejenigen, die ihre augenblickliche Stelle nicht mehr ausfüllen konnten.

Mit diesen Listen, verbunden mit den Beurteilungen, besaß das Heerespersonalamt ein bewundernswertes Instrument für die Entscheidung über Beförderungen und Verwendungen. Die Offiziere dieses Amtes nahmen außerdem häufig an Manövern und Übungen teil, sie kannten buchstäblich jeden General und jeden Generalstabsoffizier und konnten die Personalpolitik entsprechend gestalten.[48]

In der ersten Kriegshälfte behielt man dieses System, ein Produkt jahrhundertelanger Entwicklung, bei, auch wenn die steigenden Verluste die unvermeidliche Tendenz begünstigten, das Dienstalter geringer und die Leistung höher zu bewerten. Im November 1942 nahm das Heerespersonalamt auf direkten Befehl Hitlers eine Reihe von Reformen in Angriff, die die so geschaffene Situation institutionalisierten:

„Der Führer hat befohlen, daß jeder Offizier (aktiv, d. R. und z. V.), der am Feinde eine Truppe erfolgreich führt und die dazu erforderliche Eignung nachgewiesen hat, zu dem Dienstgrad befördert wird, der seiner von ihm ausgefüllten Dienststelle angemessen ist. Der Führer wünscht, daß darüber hinaus, ohne Rücksicht auf Dienst- und Lebensalter, Offiziere mit außergewöhnlichen Persönlichkeitswerten und Leistungen, die zur Verwendung in maßgebenden Führerstellen geeignet erscheinen, erfaßt und gefördert werden. Eine gleichmäßige Beförderung aller [d. h. nach Dienstalter, d. Verf.] widerspricht dem Leistungs- und Führerprinzip, dem die Wehrmacht in höchster Verantwortung für den Endsieg verpflichtet sein muß."

„Bewußt sind in erster Linie durch diese Verfügung die Frontoffiziere herausgestellt worden. Diese Offiziere sind dem Tode am nächsten, ihnen sollen auch als erste diese Beförderungsmöglichkeiten zugute kommen." (Aus den „Bearbeitungshinweisen" zur Verfügung).[49]

Nach diesem System wurde die Beförderung für Frontoffiziere, vor allem derjenigen, die an die Stelle gefallener Kameraden traten, drastisch beschleunigt. So konnte zum Beispiel ein Leutnant, der eine Kompanie führte, nach nur zwei Monaten in dieser Stellung Oberleutnant werden, und ein als Bataillonsführer fungierender Oberleutnant nach nur sechs Monaten Hauptmann werden.[50] Je länger der Krieg dauerte, desto mehr verstärkte sich der Druck auf die Offiziere, sich die Beförderung durch Fronteinsätze zu verdienen. Seit Juli 1944 konnten sich Generalstabsoffiziere für die Beförderung nur noch durch den Dienst an der Front qualifizieren. Ein neues Charaktermerkmal – „krisenfest" – tauchte in den Beurteilungen auf. Auf ständiges Drängen Hitlers wertete das Heerespersonalamt das Dienstalter immer mehr ab und die charakterlichen Eigenschaften, die oft mit hervorragenden Verdiensten an der Front gleichgesetzt wurden, auf. Die unleugbaren Vorteile des Systems lagen darin, daß es Männer von erwiesener Fähigkeit in den Vordergrund stellte; andererseits trug es dazu bei, die traditionelle Homogenität und den Korpsgeist des Offizierkorps zu zerstören, was vielleicht sogar in Hitlers Absicht lag.[51] Daß die getroffenen Maßnahmen ihre Wirkung nicht verfehlten, wird in Tabelle 11.3 gezeigt, die die planmäßige mit der vorzugsweisen Beförderung in der zweiten Hälfte des Jahres 1943 vergleicht.

Tabelle 11.3: *Vergleich der planmäßigen und vorzugsweisen Beförderungen im Heer (Truppenführer), 2. Halbjahr 1943*

Beförderung zum	Insgesamt	Vorzugsweise Befördg.		Planmäßige Befördg.	
		Anzahl	Prozent	Anzahl	Prozent
Generaloberst	3	3	100,0	–	0,0
General d. Inf. usw.	26	25	96,1	1	3,9
Generalleutnant	86	67	77,9	19	22,1
Generalmajor	154	58	37,7	96	62,3
Oberst	328	198	60,4	130	39,6
Oberstleutnant	309	206	67,7*	103	33,3
Major	984	945	96,0	39	4,0
Insgesamt	1.890	1.502	79,5	388	20,5

Quelle: Keilig, Das deutsche Heer, Bd 3, Ziff. 203, S. 24.
* So im Original. Richtig: 66,6.

Die Zahl der Offiziere jeder Waffengattung, die posthum befördert wurden (d.h. einen Dienstgrad erhielten, der ihrer tatsächlichen Dienststellung entsprach), stand in direktem Bezug zu den Verlusten der jeweiligen Waffengattung, wie die Zahlen in Tabelle 11.4 beweisen.

Tabelle 11.4: *Nachträgliche Beförderungen im deutschen Heer, aufgeschlüsselt nach Waffengattungen*

Waffengattung	Anteil Beförderungen (%)	Anteil an Offz. Verlusten (Gefallene) (%)
Infanterie	57	53
Panzertruppen	19	20
Artillerie	16	18
Pioniere	6	7
Nachrichtentruppen	1	2
Generalstab*	1	–

Quelle: Keilig, Das deutsche Heer, Bd 3, Ziff. 204/1944, S. 5.
* Die Verluste des Generalstabs sind in denen der jeweiligen Waffengattung enthalten.

Gefährlicher Dienst, das wird ganz deutlich, wurde belohnt.

Die US-Army

In der Zwischenkriegszeit erfolgte die Beförderung in der US-Army streng nach Dienstalter. Zwar war 1920 ein Plan für die vorzugsweise Beförderung einer kleinen Zahl außergewöhnlich fähiger Männer unterbreitet worden, doch wurde er mit der Begründung abgelehnt, „es sei in Friedenszeiten unmöglich vorherzusagen, welche jüngeren Offiziere in Kriegszeiten gute höhere Befehlshaber sein würden", und die Army solle sich folglich „auf die allgemeine Leistung des gesamten Offizierkorps mehr als auf eine ‚relativ kleine Zahl brillanter Einzelpersonen' verlassen."[52]

Als die Army 1941 mit ihrer Erweiterung begann, zeigte sich zunehmends ein Mangel an Offizieren, und es wurde eine Entscheidung darüber nötig, welche jüngeren Offiziere zu Stabsoffizieren befördert werden sollten. Folglich trat an die Stelle der Anciennität die Selektion, wobei 60 Prozent aller Empfehlungen von den Truppenkommandeuren gemacht wurden und 40 Prozent dem War Departement vorbehalten blieben.[53]

Diese Regelung war der Grund dafür, daß jeder Teil der Army seinen eigenen Weg ging, und sie führte zu einem beträchtlichen Durcheinander. In einer Weisung vom Juli 1943 ordnete das War Department daher an, daß die Beförderung wieder an die „in der Army herrschenden Quoten" gebunden sein solle, die wiederum auf der in jedem Dienstgrad zugebrachten Zahl der Monate beruhte.[54]

Inzwischen war an die Stelle des Bedarfs von 1941 ein großer Überschuß an Offizieren getreten. Alle Offizierverluste konnten leicht durch Planstellen-Überstärken (die alle Truppenteile führen durften) oder aus Pools von Offizierschulabsolventen im Heimatgebiet gedeckt wurden.

Darüber hinaus hatte der Personalersatz, der aus den Vereinigten Staaten ankam, oft einen höheren Dienstgrad als der, den er ersetzen sollte.[55] Das war ein doppelter Schlag für die Moral: während die Männer in den Kampfeinheiten sich jeder Beförderungschance beraubt sahen, zwang man die Neuzugänge in Stellen, die unter ihrem Dienstgrad lagen.

1944 betrug der Durchschnitt der monatlichen Beförderungen pro Tausend Offiziere 36 bei der Quartiermeistertruppe, 31 bei den Pionieren, 28 bei der Feldartillerie, aber nur 25 bei der Infanterie.[56] Da die Beförderung weiterhin an die Zahl der in den einzelnen Dienstgraden zugebrachten Monate gebunden blieb, gibt es nur eine mögliche Erklärung für diese Durchschnittswerte: in der Infanterie wurden die Offiziere zu Verlusten, noch bevor sie das notwendige Dienstalter erreichen konnten, und an ihre Stelle trat ein ständiger Strom von Ersatzleuten. Ein größerer Gegensatz zum deutschen System wäre undenkbar.

Daneben funktionierte das System der Leistungsbeurteilungen weiterhin. Das Formular enthielt eine Rubrik, die einen Offizier als „unterstes Viertel“ kennzeichnete, aber in der Praxis war es nahezu unmöglich, einen unfähigen Offizier loszuwerden, außer man ließ ihn anderswohin versetzen.[57]

Außerdem bestand eine ausgeprägte Tendenz, die Mehrheit aller Offiziere in das „oberste Viertel“ einzustufen. Das war offensichtlich der Untergang des ganzen Systems und in der Tat ein Hauptgrund dafür, daß bald nach dem Krieg ein neues Verfahren eingeführt wurde, das auf strengem Vergleich zwischen allen Offizieren eines Truppenteils beruhte. Das ganze war ein Versuch, wie er so typisch für die amerikanische Einstellung ist, menschliche Schwächen durch ein Stück angewandte Sozialwissenschaften zu kompensieren.[58]

Exkurs: Das Generalstabssystem

Das deutsche Heer

Bis zur Mitte des Zweiten Weltkriegs war im deutschen Heer die Zugehörigkeit zum Generalstab im Grunde genommen der einzige Weg, auf dem man sich für die bevorzugte Beförderung oder für den Generalsrang qualifizieren konnte. Die Generalstabsoffiziere bildeten einen exklusiven Klub, eine Elite in der Elite; in den Augen der Bevölkerung hatten sie ein Prestige ohnegleichen, ihr Einfluß auf das Leben der Nation stand in keinem Verhältnis zu ihrer Zahl. Die Wirkung des Generalstabs auf die Kampfkraft des Heeres kann gar nicht hoch genug eingeschätzt werden.[59] In der Alten Armee vor dem Ersten Weltkrieg erfolgte die Auswahl für die Kriegsakademie durch eine jährliche Prüfung. Geprüft wurde in den Fächern Taktik, Feldkunde, Pionierdienst, Waffenlehre, Sprachen, Geographie und Geschichte, mit besonderer Betonung der Taktik. Nach 1920 war die Prüfung für alle Offiziere obligatorisch, und die Fächer wurden durch Mathematik, Physik, Chemie und Leibesübungen erweitert. Die Bedeutung der Prüfung kann daran gemessen werden, daß normalerweise fünf Monate Vorbereitungszeit dazu nötig waren. Wie immer unter Seeckt wurden die Ergebnisse nicht nur dazu verwendet, Wissen und Leistung zu beurteilen, sondern auch, um Einsicht in Persönlichkeit und Charakter der Prüflinge zu gewinnen; die Schwierigkeiten der Vorbereitung (die in der Freizeit des Offiziers stattfinden mußte) und die Aufregung um die Prüfung selbst, galten als einer ihrer Hauptvorteile und als eine Art Ersatz für die Belastungen des Krieges.[60] In den Jahren des Nationalsozialismus wurde das Prüfungsverfahren noch erweitert, doch mit geringfügigen Veränderungen (die Naturwissenschaften wurden Wahlfächer und blieben den Offizieren vorbehalten, die eine Laufbahn in einem der technischen Bereiche anstrebten) bis zum Ausbruch des Zweiten Weltkriegs beibehalten. Von da an wurden künftige Generalstabsoffiziere – meistens Hauptleute, die ihre herausragende Befähigung im aktiven Dienst unter Beweis gestellt hatten und oft hoch dekoriert waren – zur Teilnahme an Generalstabslehrgängen von ihren Kommandierenden Generalen abkommandiert. Diese mußten auch Charakter, Bewährung vor dem Feinde, Leistungen im Truppendienst und Gesundheitszustand der Bewerber – und zwar in dieser Reihenfolge – beurteilen. Alle Beurteilungen mußten mit der ausdrücklichen Feststellung enden: „Zur Ausbildung für den Generalstabsdienst geeignet“. Vor 1914 lag das Alter der Bewerber normalerweise zwischen 30 und 35 Jahren; in der Weimarer Zeit ging es auf 25 bis 30 zurück, stieg aber nach 1933 wieder auf 28 bis 32. Die meisten Lehrgangsteilnehmer an der Kriegsakademie waren also Offiziere mit mehrjähriger Erfahrung, aber doch noch nicht zu alt, um etwas Neues zu lernen. Da die Anforderungen außerordentlich hoch waren, blieb die Zahl der erfolgreichen Absolventen immer sehr klein; vor 1914 waren es jedes Jahr 150 bis 160, während der Weimarer Zeit 70 (von denen nur 10 oder 15 auf einen Abschluß des gesamten Lehrgangs hoffen und nur fünf oder zehn als permanente Mitglieder des Stabes aufgenommen werden konnten), und sogar 1936, vor dem Hintergrund eines wachsenden Bedarfs, waren es nur 150 von 1.000. Selbst während des Zweiten Weltkriegs wurden Lehrgänge für Generalstabsoffiziere durchgeführt, an denen jeweils 60 bis 80, und nach 1943, 100 bis 150 Offiziere teilnahmen.

Die Ausbildung an der Kriegsakademie dauerte drei Jahre.[61] Ihr Ziel bestand darin, Fachleute für Operationen hervorzubringen, die vor allem dazu qualifiziert waren, die Stelle des Ersten Generalstabsoffiziers (Ia) einer Division einzunehmen. Taktik und Militärgeschichte bildeten folglich die Hauptfächer, denen mit ziemlichem Abstand die übrigen folgten: Stabsarbeit, Heeresorganisation, Feindnachrichten, Versorgung, Transport, Waffentechnik und Kampf verbundener Waffen, die alle so unterrichtet wurden, daß die überragende Bedeutung der Taktik betont wurde. Unter den nichtmilitärischen Fächern fanden sich Fremdsprachen und während des dritten Ausbildungsjahres (das stets in Berlin stattfand) Außenpolitik, Innenpolitik und Volkswirtschaft, in denen Gastdozenten Vorlesungen hielten. Alljährlich wurde eine Anzahl von Lehrgangsteilnehmern an die Technische Hochschule abgeordnet, um dort Vorlesungen zu besuchen.

Die Ausbildungsmethoden waren gestaffelt. Gruppen von 10 bis 15 Lehrgangsteilnehmern besuchten im ersten Ausbildungsjahr Vorlesungen und gingen dann zu Übungen, Seminaren, selbständigen Arbeiten (meist über Themen aus der Militärgeschichte), der Planung von Manövern und Operationen, Plan- und Kriegsspielen über. Übungen im Hörsaal wechselten mit Übungen im Gelände, und mehrmals im Jahr fanden Generalstabsreisen zu historischen Schlachtfeldern und militärischen Einrichtungen statt. Während des Sommers, in dem kein formeller Unterricht stattfand, wurden die Lehrgangsteilnehmer zu den verschiedenen Waffengattungen abkommandiert, um Einblick in deren Möglichkeiten und Grenzen zu bekommen. Den Höhepunkt des dreijährigen Lehrgangs bildete eine zweiwöchige Generalstabsreise, bei der eine größere Operation simuliert und bis ins kleinste Detail ausgearbeitet wurde. Diese Übung war auch für die abschließende Einstufung der Teilnehmer entscheidend.

Die Auswahl am Ende des Lehrgangs wurde von den Ausbildungsleitern auf Grund ihrer genauen Kenntnis der Teilnehmer, die sie auch bei zwanglosen Besuchen gesellschaftlicher Art gewonnen hatten, vorgenommen (doch in besonders schwierigen Fällen konnten auch die Lehrgangsteilnehmer aufgefordert werden, sich gegenseitig zu beurteilen); es gab keine schriftliche Prüfung. Intelligenz und logisches Denken, schnelle Entscheidungsfähigkeit und ein Blick für das Wesentliche, Kreativität und die Fähigkeit, lange, intensiv, zuverlässig und ohne Ermüdungserscheinungen zu arbeiten, das waren die hauptsächlichen Eigenschaften, die man suchte. Absolventen der Kriegsakademie wurden für eine Probezeit von ein bis zwei Jahren in den Generalstab kommandiert. Erst dann wurden sie in den Generalstab versetzt, mit dem Recht, die begehrten karmesinroten Streifen und die silbernen Spiegel zu tragen und ihrem Dienstgrad „i.G." hinzuzufügen. Sie hatten es geschafft. Als 1939 der Zweite Weltkrieg ausbrach, führten der Mangel an Generalstabsoffizieren und die Erwartung eines nur kurzen Konfliktes zur Schließung der Kriegsakademie. Der dreijährige Lehrgang wurde durch achtwöchige Kurse ersetzt, die die Absolventen in die Lage versetzen sollten, „nach den Weisungen und unter Anleitung der Vorgesetzten in den unteren Generalstabsstellen nutzbringend zu arbeiten." Charakter sowie die Fähigkeit zum selbständigen Denken und Persönlichkeit blieben für die Auswahl entscheidend. Der Unterrichtsstoff blieb streng an der Praxis orientiert, mit starker Betonung von Taktik, Nachschub, Transportwesen, Stabsarbeit, Feindnachrichten und Abwehr. Die Unterrichtsmethoden wurden, soweit möglich, denen der Friedenszeit angenähert, obwohl natürlich die Zahl der Exkursionen usw. eingeschränkt werden mußte. In der Regel wurden 80 Prozent der Absolventen als „für den Generalstabsdienst geeignet" beurteilt; der Rest war entweder „noch nicht geeignet" oder „nicht geeignet".[62]

Im März 1942, als die Verluste zunahmen und der Bedarf an Generalstabsoffizieren bedenkliche Ausmaße annahm, erhielt das System durch eine weitere Umgliederung seine endgültige Gestalt. Angehende Generalstabsoffiziere sollten nun zuerst im Stabe einer Division eine sechsmonatige praktische Ausbildung bekommen; darauf sollten drei Monate Dienst in einem höheren Stab, beispielsweise dem Oberkommando einer Armee, folgen; danach sollten sie acht Wochen bei einem Generalstabslehrgang verbringen, und den Abschluß bildete eine weitere sechsmonatige Probezeit, bevor sie endgültig in den Generalstab aufgenommen wurden. Alles in allem dauerte also die Ausbildung etwa eineinhalb Jahre, und da sie viel praktischen Dienst an der Front einschloß, in Übereinstimmung mit der üblichen deutschen Vorstellung, daß der Krieg der beste Lehrmeister des Krieges sei, führte sie oft zu nicht unerheblichen Verlusten unter den Ausbildungsteilnehmern. Ein bemerkenswerter Aspekt des deutschen Systems war das Fehlen einer Akademie für alle Wehrmachtteile, das sich mit der Begründung erklären läßt, daß das Heer schließlich doch der weitaus wichtigste der drei Wehrmachtteile war und auf die längste Geschichte zurückblicken konnte. In der Tat wurde am 1. Oktober 1935 eine Wehrmachtakademie eingerichtet, aber bei Kriegsausbruch schnell wieder geschlossen; ihr erster Lehrgang soll kein großer Erfolg gewesen sein. Während der Feldzüge in Norwegen und im Mittelmeer funktionierte dennoch die Zusammenarbeit der Wehrmachtteile auf taktischer und operativer Ebene in bewundernswerter Weise (im zweiten Fall hatte interessanterweise ein Luftwaffenoffizier den Oberbefehl). Da die deutschen Kriegsanstrengungen im wesentlichen kontinentalen Charakter trugen, war für das Land vielleicht eine Akademie für alle Wehrmachtteile nicht so nötig wie für Großbritannien und die Vereinigten Staaten.

Während sich alle Fachleute darin einig sind, daß die Ausbildung vor 1939 im großen ganzen ausgezeichnet war, gehen die Meinungen über die Ausbildung im Krieg auseinander und können hier nicht miteinander in Einklang gebracht werden. Stattdessen lohnt es sich, einige Punkte zu wiederholen, die zu einem großen Teil dem System seinen einzigartigen Charakter verliehen: die Existenz einer einzigen alles umfassenden Akademie; die übergroße Betonung des taktischen und operativen Fachwissens bis hin zur Vernachlässigung – wie manche es sagen würden – der Strategie und der höheren Kriegsführung; die große Bedeutung, die dem Charakter des Lehrgangsteilnehmers im Unterschied zu seinem Wissen und seiner Leistung an sich beigemessen wurde; die Tatsache, daß der genauen Kenntnis der Ausbilder über ihre Lehrgangsteilnehmer mehr Vertrauen entgegengebracht wurde als schriftlichen Prüfungen, ganz zu schweigen von Punkteskalen; die Betonung von praktischer Arbeit und formalem Unterricht im Frieden wie im Krieg; die lange Probezeit; die Verwendung der Akademie, zumindest bis 1943, als beinahe einzigem Vehikel zur Beförderung in die höheren Dienstgrade; schließlich die Exklusivität und der Sonderstatus der Generalstabsoffiziere – alles dies waren die Kennzeichen einer Institution, die zu beschreiben ganze Generationen von Historikern seit dem Französisch-Preußischen Krieg niemals überdrüssig wurden.

Die US-Army

Der Generalstab des amerikanischen Kriegsministeriums (U.S. War Department General Staff), der 1903 von Elihu Root gegründet und in mancher

Hinsicht bewußt nach deutschem Vorbild gestaltet worden war, trug trotzdem von Anfang an einen anderen Charakter. Er war, wie schon der Name sagt, sowohl ein Kriegsministerium als auch ein Generalstab. In weit höherem Maß als die deutsche Organisation verband er die allgemeine Verwaltung mit der Führung von Armeen im Krieg, und seine Mitglieder wurden entsprechend ausgebildet. Die Folge davon war, daß Pershing, als er 1917 in den Krieg zog, keine Gruppe von Stabsoffizieren vorfand, die fähig gewesen wäre, auf höchster Ebene Operationen durchzuführen, und er sie sich folglich selbst heranbilden mußte.[63] Die Vorbereitung für den Dienst im Generalstab ging in zwei Stufen vor sich. 1901 wurde die Infanterie- und Kavallerieschule in Fort Leavenworth erweitert und in eine Führungs- und Generalstabsschule (Command and General Staff School) umgewandelt, die einjährige Lehrgänge in Stabsarbeit für Offiziere anboten (in der Regel Leutnants), die wegen ihrer Leistungen empfohlen worden waren. Die Absolventen wurden in der gesamten Army in Stabsstellen verwendet: in der Praxis ein ziemlich verwässertes Gegenstück zum deutschen Truppengeneralstab.

Zur Vorbereitung der Offiziere auf den Dienst im Generalstab selbst wurde 1904 das War College (Kriegsakademie) gegründet, obwohl erst 1922 der Abschluß dieser Einrichtung zur unabdingbaren Voraussetzung erhoben wurde. Um für das War College ausgewählt zu werden, mußte man zunächst Absolvent von Fort Leavenworth sein, doch konnten Offiziere mit hervorragender Beurteilung manchmal diese Stufe überspringen. Hohes Ansehen besaßen Listen derjenigen Offiziere, die für das College geeignet waren; sie wurden als Ansporn für andere veröffentlicht. 1928 enthielt die Liste zum Beispiel die Namen von 1.400 Offizieren der regulären Army und 125 der National Guard. Es ist nicht ganz klar, wieviele Offiziere jährlich das College besuchten. Die Lehrgänge dauerten ein Jahr. Der Auftrag des Colleges – so sagte der stellvertretende Schulkommandeur 1928 in einem Vortrag vor neuen Lehrgangsteilnehmern – bestand darin, Offiziere auf die Führung von Operationen auf höherer Führungsebene, einschließlich der politischen, wirtschaftlichen und sozialen Angelegenheiten, die zur Kriegführung gehören, vorzubereiten; sie über die Aufgabe des Generalstabes in Washington zu unterrichten; sie für gemeinsame Operationen mit der Navy auszubilden und Unterricht über Strategie, Taktik und Logistik von Kriegen der Vergangenheit, besonders des Ersten Weltkriegs, zu erteilen.[64] In der Praxis lag das Übergewicht im Lehrplan auf der Seite der internationalen Beziehungen, der Volkswirtschaft, der Industrie und der Probleme einer Zusammenarbeit der Teilstreitkräfte, da sein Ziel nicht so sehr in der Ausbildung der Offiziere für die Führung im Feld bestand als in der Vorbereitung auf die allgemeinen administrativen Aufgaben des Kriegsministeriums. Gelernt wurde hauptsächlich durch praktische Arbeit. Ausschüsse, Konferenzen und Gastvorträge standen unter der Aufsicht der Lehrgangsteilnehmer selbst. Die

Beziehungen zwischen der Fakultät und den Lehrgangsteilnehmern sollen ungezwungen gewesen sein, zur freien Meinungsäußerung wurde ermutigt.[65] Zusammenfassend kann man sagen, daß sich das War College erheblich von der Kriegsakademie unterschied; während diese die Stabsoffiziere ebenso für den Dienst in Kampfverbänden wie auch für den Dienst im Generalstab selbst ausbildete, bereitete das War College höhere Beamte auf Aufgaben im Kriegsministerium vor, was sich auch aus der oberen Altersgrenze für die Zulassung ergibt: sie lag bei 52 Jahren. Daher konnte es nicht als Hauptinstrument für die Auswahl dienen, oder vielleicht könnte man es anders ausdrücken: die Auswahl begann später als nach dem deutschen System. Der amerikanische Generalstab war weniger exklusiv als der deutsche; einerseits gab es keine Probezeit, andererseits war der Dienst im Generalstab auf vier Jahre begrenzt; danach kehrte der Offizier zu seiner Truppengattung oder seinem Dienst zurück. Dabei mag die amerikanische Furcht vor dem Elitedenken eine Rolle gespielt haben, aber vielleicht auch die Tatsache, daß der Generalstab erst 1933 eigene Abzeichen erhielt.

Angesichts seiner Organisation und Zielsetzung konnte das War College natürlich nicht die große Zahl von Stabsoffizieren hervorbringen, die während des Zweiten Weltkriegs benötigt wurde. Sie wurden in achtwöchigen Lehrgängen ausgebildet, die 1940 in Fort Leavenworth begannen.

Anzahl und Verteilung der Offiziere

Das deutsche Heer

Vor dem Ersten Weltkrieg hatte die Alte Armee eine Stärke von 800.675 Mann, von denen 29.000 (3,6 %) aktive Offiziere waren. Durch die Mobilmachung kamen die Reserveoffiziere hinzu, so daß die Gesamtzahl der einberufenen Offiziere 120.000 (5 %) in einer Armee von 2,4 Millionen Mann betrug.[66]

Die Gesamtzahl der Offiziere, die im Ersten Weltkrieg im Einsatz waren (aktiv und der Reserve), wird auf 325.776 veranschlagt.[67] Wenn diese Zahl stimmt, stellt sie etwa 2,4 Prozent der Männer dar, die in den vier Kriegsjahren einberufen waren. Sie beweist auch die Bereitschaft im deutschen Heer, eher einen Mangel an Offizieren hinzunehmen als Kompromisse hinsichtlich ihrer Qualität zu machen. Wir wissen nur wenig über die Verteilung dieser Offiziere auf die verschiedenen Waffengattungen. Anscheinend hatte die Infanterie 1914 als die am wenigsten technisierte Waffe im Verhältnis weniger Offiziere als das ganze Heer: sie stellte zwar 65 Prozent aller Unteroffiziere und Mannschaften der Friedensstärke, aber nur 53 Prozent aller Offiziere. Im Frieden waren bei einem Infanteriebataillon zwischen 2,57 Prozent und (in einem Jägerbataillon) 3,22 Prozent der Personalstärke Offiziere.[68]

Die Differenz zwischen dem Offizieranteil im gesamten Heer und ihrer Zahl in einem Infanteriebataillon an der Front war daher ziemlich gering. Der Vertrag von Versailles genehmigte 4.000 Offiziere (4 % der Gesamtstärke); dennoch und trotz der günstigen Lage im Hinblick auf die Rekrutierung soll 1933 die Gesamtzahl nur 3.600 betragen haben. Im selben Jahr hatte die Reichswehr 47 Offiziere im Generalsrang, so daß ihr Verhältnis zur Gesamtstärke 1 zu 2.100 betrug. Aber es gibt keine Details über die Verteilung der Offiziere auf die einzelnen Waffengattungen.

Als 1933 die Aufrüstung begann, verlor das Heer 400 Offiziere an die neu aufgestellte Luftwaffe. Etwa 1.100 Offiziere kamen 1934 hinzu, und 1935 war es eine ähnliche Anzahl, so daß nun die Gesamtzahl an die 5.000 heranreichte. In derselben Zeit wuchs aber das ganze Heer um 150 Prozent, so daß der Offizieranteil um die Hälfte absank.

Obwohl 1935 noch mehr Offiziere an die Luftwaffe abgetreten wurden, versetzten die Beförderung von Unteroffizieren, die Reaktivierung von Reserveoffizieren, die Eingliederung von Polizeioffizieren und Neuernennungen das Heer in die Lage, einen Reingewinn von 2.400 Offizieren zu verzeichnen. 1936 sah es so aus, daß von etwa 10.800 Offizieren mehr als die Hälfte nach 1933 ernannt worden waren. Trotzdem sank der Offizieranteil weiter; erst im Herbst 1937 erreichte ihr Prozentsatz im Heer – das nun ca. 590.000 Mann umfaßte – wieder die Hälfte der Weimarer Zahl.[69] 1938 brachte die Eingliederung des österreichischen Bundesheeres einen willkommenen Zuwachs für die Personalstärke. Im Bundesheer war der Offizieranteil proportional größer als im deutschen Heer (2.128 oder 3,6 % in einer Truppe von 58.000 Mann), aber viele von ihnen waren schon älter. Schließlich wurden nur 1.600 in die Wehrmacht übernommen; nicht weniger als 55 Prozent der Generale mußten ihren Abschied nehmen.[70] Tabelle 11.5 stellt die Situation bei der Mobilmachung am 1. September 1939 dar.

Im Juli 1944 machten die Offiziere des Feldheeres auf Regimentsebene 3,7 Prozent, in der rückwärtigen 3,2 Prozent der gesamten Iststärke aus.[71]

Tabelle 11.5: *Verteilung der Offiziere im deutschen Heer (September 1939)*

	Gesamtstärke	Offiziere
Feldheer	2.741.064	81.314 (2,97%)
Ersatzheer	996.040	24.080 (2,41 %)
Infanteriedivision		
Kampftruppen	13.462	457 (3,34 %)
Unterstützungstruppen*	4.293	83 (1,93 %)
Infanteriedivision insgesamt	19.895	540 (3,01 %)

Quelle: Müller-Hillebrand, Heer, Bd 3, S. 255 f.
* einschließlich Feldersatzbataillon

Obwohl die Differenz nicht groß ist, wurden die Offiziere doch deutlich zahlreicher, je näher ein Truppenteil an der Front lag. Tabelle 11.6. zeigt die Verteilung der Wehrmachtoffiziere 1944.

Tabelle 11.6: *Verteilung der deutschen Offiziere – aufgeschlüsselt nach Aufgabenbereichen (1944)*

	insgesamt	aktiv	Reserve
Truppenoffiziere	245.000	55.000 (22,4 %)	190.000 (77,6 %)
Sanitätsoffiziere	28.000	3.000 (10,7 %)	25.000 (89,3 %)
Veterinäroffiziere	9.000	1.000 (11,1 %)	8.000 (88,9 %)
W-Offiziere	5.200	2.200 (42,3 %)	3.000 (57,7 %)
Verwaltungsoffiziere	61.000	11.000 (18,0 %)	50.000 (82,0 %)
Kraftfahrparktr.-Offz.	4.800	1.000 (20,8 %)	3.800 (79,2 %)
Heeresrichter	1.200	400 (33,3 %)	800 (66,7 %)
Insgesamt	345.200	73.600 (21,3 %)	280.600 (78,7 %)

Quelle: Bachelin, Deckung des Offizierbedarfs, Study D-110, S. 22.

Also waren 71 Prozent aller Offiziere Truppenoffiziere, während Verwaltungsoffiziere nur einen Prozentsatz von 17,6 der Gesamtzahl darstellten. 74,7 Prozent aller aktiven Offiziere waren bei der Truppe, im Gegensatz zu nur 67,7 Prozent aller Reserveoffiziere. Proportional am zahlreichsten waren die aktiven Offiziere im Volkssturm, der sich zu dieser Zeit großenteils aus Schwerbeschädigten zusammensetzte, und bei den Heeresrichtern; von diesen Ausnahmen abgesehen waren sie jedoch ziemlich gleichmäßig verteilt.

In Tabelle 11.7 wird die Verteilung der aktiven Offiziere auf die einzelnen Dienstgrade zu verschiedenen Zeiten vor und während des Krieges dargestellt.

Obwohl die Angaben für Mai 1943 nur etwa 20 Prozent aller Offiziere erfassen, macht der Rückgang der Zahl der Generale im gesamten Heer (von 1 : 2.100 im Jahr 1932 auf 1 : 4.600 im Jahr 1944) deutlich, daß es keine Inflation der Dienstgrade gab.[72] Tatsächlich traf vielleicht eher das Gegenteil zu: 1944 hatte die Wehrmacht Hunderte von Bataillonen, die von Majoren, Hauptleuten und sogar Oberleutnants geführt wurden.[73]

Im Mai 1944 fehlten den deutschen Landstreitkräften 5.157 Infanterieoffiziere, 1.407 Panzeroffiziere, 1.827 Artillerieoffiziere, 551 Pionieroffiziere, 429 Nachrichten-, 516 Versorgungsoffiziere und 3.000 Offiziere bei den Heerestruppen, Sicherungseinheiten usw.; der gesamte Fehlbestand belief sich auf 12.887.[74] Unter solchen Bedingungen erhob sich nie die Frage, wie ein Offizier verwendet werden sollte.

Tabelle 11.7: *Dienstgradstruktur des (aktiven) deutschen Offizierkorps von 1932 bis 1943*

	Mai 1932	Okt. 1936	Okt. 1938	Mai 1943
Generalfeldmarschälle	–	1	–	15
Generalobersten	–	1	3	18
Generale	3	16	31	141
Generalleutnante	14	41	87	369
Generalmajore	27	91	140	501
Gesamtzahl der Offiziere im Generalsrang	44 (1,18 %)	150 (1,77 %)	261 (1,59 %)	1.044 (2,44 %)
Obersten	105	328	472	3.077
Oberstleutnante	191	421	872	3.946
Majore	374	1.139	1.303	4.304
Hauptleute und Rittmeister	1.097	2.466	3.161	7.794
Oberleutnante	1.275	1.584	2.006	11.126
Leutnante	638	2.366	8.283	11.418
Insgesamt	3.724	8.454	16.358	42.709

Quelle: Die Zahlen für 1932, 1936 und 1938 entstammen dem Handbuch zur deutschen Militärgeschichte, Bd 4, Abschn. VII, S. 373, die Zahlen für 1943 Keilig, Das deutsche Heer, Bd 3, Ziff. 203, S. 21.

Die US-Army

Ende 1943 hatte die US-Army (einschließlich der Luftwaffe) etwa 600.000 Offiziere. Davon waren 15.000 (2,5 %) Berufsoffiziere aus der Army vor Pearl Harbor; 19.000 gehörten zu den National Guards; 180 000 kamen aus dem Reserveoffizierkorps; 100.000, vorwiegend Spezialisten wie Ärzte, Verwaltungsbeamte und Geistliche, waren direkt aus dem Zivilleben einberufen worden, und 300.000 waren entweder Absolventen der Offizierschule oder der Fliegerschule.[75]

Der Prozentsatz der Offiziere in der US-Army hatte schon immer bedeutend höher gelegen als beim deutschen Heer. 1940 gab es 14.000 Offiziere (5,75 %) bei einer Stärke von 243.095, und bei Kriegsende war diese Zahl auf 885.658 (9,6 %) bei einer Stärke von 8.290.993 angestiegen.[76] In dieser Zahl sind ungefähr 57.000 Warrant und Flight Officers enthalten. Die Offiziere verteilten sich folgendermaßen auf die Dienstgrade (siehe Tabelle 11.8).

1928 wurden die Leutnante zahlenmäßig von den Majoren übertroffen; das Offizierkorps war also deutlich kopflastig. Dagegen hatte die Army 1944 einen Überschuß an jüngeren Offizieren (Leutnant bis Hauptmann), die frisch von der Offizierschule kamen. Im Dezember 1944 betrug die Anzahl der Offiziere bei den Landstreitkräften 485.185 oder 8,8 Prozent bei einer

Tabelle 11.8: *Dienstgradstruktur des amerikanischen Offizierkorps 1928 und 1944*

Dienstgrad	1928	Januar 1944
Generale	keine Angabe	5
Generalleutnante	keine Angabe	28
Generalmajore	keine Angabe	303
Brigadegenerale	keine Angabe	860
Gesamtzahl der Offiziere im Generalsrang	keine Angabe	1.196 (0,17 %)
Obersten	531	7.854
Oberstleutnante	660	19.568
Majore	2.172	48.280
Hauptleute	4.142	130.420
Oberleutnante	2.774	182.294
Leutnante	1.464	283.081
Insgesamt	11.743	672.697

Quelle: Die Angaben für 1928 aus: Hearings before Subcommittee 1 of the Committee on Military Affairs, House of Representatives, 25. Jänner 1928. Die Angaben für 1944 aus: U.S. War Dept., World Wide Strength Index, S. 4.

Gesamtstärke von 5.506.197 Mann.[77] Bei den Army Ground Forces wurde von einem Zahlenverhältnis von 54 Offizieren pro 1.000, bei den Army Service Forces von 97 pro 1.000 ausgegangen. Man kann den Überschuß auf annähernd 50.000 Offiziere berechnen. Um ihn zu reduzieren, hatte man den Truppenteilen schon erlaubt, die Offiziersollstärke im Heimatgebiet um 25, in Übersee um 15 Prozent zu überschreiten. Im Dezember 1944 wurden die Divisionen sogar dazu ermächtigt, bis zu 200 Mann starke Sonderkompanien aufzustellen, die aus Leutnanten bestanden.[78] Alle diese Maßnahmen erwiesen sich jedoch als vergeblich, und die Army – mit der bezeichnenden Ausnahme der Infanterie, die übrigens 70 Prozent aller Verluste erlitt – behielt bis zum Kriegsende ihren Offizierüberschuß. In Tabelle 11.9 ist der Offizieranteil in den verschiedenen Truppenteilen, Kriegsschauplätzen und Waffengattungen als Prozentsatz des Gesamtpersonals aufgeführt.

Im Heimatgebiet selbst stellten die Offiziere 9,3 Prozent des gesamten Personals der ASF, aber nur 7,9 Prozent des Personals der AGF.[79] Aus diesen Zahlen wird deutlich, daß der Prozentsatz der Offiziere um so höher war, je weiter der entsprechende Truppenteil vom tatsächlichen Kampfgeschehen entfernt war.[80]

Tabelle 11.9: *Verteilung der Offiziere in der US-Army (Prozentsatz des Gesamtpersonals)*

Schützenkompagnien a)	Infanterieregimenter b)	Infanteriedivisionen c)	6. Army d)	Übersee Kriegsschauplätze e)	US-Heimatgebiet f)
3,5	5,0	5,7	6,2	8,5	9,1

Quelle: Stouffer u.a., The American Soldier, Bd 2, S. 8; U.S. Dept. of the Army, Replacement Board, Buch 6, Teil 83 und 81; U.S. War Dept. World Wide Strength Index, S. 11.

a) Iststärke 6. Juni 1944
b) Stärke nach Table of Organisation, 10. April 1945
c) Durchschnittliche Iststärke von sechs Infanteriedivisionen, Sixth Army, Herbst 1944
d) Iststärke Herbst 1944
e) Iststärke, ohne Army Air Force
f) Berechnung durch Subtraktion der Stärke im Heimatgebiet von der Gesamtstärke.

Verluste

Das deutsche Heer

Tabelle 11.10 versucht eine Einteilung der Verluste (Gefallene) des deutschen Heeres im Ersten Weltkrieg.

Tabelle 11.10: *Deutsche Gefallene im Ersten Weltkrieg nach Dienstgrad aufgeschlüsselt*

Aktive Offiziere	11.357 = 24,7 %	der Gesamtzahl der aktiven Offiziere
Offiziere des Beurlaubtenstandes	35.493 = 15,7 %	der Gesamtzahl der beurlaubten Offiziere
Unteroffiziere und Mannschaften	1.751.809 = 13,3 %	der Gesamtzahl der Unteroffiziere und Mannschaften

Quelle: Volkmann, Soziale Heeresmißstände, S. 35. Für detailliertere Zahlen s. Vom Sterben des Deutschen Offizierkorps, hrsg. v. Altrock, S. 57 ff.

In Tabelle 11.11 werden die Zahlen für den Zeitraum vom 1. September 1939 bis 31. Dezember 1944 – die sich wiederum nur auf die Gefallenen beziehen – aufgeschlüsselt. Wenn man von den Verlustzahlen des Ersten Weltkrieges ausging, waren bei Kriegsbeginn die Aussichten eines Offiziers, im Kampf zu fallen, doppelt so hoch wie die der Unteroffiziere und Mannschaften; da der Anteil der Offiziere am ganzen Heer auf etwas unter 2,5 Prozent gesunken war, standen diese Aussichten immer noch bei über 150 Prozent.[81] Dieses relative Übergewicht der Offiziere unter den Gefallenen trifft auf jeden untersuchten Feldzug zu sowie auch auf einzelne Truppenteile.[82]

Tabelle 11.11: *Deutsche Gefallene im Zweiten Weltkrieg*

Kriegsjahr	Gesamtzahl	Offiziere
1939/40	73.829	4.357 = 5,9 %
1940/41	138.301	7.813 = 5,6 %
1941/42	445.036	16.960 = 3,8 %
1942/43	418.276	16.484 = 3,9 %
1943/44	534.112	20.696 = 3,9 %
1944/45 bis Dez. 1944	167.335	5.304 = 3,2 %
Insgesamt	1.776.889	71.614 = 4,0 %

Quelle: OKW/AWA/WVW(V), Gesamtausfälle der Wehrmacht, Stand 31. Dezember 1944, BA-MA, H 6/737.

Wenn wir nun dazu übergehen, die Offizierverluste nach ihrer Art zu untersuchen, so bietet sich das in Tabelle 11.12 dargestellte Bild.

Tabelle 11.12: *Offizierverluste des Feldheeres im Zweiten Weltkrieg – aufgeschlüsselt nach Art und Feldzug*

Feldzug	Offiziersverluste in Prozent der Gesamtverluste		
	gefallen	verwundet	vermißt
Polen 1939	4,60	1,95	1,35
Frankreich 1940	4,85	3,10	2,00
Rußland bis 3. August 1941	5,45	3,65	1,90
Rußland bis 3. Oktober 1941	4,37	3,25	1,74
Rußland bis 31. März 1942	3,98	2,98	1,63
Rußland bis 10. September 1942	3,82	2,89	1,40
Rußland bis 31. Juli 1944	3,40	2,85	2,62
Rußland bis 31. Dezember 1944	3,20	2,86	3,01
Gesamtes Feldheer bis 31. Dezember 1944	4,07	?	1,68

Quelle: Müller-Hillebrand, Statistisches System, Study P-011, S. 119 f.

Unter den Gefallenen waren die Offiziere also überdurchschnittlich zahlreich vertreten, bei den Verwundeten entsprach ihre Zahl mehr oder weniger ihrem Anteil an der Gesamtzahl, dagegen fehlen sie auffallenderweise in den Reihen der Vermißten (abgesehen von der zweiten Hälfte des Jahres 1944, als in Rußland und Frankreich gewaltige Kesselschlachten stattfanden). Auch hier gilt wieder das gleiche für jeden einzelnen Truppenteil, der überprüft wurde.[83]

Schließlich können wir noch die Zahl der Offiziere, die nicht bei Kämpfen ums Leben kamen, mit ähnlichen Zahlen für Unteroffiziere und Mannschaften vergleichen. Die Ergebnisse erscheinen in Tabelle 11.13. Sie sind vielleicht kein schlechter Maßstab für die besondere Belastung der Offiziere.

Tabelle 11.13: *Soldaten des deutschen Heeres im Zweiten Weltkrieg, die nicht durch Feindeinwirkung ums Leben kamen*

Kriegsjahr	Unfall, Krankheit, Selbstmord		Vollstreckte Urteile	
	insgesamt	Offiziere	insgesamt	Offiziere
1939/40	14.138	986 = 6,9 %	519	3 = 0,6 %
1940/41	21.296	1.601 = 7,5 %	447	– = 0,0 %
1941/42	38.252	2.333 = 6,0 %	1.637	10 = 0,6 %
1941/43	44.117	2.501 = 5,6 %	2.769	30 = 1,6 %
1943/44	45.312	2.447 = 5,9 %	4.118	51 = 1,2 %
1944/45 bis 31.12.1944	15.186	529 = 3,9 %	206	9 = 4,3 %
Insgesamt	178.301	10.477*= 5,9 %	9.732*	103 = 1,0 %

Quelle: OKW/AWA/WVW (V), Gesamtausfälle der Wehrmacht, Stand 31.12.1944, BA-MA, H 6/737. * Summe nach Aktenstück; Fehlerquelle nicht feststellbar.

Die US-Army

Nach einer bestimmten Quelle betrug die Gesamtzahl aller Verluste der US-Army in den Kämpfen des zweiten Weltkriegs 948.574 (Gefallene, Verwundete, Vermißte, Gefangene und Internierte), von denen 99.954 oder 10,5 Prozent Offiziere waren.[84] Von den 175.407 im Kampf Gefallenen waren 24.546 Offiziere (13,9 %); von den 598.528 Verwundeten (einschließlich derjenigen, die später an ihren Verwundungen starben) waren es 39.936 (6,6 %); von den 174.639 Vermißten, Gefangenen und Internierten waren es 34.487 (19,7 %). Überdurchschnittlich stark waren die Offiziere also bei den Gefallenen vertreten, beträchtlich unter dem Durchschnitt lag ihre Zahl bei den Verwundeten, und noch höher über dem Durchschnitt lag sie bei den Vermißten, Gefangenen und Internierten. Ihr Anteil an den Verlusten lag also etwas – aber nicht viel – über ihrem Anteil an der gesamten Army.

Diese Zahlen ergeben also ein ganz anderes Bild als das deutsche und lassen sich nur dadurch erklären, daß die US-Army auch die Luftwaffe einschloß. Bei der Luftwaffe war einer von sechs Männern Offizier, ein Anteil, der beim fliegenden Personal noch höher lag. Das erklärt weitgehend die unverhältnismäßig hohen Zahlen bei Vermißten, Gefangenen und Internierten. Bei den Landstreitkräften allein betrugen die Verluste im Kampf 829.760, von denen 48.216 oder 5,8 Prozent Offiziere waren. Die Offiziere stellten 6,6 Prozent der im Einsatz Getöteten, 5,5 Prozent der Verwundeten und 5,3 Prozent der Vermißten, Gefangenen und Internierten. Diese Zahlen liegen erheblich unter dem Anteil der Offiziere in den Landstreitkräften, andererseits entsprechen sie ziemlich genau dem Offizieranteil in den Army Ground Forces, der 54 pro 1.000 betragen haben soll. Mit andern Worten: Offiziere in AGF-Truppenteilen hatten an den Verlusten einen Anteil, aber auch nicht viel mehr als das. Andererseits war das bei der großen Zahl derjenigen, die bei den Army Service Forces ihre Zuflucht gesucht hatten, eindeutig nicht der Fall. Die Offiziere waren in ASF-Truppenteilen zwar im Verhältnis 97 zu 1.000 vertreten, aber ihre Verlustrate betrug bei den Nachrichtentruppen nur 7,2 Prozent aller Verluste und in der Quartiermeistertruppe sogar nur 5,3 Prozent. Für die übrigen Unterstützungstruppen können ähnliche Zahlen beigebracht werden. Eine Untersuchung der Verlustmeldungen vom europäischen Kriegsschauplatz stützt diese Interpretation. Zwischen dem 6. Juni 1944 und dem 6. September 1944 finden sich 82,9 Prozent aller Verluste bei der Infanterie, hingegen nur 9,4 Prozent aller Verluste bei den Unterstützungstruppen (Pioniere, Sanitätstruppe, Nachrichten- und Quartiermeistertruppe, Militärpolizei, Chemische Kriegführung und Transporttruppe zusammengenommen). Am 21. Dezember 1944 waren

Tabelle 11.14: *Nicht kampfbedingte Lazaretteinweisungen in der US-Army, aufgeschlüsselt nach Art und Dienstgrad*

Ursache und Einweisungsgebiet	Lazaretteinweisungsrate je 1 000 (männlich) 1942–1945	
	Offiziere	Mannschaften
Nicht kampfbedingte Einweisungen, alle Gebiete	507	680
US-Heimatgebiet	480	678
Alle Übersee-Kriegsschauplätze	554	683
Einweisung wegen Krankheit	454	601
US-Heimatgebiet	434	611
Alle Übersee-Kriegsschauplätze	490	588
Einweisung wegen nicht kampfbedingter Verletzungen	53	79
US-Heimatgebiet	46	67
Alle Übersee-Kriegsschauplätze	64	95

Quelle: US-Army, Medical Department, Medical Statistics in World War II, S. 27.

jedoch nur 19,2 Prozent aller (Erdkampf-)Offiziere auf dem europäischen Kriegsschauplatz in der Infanterie; dagegen befanden sich 40,7 Prozent bei den oben erwähnten Unterstützungstruppen, so daß die Zahl der Offiziere der Unterstützungstruppen die der Infanterieoffiziere um mehr als das Doppelte übertraf.[85] Kommen wir nun zu den nicht kampfbedingten Verlusten. Hier bietet sich das in Tabelle 11.14 dargestellte Bild.

Diese Angaben lassen mindestens zwei Deutungen zu. Die eine läuft darauf hinaus, daß die amerikanischen Offiziere nur wegen ernster Erkrankungen und Verletzungen ins Lazarett eingeliefert wurden; und das würde wiederum sowohl ihre geringere Zahl im Vergleich mit den Mannschaften als auch die längeren Rekonvaleszenzzeiten erklären. Wenn man andererseits die Zahlen der Krankheiten und nicht kampfbedingten Verletzungen als Maßstab für die Belastung wertet, dann könnten sie genauso gut bedeuten, daß die Offiziere der US-Army viel besser lebten als die Mannschaften und daher weniger häufig ins Lazarett eingeliefert werden mußten, daß sie aber verhätschelt wurden, wenn das doch einmal der Fall war. Angesichts fehlender Belege wird es dem Leser überlassen, eigene Schlüsse zu ziehen.

Anmerkungen

1 Lang, Military Institutions, S. 69. Auf dieser und den folgenden Seiten findet sich eine sehr ausführliche Besprechung der Literatur über die verschiedenen Aspekte der Führung und ihre Auswirkungen auf die Soldaten.

2 Horn, The German Naval Mutinies of World War I, New Brunswick, N.J. 1969, S. 32 ff., 68 ff.

3 H.Dv. 300; Hervorhebungen im Original.

4 Shils/Janowitz, Cohesion and Disintegration, S. 198.

5 U.S. Department (Hrsg.), Absence without Leave, S. 14.

6 Stouffer u. a., The American Soldier, Bd 1, S. 227.

7 Handbuch zur deutschen Militärgeschichte, Bd 3, Abschn. 5, S. 88.

8 Eine sehr scharfe Kritik dieser Schulen findet sich in: Das Alte Heer, S. 1–5.

9 1835 legte der sächsische Oberkommandierende in einem Schreiben an seinen König eine klassische Rechtfertigung dieser Politik vor. Zwar lasse sich die Notwendigkeit einer allgemeinen Bildung nicht leugnen, doch dürfe man sie nicht zur Hauptsache werden lassen. Die zunehmende Kompliziertheit des Krieges erfordere Fachwissen sogar bei jüngeren Offizieren, und wenn das in einer gelegentlichen Ablenkung von den täglichen Pflichten resultiere, liege die Schuld daran nicht beim Wissen, sondern in der Art und Weise, wie es vermittelt werde. Für einen praktischen Offizier sei Wissen allein nicht genug, er brauche Können. Aber Können erwerbe man nur durch Wissen. Vgl. Demeter, Das deutsche Offizierkorps, S. 109.

10 Hesse, Militärisches Erziehungs- und Bildungswesen in Deutschland, S. 463–483, bes. S. 472.

11 Rumschöttel, Bildung und Herkunft, S. 131, Anm. 177.

12 Robertson, Officer Selection in the Reichswehr, S. 143.

13 Zitiert bei Demeter, Das deutsche Offizierkorps, S. 109 f.

14 Robertson, Officer Selection, S. 218 f.

15 Handbuch zur deutschen Militärgeschichte, Bd 4, Abschn. 7, S. 367. Offiziere, die diese Prüfung nicht bestanden (sie konnte wiederholt werden), hatten kaum Chancen, je General zu werden.

16 Demeter, Das deutsche Offizierkorps, S. 112.

17 Errechnet nach Doepner, Zur Auswahl der Offizieranwärter, S. 200–204, 259–263, bes. S. 200, 261.

18 Die obige Darstellung beruht auf Harrell/Churchill, Classification, S. 331–353; Ansbacher, German Military Psychology, S. 370–392; Martin, Examination of Applicants for Commissioned Rank, in: German Psychological Warfare, S. 171–178.

19 Simoneit, Wehrpsychologie, S. 60 f; ders., Leitgedanken über die psychologische Untersuchung des Offizier-Nachwuchses in der Wehrmacht, S. 23 ff.; bes. S. 24; vgl. Masuhr, Zur Unterstützung militärischer Menschenauslese durch soziologische Statistiken (I), in: Soldatentum, 1 (1934), S. 145–161.

20 AdÜ: s. H.Dv. 300, Truppenführung, Einleitung, Ziff. 5: „Daher wiegen im Kriege die Eigenschaften des Charakters schwerer als die des Verstandes."

21 Bigler, Der einsame Soldat, S. 40 ff., bes. S. 43.

22 Vgl. Blumentritt, Warum hat der deutsche Soldat in aussichtsloser Lage bis zum Schluß des Krieges 1939-45 gekämpft? U.S. Army Historical Division, Study B-338, Allendorf 1947, S. 17–20.

23 Palmer/Wiley, Procurement and Training, S. 93.

24 Ebd., S. 10 f.

25 Ebd., S. 12. Die offizielle Geschichtsschreibung gibt keinen Hinweis auf den für Offizieranwärter erforderlichen Intelligenzquotienten. Von Pennington, The Psychology of Military Leadership, S. 166, erfahren wir, daß Männer der Kategorie I „ausgezeichnetes Material [...] für Offizierschulen darstellen." Da sie aber nur 7 Prozent ausmachten, ist es wohl klar, daß viele Männer der Kategorie II ebenfalls Offizier wurden.

26 Menninger, Psychiatry in a Troubled World, S. 110.

27 Wie lange diese Befragungen dauerten, ist unklar. In einer Offizierschule befragte jedoch ein Komitee von vier oder fünf Offizieren Kadetten, die sich bereits in der Ausbildung befanden. Das dauerte 15 Minuten. Die Antworten wurden in einer Punkteskala festgehalten.

28 Palmer/Wiley, Procurement and Training, S. 329. Eine Auswertung stellte später fest, daß zwischen der schriftlichen Leistung und der Beurteilung von Offizieren im Gefecht nur wenig Übereinstimmung bestand; vgl. J. W. Eaton, Experiments in Testing for Leadership, in: American Journal of Sociology, 52 (1947), S. 523–535.

29 Die Zahl der deutschen Veröffentlichungen über die Auswahl von Militärpersonal überstieg die Gesamtzahl der Publikationen in allen anderen Sprachen; Harrell/Churchill, Classification, S. 331.

30 Simonelt, Leitgedanken, S. 27.

31 Pennington, Psychology of Military Leadership, S. 1, 167.

32 Hesse, Militärisches Erziehungs- und Bildungswesen, S. 480. Zum Folgenden ebd., S. 476 ff.

33 Die Länge dieser Zeitspanne ist unbekannt und war auch möglicherweise nicht festgelegt.

34 Hürten, Reichswehr, in: Förster u. a., Verhältnis, S. 9.

35 Befehl Seeckts vom 1. Januar 1921, zit. in Hesse, Militärisches Erziehungs- und Bildungswesen, S. 481.

36 Förster, Wehrmacht, in: ders. u.a., Verhältnis, S. 13–15.

37 H.Dv. g. 151, Mobilmachungsplan für das Heer: E. Erhaltung des Heeres im Kriegszustand, Berlin 1939, §§ 553 ff.
38 Huntington, The Soldier and the State, S. 295. Vergleichbare Zahlen für West Point gibt es nicht, aber auch hier schien die Bedeutung der allgemeinbilden den Fächer zuzunehmen.
39 Eine ausgezeichnete Erörterung des Systems von West Point findet sich in: Joseph Ellis/Robert Moore, School for Soldiers. West Point and the Profession of Arms, New York 1974.
40 Siehe S. 153.
41 Palmer/Wiley, Procurement and Training, S. 260 ff., 352 ff.
42 Ebd., S. 330 ff. Nach diesen Unterlagen neigte das Verfahren dazu, Anwärter hervorzubringen, die Angst davor hatten, Fragen zu stellen, Verantwortung zu übernehmen und die Initiative zu ergreifen. Es soll auch Belege dafür geben, daß sie diese Eigenschaften mit ins Gefecht nahmen.
43 Handbuch zur deutschen Militärgeschichte, Bd 3, Abschn. 5, S. 88 f. Für das Folgende auch: Hofmann, Beurteilungen, Study P 134, S. 14–19.
44 AdÜ: Vom Karikaturisten David Low (1891–1963) erfundene Figur.
45 Spires, Career of the Reichswehr Officer, S. 218 f.
46 Hofmann, Beurteilungen, Study P-134, S. 57.
47 Ebd., S. 44 f.
48 Ebd., S. 23 f. und Anhang D, S. 78–81. Es gab kein System für die Auswertung der Beurteilungen, aber die Offiziere des Heerespersonalamtes versuchten trotzdem, ihre Zuverlässigkeit durch persönliche Bekanntschaft zu überprüfen.
49 Verfügung Hitlers zur Förderung von Führerpersönlichkeiten vom 4./5. November 1942, abgedruckt in: Untersuchungen zur Geschichte des Offizierkorps. Anciennität und Beförderung nach Leistung, hrsg. von H. Meier-Welcker, S. 86, Dok. 20.; Bearbeitungshinweise vom 5. November 1942 ebd., S. 290.
50 Hofmann, Beurteilungen, Study P-134, S. 55 f.
51 Untersuchungen zur Geschichte des Offizierkorps, S. 206.
52 Huntington, The Soldier and the State, S. 297 (z. T. zit. Secretary of War).
53 War Department Press Release, 12 June 1941, NA, file 407/14103/12/B.
54 War Department/Hq ASF/Adjutant General, Memorandum No. S. 605-17-43, 21 July 1943, NA, file 204/58/106-253.
55 Diese Klagen wiederholen sich Dutzende von Malen im Bericht des Replacement Board, Buch 6.
56 Stouffer u. a., The American Soldier, Bd 1, S. 271. Nur bei der Küstenartillerie war die Zahl noch niedriger: 20 auf 1 000.
57 Von 872.000 Offizieren, die von September 1940 bis April 1946 die Army durchliefen, wurden nur 6.700 oder 0,77 Prozent vor „Reclassification Boards" (Neueinstufungsausschüsse) zitiert. 327 wurden degradiert, 2 593 ehrenhaft entlassen, 1.500 unehrenhaft entlassen und 2.250 neu unterstellt. Menninger, Psychiatry in a Troubled World, S. 16.
58 Sissoh, The New Army Rating, in: Personnel Psychology, 1 (1948), S. 365–381.
59 Die Zahl der Arbeiten über den deutschen Generalstab ist Legion: vgl. Görlitz, Der deutsche Generalstab; Erfurth, Die Geschichte des deutschen Generalstabes von 1918 bis 1945, und vor allem Model, Der deutsche Generalstabsoffizier, auf den sich die folgende Darstellung vorwiegend stützt.
60 Spires, Career of the Reichswehr Officer, S. 102.
61 Während der Weimarer Zeit mußten, bedingt durch den Vertrag von Versailles, die ersten zwei Ausbildungsjahre in den jeweiligen Wehrkreisen stattfinden; nur im dritten

wurden diejenigen, die das Auswahlverfahren überstanden hatten, in Berlin konzentriert.

62 Model, Generalstabsoffizier, S. 115, S. 116.

63 Pershing Report, in: Infantry Journal, 15 (1919), S. 691 f.

64 Col. J. L. de Witt, Lecture, 4. Sept. 1928, Center of Military History files, unnumeriert, S. 19 f.

65 Pappas, Prudens Futuri. The US Army War College 1901–1967, Kap. 6.

66 Handbuch zur deutschen Militärgeschichte, Bd 3, Abschn. 5, S. 90 f.

67 Demeter, Das deutsche Offizierkorps, S. 50.

68 Metz, Die deutsche Infanterie, in: Die deutsche Wehrmacht 1914–1939, hrsg. von Wetzeil, Berlin 1939, S. 169–207, bes. S. 169 f.

69 Handbuch zur deutschen Militärgeschichte, Bd 4, Abschn. 7, S. 308.

70 Ebd., S. 310.

71 Berechnet nach den Zahlen im Tätigkeitsbericht des Chefs des HPA, S. 161 f. (19. Juli 1944).

72 Bachelin, Deckung des Offizierbedarfs, Study D-110, S. 22 f.

73 Keilig, Das deutsche Heer, Bd 3, Ziff. 204/1944, S. 4.

74 Ebd.

75 Palmer/Wiley, Procurement and Training, S. 91 f.

76 Zahlen aus Greenfield u.a., Organization, S. 1, 210.

77 U.S. Dept. of the Army, Replacement Board, Buch 2, Teil 19.

78 Adjutant General's Directive, 27. März 1942, Nr. AG 320 (3-20-1942), NA, file 407/4103/12/3 B; ebenso Dept. of the Army, The Personnel Replacement System of the U.S. Army, S. 446.

79 U.S. Dept., World Wide Strength Index, S. 11.

80 Daß der hohe Prozentsatz an Offizieren in der U.S. Army nicht allein auf die größere Mechanisierung zurückzuführen ist, wird auch dadurch belegt, daß bei einer gegenwärtigen Bundeswehrdivision nur 3,6 Prozent des Personals Offiziere sind.

81 Keilig, Das deutsche Heer, Bd 3, Ziff. 204/1.

82 Zum Beispiel das VI. Armeekorps (22. Juni 1941–2. Oktober 1942) und die 9. Armee (30. Juli–10. August 1942), BA-MA RH 20-9/333. Ebenso Heeresgruppe B während der Operationen in Frankreich, vom 1. Juli 1944–13. Dezember 1944, BA-MA, H 6/737.

83 XX. Gebirgskorps, vom 1. September 1939–31. Januar 1945, BA-MA, RH 20-9/333.

84 U.S. Dept. of the Army, The Army Almanac, S. 667 f. Andere abweichende Zahlen, die auch nicht im Kampf erlittene Verluste enthalten, sind zu finden in: Dept. of the Army, Statistical Accounting Branch of the Adjutant General, Army Battle Casualties and Nonbattle Deaths in World War II, S. 5.

85 U.S. Dept. of the Army, Replacement Board, Buch 3, Teil 42.

12. Schlußfolgerungen

Dieses Schlußkapitel hat ein doppeltes Ziel. Erstens ist es notwendig, noch einmal auf das Geheimnis der hohen Kampfkraft des deutschen Heeres zurückzukommen und die ganz andere Situation zu erklären, die zur Schwäche der US-Army in dieser Hinsicht führte. Zweitens – und viel wichtiger – ist es notwendig, das ganze Problem der Kampfkraft in einen viel größeren Zusammenhang zu stellen. Das wollen wir tun, indem wir drei Fragen stellen und den Versuch unternehmen, sie zu beantworten, nämlich:

1. Durch welche Merkmale, die die Kampfkraft fördern, unterscheidet sich die militärische Organisation von der zivilen?
2. Wie und bis zu welchem Grade kann die Kampfkraft unter dem Einfluß organisatorischer Veränderungen, die durch die moderne Technologie bewirkt werden, erhalten werden?
3. Welche Rolle fällt der Kampfkraft neben den anderen Faktoren zu, die den Krieg beherrschen?

Betrachtungen über das deutsche Heer

Das deutsche Heer war eine vorzügliche Kampforganisation. Im Hinblick auf Moral, Elan, Truppenzusammenhalt und Elastizität war ihm wahrscheinlich unter den Armeen des zwanzigsten Jahrhunderts keine ebenbürtig.[1]

Bis zu einem gewissen Grade mögen dazu die Indoktrination mit nationalsozialistischen Ideen, der hohe gesellschaftliche Status des Militärs und (sogar) ein paar Eigenarten des Nationalcharakters beigetragen haben; ohne die innere Organisation des Heeres wäre aber keins davon von Nutzen gewesen. Und dieser Organisation, dem Produkt von jahrhundertelanger Entwicklung und von Lehren, die man ganz bewußt aus den Niederlagen gezogen hatte, gelang es, Kampfkraft hervorzubringen und zu erhalten.

Der durchschnittliche deutsche Soldat im Zweiten Weltkrieg hatte keine Veranlagung zur Psychose. Er kämpfte nicht, um dadurch an Sozialprestige zu gewinnen, jedenfalls nicht nach dem Winter 1941. Normalerweise kämpfte er auch nicht im Glauben an die nationalsozialistische Ideologie – tatsächlich kam in vielen Fällen wohl eher das Gegenteil der Wahrheit näher.[2] Stattdessen kämpfte er aus den Gründen, aus denen Männer schon immer gekämpft haben: Weil er sich als Mitglied einer einheitlichen, gut geführten

Gemeinschaft empfand, deren Struktur, Verwaltung und Funktionieren im großen ganzen und trotz der unvermeidlichen Existenz von Drückebergern und „Goldfasanen" als recht und billig erkannt wurden.

Aufgebaut nach den Grundsätzen von Clausewitz (Krieg als Zusammenstoß unabhängiger Willenskräfte) und traditionell eingeengt durch strikte wirtschaftliche und materielle Beschränkungen (sowohl absolut als auch im Vergleich mit den Gegnern, denen es in einem Zweifrontenkrieg gegenüberstehen würde), reagierte das deutsche Heer durch die Entwicklung einer zielstrebigen Konzentration auf die operativen Aspekte des Krieges, zum Schaden, um nicht zu sagen: unter Außerachtlassen aller übrigen. Da es in allererster Linie eine Kampforganisation war, waren Doktrin, Ausbildung und Organisation des Heeres alle im engeren Sinne auf das Kämpfen ausgerichtet. Indem es sich einen Mittelweg zwischen funktionsbezogenen und leistungsbezogenen Aufgaben suchte, verwendete es verhältnismäßig geringe Kräfte – manchmal vielleicht zu wenig – auf Logistik, Verwaltung oder Management. Es schickte mit großer Systematik und Stetigkeit seine besten Männer nach vorn an die Front und schwächte dadurch bewußt und mit voller Absicht das Hinterland. Im Hinblick auf Bezahlung, Beförderung, Auszeichnungen usw. war seine Organisation darauf angelegt, Kämpfer hervorzubringen und zu belohnen. Es bemühte sich um Qualität und erhielt sie auch. Zweifellos lag darin das Geheimnis seiner Kampfkraft.

Angesichts seiner zielstrebigen Ausrichtung auf die Operationen brauchte das deutsche Heer nicht im selben Maße wie die US-Army ein wissenschaftlich fundiertes Management zu entwickeln; daher war es, nach modernen, ja sogar nach zeitgenössischen Maßstäben, in mancher Hinsicht eine rohe und unfertige Organisation. Zur großen Bestürzung amerikanischer Offiziere, die nach dem Krieg deutsche Soldaten vernahmen, benutzte es weder mechanisierte Verwaltungsmethoden noch Punktesysteme.[3] Es hatte keine Verwendung für Meinungsumfragen, Sozialarbeiter oder Psychoanalyse. Es gab sich mit der Sammlung sehr bescheidener Mengen statistischen Materials zufrieden und bediente sich normalerweise keiner mathematischen Modelle.

An dieser Rückständigkeit war manches durch negative Faktoren wie Konservativismus (die Weigerung, Büromaschinen zu verwenden), mangelndes Interesse (Ablehnung von Meinungsumfragen) und die nationalsozialistische Ideologie (die feindselige Einstellung gegenüber Freud) bedingt. Teilweise war sie aber auch wieder das Produkt positiver Faktoren: Die Entscheidung, ohne bestimmte Arten detaillierter Information auszukommen, verhinderte, daß eine Bedrohung für die Stellung nachgeordneter Führer entstand, und spiegelte gleichzeitig den Wunsch wider, die Papierflut, die die Soldaten belastete, einzudämmen. Bei seinem Versuch, die Verwaltung zu vereinfachen und die Bürokratie zu beschneiden, half dem Heer vor allem die Tatsache, daß es ihm seit 1942 sowieso an fast allem fehlte; so konnte man auch aus der Not eine Tugend machen. In vielen Fällen waren daher Informationen, die amerikanische Kommandobehörden für unentbehrlich gehalten hätten, für die deutschen Stäbe einfach nicht verfügbar, und umgekehrt, wenn sie verfügbar waren, verhinderte das Fehlen mechanischer Datenverarbeitungsmethoden eine rationelle Nutzung. In weit größerem Maße als ihre amerikanischen Kontrahenten waren daher die deutschen Befehlshaber auf allen Ebenen dazu gezwungen, das Wesentliche auszuwählen und sich darauf zu beschränken und es ihren Untergebenen zu überlassen, die Details auszuarbeiten. Das System der Auftragstaktik, die übergenaue Art der Offizierauswahl und der Unterschied, der zwischen allen Leistungsberichten und denen der Stabsoffiziere gemacht wurde, sind nur drei Beispiele für diese gnadenlose Konzentration auf das Wesentliche. Die Unterschiede zwischen beiden Heeren in dieser Hinsicht spiegeln sich in ihren Denkprozessen und in ihrer Sprache wider. Ein deutscher Offizier, der vor einer Aufgabe stand, pflegte zu fragen: „Worauf kommt es eigentlich an?" Ein amerikanischer Offizier, in einer „technischen Einstellung" gegenüber dem Krieg ausgebildet, pflegte sich dagegen zu erkundigen: „Welches sind die Bestandteile des Problems?"[4]

So aufschlußreich solche Unterschiede auch sind, so stoßen sie doch keinesfalls zum Kern der Sache vor. In der Schlußbilanz spiegelte sich im Organisationssystem des deutschen Heeres die wohlerwogene Wahl, die bewußte Entschlossenheit, um jeden Preis das zu erhalten, was für die Kriegführung als entscheidend angesehen wurde: gegenseitiges Vertrauen, die Bereitschaft, Verantwortung zu übernehmen, und Recht und Pflicht der nachgeordneten Führer aller Ebenen, selbständig Entscheidungen zu treffen und auszuführen.

Um Selbständigkeit zu erzeugen, mußte man Freiheit gewähren. Um Männer zur Verantwortlichkeit zu erziehen, mußte man Autorität delegieren. Um Vertrauen zu schaffen, mußte man Verläßlichkeit und langjährige Bekanntschaft garantieren. Ein direktes Ergebnis dieser Erwägungen waren in erster Linie die deutschen Vorschriften, die im Vergleich zu den amerikanischen nicht zu sehr ins Detail gingen und nicht den Versuch unternahmen, im voraus Lösungen vorzuschreiben. Ein dezentralisiertes Verwaltungssystem überließ vieles dem Gutdünken, um nicht zu sagen, der Intuition einzelner Führer und Soldaten, bürdete ihnen aber gleichzeitig direkt die volle und ungeteilte Verantwortung auf. Um die Ungezwungenheit herzustellen, die eine unentbehrliche Voraussetzung für Verläßlichkeit und Vertrauen ist, bewältigte das Ersatzsystem beträchtliche administrative und technische Komplikationen.

Anders ausgedrückt: das deutsche Heer war um die sozialen und psychologischen Bedürfnisse des einzelnen kämpfenden Soldaten herum konstruiert worden. Seine wesentliche, ja entscheidende Bedeutung war vollständig anerkannt, und die Doktrin, Führungstechnik, Organisation und Verwaltung des Heeres waren entsprechend ausgerichtet.

Das alles bedeutete jedoch nicht, daß die deutschen Soldaten – besonders im Vergleich zu den amerikanischen – verhätschelt worden wären. Eher traf das Gegenteil zu: das deutsche Heer sah sich zu allen Zeiten vor allem als Kampforganisation, und die Behandlung, die es seinem Personal zuteil werden ließ, hatte nur den Zweck, dessen Wirksamkeit im Gefecht so weit wie möglich zu steigern. In den Instruktionen eines deutschen Offiziers tangierte die Notwendigkeit, sich um seine Soldaten zu kümmern, ausnahmslos weit hinter dem Gebot, die Kampfkraft aufrecht zu erhalten, und war nur deren Funktion.

Aber die Medaille hat auch eine Kehrseite. Gerade weil seine Kraft fast ausschließlich auf seiner ausgezeichneten Organisation beruhte, war das deutsche Heer sowohl dazu imstande, außerordentlich standhaft zu kämpfen, als auch ungezählte Mengen unschuldiger Menschen kaltblütig abzuschlachten. Die Organisation hatte ihre Soldaten so sehr in der Gewalt, daß es ihnen ganz gleich war, wo, gegen wen und warum sie kämpften. Sie waren Soldaten und taten ihre Pflicht, ohne Rücksicht darauf, ob es zu dieser Pflicht gehörte, eine Offensive im Süden durchzuführen, in der Defensive im Norden zu kämpfen oder Grausamkeiten im Mittelabschnitt zu verüben.

Am Vorabend der Operation Barbarossa, der Invasion Rußlands, die das größte militärische Unternehmen aller Zeiten darstellte, schrieb Friedrich Sachße in sein Tagebuch:

„Folgende Gerüchte gehen um: Der riesige deutsche Aufmarsch sei ein Druckmittel, damit die Russen uns das Durchmarschrecht nach dem Irak einräumen. Übrigens wäre der Transport dorthin ein geradezu phantastisches Unterfangen! Kaukasus, Tiflis! [...] ein Leutnant behauptet, seine Division käme nach Indien. Manche sagen, es käme zum Kampf mit Rußland, andere, alles rolle schon durch. Na, wir werden sehen. Die Hauptsache ist, daß wir bald marschieren und nicht zu spät kommen.“[5]

Und Adolf Hitler, jener große Kenner des deutschen Volkes, drückte es um dieselbe Zeit in einem anderen Zusammenhang so aus: „Dem deutschen Soldaten ist nichts unmöglich!“[6]

Betrachtungen über die US-Army

Zwischen 1940 und 1945 wuchs die US-Army von 243.000 Offizieren und Soldaten zu einer Streitmacht von über 8 Millionen. Mit 89 Divisionen, zusammengesetzt aus Männern, die noch vor kurzem in einem der weniger militarisierten Völker der Welt Zivilisten gewesen waren, überquerte es die Weltmeere, um beim Sieg über zwei so hoch gerüstete Mächte, wie sie die Welt vorher nie gekannt hatte, eine entscheidende Rolle zu spielen. Es ist zweifelhaft, ob eine andere Nation zu solchen Leistungen fähig gewesen wäre, und nicht umsonst hat man ja General Marshall „den Organisator des Sieges“ genannt.

Viele Fehler der US-Army waren eine direkte Folge der zu schnellen Erweiterung. Andere objektive Faktoren spielten aber dabei auch eine Rolle: lange Verbindungswege zum Beispiel verhinderten, daß die amerikanischen Offiziere wie die deutschen ausgebildet wurden, d.h. durch den Einsatz an der Front, und sie waren auch teilweise für die ungeheuer großen Divisionsanteile (division slices) verantwortlich. Außerdem gab es einen hoffnungslosen Fehlbestand an Kadereinheiten. Das erklärt vielleicht, warum das System so zentralisiert sein mußte, und warum infolgedessen mechanische Verwaltungsmethoden in dem Umfang angewandt werden mußten, wie das tatsächlich geschah.

Bei der Entwicklung der US-Army spielte auch Unerfahrenheit eine Rolle, aber sie kann nur begrenzt als Erklärung dienen. Keine Unerfahrenheit, und sei sie auch noch so groß, kann als Entschuldigung für ein grausames Ersatzsystem angeführt werden, das den einzelnen Soldaten ohne Kameraden und Führung von einem Sammelpunkt zum nächsten reisen ließ und ihn dann in die Schlacht schickte, ohne daß die Männer um ihn herum auch nur seinen Namen kannten.[7] Und kein noch so großes Maß an Unerfahrenheit kann als Entschuldigung für ein System dienen, in dem die Offiziere am schnellsten befördert wurden, deren Leben am wenigsten gefährdet war. Keine Unerfahrenheit kann (angesichts der erstklassigen Erfahrungen, die man noch aus dem Ersten Weltkrieg hatte) die Art und Weise entschuldigen, wie man das ganze Problem der psychiatrischen Fälle behandelte. Die Schwerfälligkeit bei der Verleihung von Auszeichnungen ist nicht mit Unerfahrenheit, sondern schlicht und einfach mit bürokratischer Unfähigkeit zu erklären. Und nicht Unerfahrenheit, sondern eine im Krieg unerträgliche Laxheit – wie bewundernswert sie im Frieden auch sein mag – ist die Erklärung für eine Justiz, die von Soldaten begangene militärische Vergehen so behandelte, als seien sie ohne jede Bedeutung.

Bei den oben erwähnten Faktoren ist zu beachten, daß es sich dabei nicht um Leistungen im technischen Bereich handelte, denn das war ein Gebiet, auf dem das amerikanische Heer sich größtenteils mit dem deutschen messen konnte, und ihm sogar oft weit überlegen war. Wir haben zum Beispiel gesehen, daß die amerikanischen Divisionen nicht wesentlich mehr Substanz enthielten als die deutschen; und daß die US-Army logistische Fähigkeiten entwickelte, von denen die Deutschen nur träumen konnten, braucht eigentlich nicht mehr erwähnt zu werden. Nicht auf diesen Gebieten lagen die Schwächen, sondern in der mangelnden Aufmerksamkeit, die man auf die elementarsten psychologischen Bedürfnisse des Soldaten verwendete (paradoxerweise in Verbindung mit einer weitreichenden Bereitschaft, die „Psychologie“ als Entschuldigung zu akzeptieren). Ein Beispiel hierfür war das Verfahren, nach dem Unteroffiziere mit technischer Ausrichtung, aber ohne Führungseigenschaften, ihre besondere Ausbildung erhielten. Noch krasser war die Behandlung der Verwundeten; zwar schnitt der amerikanische Sanitätsdienst erheblich besser im Hinblick auf die Lebensrettung ab als der deutsche, aber die Auswirkung, die diese Tatsache auf die Moral hatte, wurde durch die Art der Behandlung dieser Soldaten nach ihrer Genesung wieder aufgehoben.

Wenn wir nun zum wirklichen Kern der Sache kommen, so hat es fast den Anschein, als ob die US-Army, gestützt auf einen gigantischen Produktionsapparat und vielleicht mit einem Blick über die Schulter auf die Organisation eines Automobilkonzerns, es vorzog, den Krieg nicht so sehr als einen Kampf gegenerischer Heere zu betrachten, sondern als einen Kampf, dessen Ausgang vorwiegend von Maschinen entschieden würde.[8] Daher konzentrierte sie sich nicht so sehr auf die Kampfkraft, sondern darauf, dem Feind mit der größtmöglichen Feuerkraft entgegenzutreten. Es ging ihr auch nicht mehr um Rücksicht auf die Bedürfnisse der Soldaten, sondern um ein wissenschaftlich fundiertes Management und die optimale Verteilung und Entfaltung der Ressourcen. Und die Folge war nicht die zielstrebige Konzentration auf die operativen (für dieses Wort gibt es übrigens keine genaue englische Entsprechung) Aspekte des Krieges, sondern eine ausgewogene Organisation, die auf Koordination und Kontrolle ausgerichtet war. Diese Einstellung führte dazu, daß Männer zu Gehilfen ihrer Maschinen wurden, und sie erklärt auch die Kluft zwischen der „technischen“ Leistungsfähigkeit der Army und der geringen Aufmerksamkeit, die sie auf soziale und psychologische Probleme richtete. Um alle Ressourcen so gut wie möglich einzusetzen, um jeden Mann und jede Schraube am richtigen Ort zu verwenden, bedurfte es einer hochzentralisierten Organisation und ungeheurer Mengen an detaillierter Information. Da es Informationen im Überfluß gab, benötigte man technische Mittel zu ihrer Verarbeitung. Und da man über Büromaschinen verfügte, mußte jede Information in eine Form gebracht werden, die ermöglichte, daß sie so rationell wie möglich verarbeitet werden konnte. Umgekehrt existierte einfach alles, was nicht auf mechanischem Wege zu verarbeiten war, nicht; und unglücklicherweise gehörten dazu genau die seelischen (auch dieses Wort ist im Englischen nur schwer wiederzugeben) Aspekte, die eigentlich den Kern der Kampfkraft ausmachen. Diese Überlegungen, die letztlich auf das eigenartige amerikanische Gleichgewicht zwischen Menschen und Maschinen zurückzuführen sind, erklären vielleicht, warum man die Verwundeten und den Personalersatz so behandelte, wie es der Fall war, warum man Verbände ohne Rücksicht auf die landsmannschaftliche Herkunft zusammenstellte, und warum man Männer ins Gefecht schickte, die weder ihre Kommandeure noch ihre Kameraden kannten. Sie erklären auch vieles an der Art und Weise, in der die Divisionen operierten, und warum es an einem System für die turnusmäßige Ablösung von Truppenteilen fehlte. Vom reinen Management-Standpunkt aus gesehen, der die optimale Koordination der verfügbaren Ressourcen zum Ziel hat, ist das leistungsfähigste System zweifellos dasjenige, das die Menschen so behandelt, als seien sie austauschbare Rädchen. Dabei spielte wahrscheinlich wiederum die Eile, in der die Army aufgestellt wurde, eine maßgebliche Rolle; doch gleichermaßen wichtig war die Entschlossenheit der Kommandobehörden aller Ebenen, die administrative Leistungsfähigkeit über alles zu stellen. Die Informationssucht hatte weitere unglückselige Folgen. Da man einen möglichst hohen Informationsstand für den Schlüssel zum Sieg hielt, setzte man verständlicherweise die Besten und die Intelligentesten an die Aufgabe, ihn herzustellen, Informationen zu beschaffen und zu verarbeiten. Die Zahl der – häufig im Offizierrang stehenden – „Bürohengste" im rückwärtigen Gebiet war ungeheuer, während es der kämpfenden Truppe an hochqualifizierten Kräften mangelte. Die Tatsache, daß in den Waffengattungen, die die höchsten Verluste hatten, die Männer der Tauglichkeitskategorie I und II proportional am wenigsten vertreten waren, und die zweifellos niedrige Zahl von gefallenen Offizieren der Army Ground Forces lassen nur wenig Zweifel daran, daß die amerikanische Demokratie den Zweiten Weltkrieg vorwiegend auf Kosten der „Müden, der Armen und der zusammengekauerten Massen"[9] (Emma Lazarus) führte.

Wenn es wirklich zutrifft, was man so oft behauptet, daß es im Krieg vor allem auf das Offizierkorps ankommt, dann war das amerikanische Offizierkorps des Zweiten Weltkriegs noch weniger als mittelmäßig. Zweifellos waren wenigstens teilweise als Folge des Zeitdrucks die Methoden, die man bei der Auswahl und Ausbildung von Offizieren anwandte, nicht allzu erfolgreich. Viel zu viele Offiziere schoben eine ruhige Kugel hinter der Front, viel zu wenige führten an der Front. Und diejenigen, die doch führten, zeichneten sich oft durch schlechte Führung aus, was die offizielle Geschichte freimütig zugibt und die Verlustziffern bestätigen.[10] Zwischen ihnen und ihren deutschen Kontrahenten ist ein Vergleich schlechterdings unmöglich.

Und doch bleibt schließlich die Tatsache bestehen, daß der amerikanische GI den Zweiten Weltkrieg gewonnen hat. Und darüber hinaus gewann er ihn, ohne allzu viele Menschen zu überfallen, zu vergewaltigen oder auf andere Weise zu belästigen. Wohin er auch kam – sogar in Deutschland selbst – er wurde mit Erleichterung oder jedenfalls ohne Furcht empfangen. Eine größere Anerkennung für ihn ist wohl kaum vorstellbar.

Betrachtungen über das Wesen der militärischen Organisation

Es bleibt uns noch eine Frage zu beantworten, die diese Arbeit seit ihrem Beginn verfolgt hat: wenn die Organisation des amerikanischen Militärs nur so schwache Ergebnisse bei der Erzeugung von Kampfkraft erzielte, wieso war dann die Organisation der amerikanischen Wirtschaft und Industrie so überaus erfolgreich in der Produktion von Kriegsmaterial? Warum zum Beispiel wurde der Volkswagenkonzern nach dem Vorbild von Ford aufgebaut und nicht umgekehrt? Wo liegt der entscheidende Unterschied zwischen Wirtschaft und Krieg, der es den USA ermöglichte, die rationellste und produktivste Wirtschaftsmaschinerie aller Zeiten aufzubauen, aber gleichzeitig verhinderte, daß seine Streitkräfte eine ähnlich eindrucksvolle Kampfkraft entwickelten?

In den letzten Jahren, und besonders seitdem die Soziologen damit begonnen haben, sich für militärische Organisationen zu interessieren, ist es Mode geworden, von den Ähnlichkeiten zwischen Armee und Wirtschaftsunternehmen zu sprechen. Beide werden im wesentlichen als angewandtes Management betrachtet, als Strukturen, deren Funktion darin besteht, menschliches und materielles Potential so zu koordinieren, daß sie zu einem möglichst niedrigen Preis einen möglichst hohen Ertrag produzieren – Tod durch Napalm beispielsweise oder Pulverkaffee.

Mit zunehmender Technisierung der Armeen wird ihre bürokratische Struktur immer komplizierter, und desto größer ist auch die Versuchung, Parallelen dieser Art zu sehen. Mit Recht wird darauf hingewiesen, daß moderne Streitkräfte nur einen kleinen und noch abnehmenden Bruchteil ihres menschlichen Potentials für gefechtsbezogene Aufgaben einsetzen. Ein immer größerer Teil ihres Personals besteht aus Managern, Technikern und Spezialisten jeder Art, deren Arbeit sich wenig, wenn überhaupt, von der vergleichbarer Fachleute im Zivilleben unterscheidet, und mit diesen haben sie oft mehr gemein als mit dem traditionellen Bild des Kämpfers.[11] Sogar das Gefecht selbst, so wird behauptet, ist nicht mehr die rohe und primitive Angelegenheit von ehedem; stattdessen ist es zu einer hochkomplizierten, technologischen Angelegenheit geworden, die zum Beispiel von einem Panzerfahrer Fertigkeiten verlangt – so eine bekannte Autorität – die von denen eines Kranführers gar nicht so sehr verschieden sind.[12]

Darin steckt zugegebenermaßen ein Körnchen Wahrheit. Solange sich der Panzerfahrer bloß in einem Manöver befindet, werden tatsächlich ähnliche Fertigkeiten von ihm verlangt wie von einem Kranführer. Beide brauchen räumliche Orientierung, eine gewisse manuelle Geschicklichkeit, eine gute Kenntnis ihrer Maschine und die Bereitschaft, mit anderen in einem Team zusammenzuarbeiten.

Letztendlich stellen Manöver aber lediglich Spiele dar. In Kriegszeiten, also im Ernstfall,[13] sieht alles anders aus. So wesentlich auch die Fachkenntnisse eines Kranführers für das reibungslose Funktionieren einer Armee sein mögen, sie bilden doch keinen Ersatz für das, was wir in der vorliegenden Arbeit „Kampfkraft“ genannt haben: nämlich die Mischung, in der einen oder anderen Kombination, aus Disziplin und Zusammenhalt, Moral und Initiative, Mut und Härte, der Bereitschaft zu kämpfen und der Bereitschaft, wenn nötig, zu sterben. Ohne diese Eigenschaften ist es inem Kranführer beschieden, bloß Kranführer zu bleiben – ein Techniker, der (solange alles gut geht) zum Dienst an einem vom Kampf weit entfernten, sicheren Ort taugt. Durch das Überwiegen der oben erwähnten Eigenschaften, die zwar schwer faßbar, aber absolut grundlegend sind, unterscheidet sich der Frieden vom Krieg und die wirtschaftliche von der militärischen Organisation. Das ist nicht nur die Ursache dafür, daß die meisten Arbeiten, die sich mit den Ähnlichkeiten zwischen Armeen und Wirtschaftsunternehmen befassen, ihr Ziel verfehlen; auf einer anderen Ebene bedeutet es nichts anderes, als daß eine Armee – und darin besteht ja ihr einzigartiger Charakter – nicht allein auf der Grundlage von Nützlichkeitserwägungen aufgebaut sein kann und aufgebaut sein sollte. Verstand, der im Dienst von Interesse handelt, kann Grundlage für die Entscheidung einer Nation sein, einen Krieg zu beginnen, oder für die Bereitschaft einer Armee zum Kampf; es ist aber eine Frage der Definition, daß keine Art von Nützlichkeitsdenken in der Welt im einzelnen Menschen die Bereitschaft wecken kann, sein Leben herzugeben. In diesem Punkt, der das Wesen der Kampfkraft darstellt, kommt eine völlig andere Gruppe nichtrationaler, sozialpsychologischer Faktoren ins Spiel. Mit anderen Worten: das Wirtschaftsleben beruht auf der Grundlage von Eigeninteresse und Verstand, der ihm dient; andererseits können sich Armeen auf keins von beiden stützen. So sehr jedoch Armeen den Verstand fördern und verwenden sollen, kann er letztlich nicht als Eckpfeiler dienen, auf dem ihr Aufbau ruht. Verstand ist sicherlich wichtig, aber das entscheidende Etwas ist noch wichtiger. Das Problem der Balance zwischen Rationalität und Irrationalität, zwischen Leistungsfähigkeit und Psychologie wird durch die Tatsache noch stärker kompliziert, daß Armeen ja nicht die ganze Zeit entweder im Krieg oder im Frieden verbringen. Anders als Wirtschaftsunternehmen, die ihre Arbeit gestern, heute und immer tun, stehen die Armeen vor dem zusätzlichen Problem – oft in großer Eile und ohne jede Warnung – von einer Art Tätigkeit auf eine andere umschalten zu müssen. Wenn solch ein Wechsel stattfindet, nehmen Führungssysteme, Nachrichtenkanäle, Beziehungen zu Kameraden und die Einstellung zu den verschiedenen Arten von Ressourcen, ja sogar zum menschlichen Leben selbst eine völlig andere Form an. Die gesamte Struktur wird in ihren Grundfesten erschüttert, verändert, verwandelt und von ungeheuren Adrenalinmengen überschwemmt.

Wie wird dann angesichts des unerbittlichen Voranschreitens der Technologie die Balance zwischen Rationalität und Irrationalität gehalten? Kann man die Kampfkraft im Frieden aufbauen und das Nützlichkeitsdenken im Krieg bewahren? Bis zu welchem Grad, wenn überhaupt, können die Anforderungen der modernen Technologie und Organisation mit der Notwendigkeit der Kampfkraft in Einklang gebracht werden?

Betrachtungen über die Auswirkungen der Technologie

Die Technik, das wissen wir seit Adam Smith, hat Spezialisierung zur Folge, und Spezialisierung bedeutet unvermeidlich ein abnehmendes Maß an Flexibilität und allgemeinen Fähigkeiten. Je spezialisierter die (menschlichen oder materiellen) Komponenten eines bestimmten Apparates sind (ganz egal, ob es sich um einen militärischen Apparat handelt oder nicht), desto wichtiger wird es, jede von ihnen am richtigen Ort und von allen andern gemeinsam gestützt einzusetzen. Folglich gewinnen detaillierte und beständige Planung, Kontrolle und Koordination auf höchster Ebene an Bedeutung, und es steht ganz außer Zweifel, daß diese Funktionen angesichts der bloßen Komplexität der modernen Armeen nur mit Hilfe mechanisierter (und daher digitaler) Datenverarbeitungssysteme ausgeführt werden können. Um nur ein einziges Beispiel zu nennen: allein die Tatsache, daß gegenwärtig eine Division der Bundeswehr 900 verschiedene Ausbildungs- und Tätigkeitsnummern (ATN) umfaßt – in der Infanteriedivision des Zweiten Weltkriegs waren es lediglich 40 – reicht schon aus, um das gesamte lockere und dezentralisierte Personalverwaltungssystem der Wehrmacht zu einer historischen Kuriosität zu machen.[14]

Daß das Vordringen der Technologie einen großen Teil der Organisation des deutschen Heeres, wie wir sie hier beschrieben haben, veralten ließ, sei ohne weiteres zugegeben, aber das heißt nicht, daß seine Erfahrung alle Bedeutung verloren hat, und schon gar nicht, daß wir nun unter Ausschluß der Kampfkraft alles der Leistungsfähigkeit opfern sollten. Dies gilt in erster Linie für diejenigen Aspekte des Personalwesens, die in dem Sinne unveränderlich sind, als sie nicht von der Technologie abhängen. Ohne das Prinzip, daß die Offiziere auf jedem Gebiet Führer und Erzieher ihrer Männer sein sollten; ohne ein System militärischer Terminologie und Traditionen, das die grundlegende Einigkeit zwischen Offizieren und Mannschaften, genauso wie ihre Unterschiede garantiert; ohne ein Besoldungs-, Auszeichnungs- und Beförderungswesen, das denjenigen angemessene Belohnung gewährt, deren Leben in größter Gefahr ist; ohne ein Rechtswesen, das den Einzelnen schnell und wirksam schützt (was auf Grund der autoritären Natur der militärischen Organisation besonders nötig ist) und Disziplin durchsetzt; und ohne eine Einstellung, die militärische Vergehen mindestens so streng wie zivile bestraft, da sie sich nicht nur gegen Privatpersonen, sondern gegen die ganze Nation richten; ohne alle diese Grundsätze kann keine Armee erwarten, Kampfkraft zu erzeugen, geschweige denn zu erhalten.

Zwar ist unter modernen Bedingungen eine Organisation wie das deutsche Heer, das sich ganz auf die Operationen spezialisiert hatte, unvorstellbar, doch sollte auch das andere Extrem, das die Rolle der Technischen und der Unterstützungstruppen überbetonte, vermieden werden. Die allererste und wichtigste Aufgabe eines Heeres ist schließlich doch das Kämpfen, sie besteht nicht primär in der Verwaltung des Personals, der Beschaffung von Nachrichten oder etwa der Heranführung von Versorgungsgütern und der Reparatur von Fahrzeugen.[15] Soweit das Auswahl-, Ausbildungs- und Beförderungssystem des deutschen Heeres diese Tatsache berücksichtigte, könnte man auch heute noch einiges von ihm lernen. Wenn wir nun zu den Grundprinzipien der Organisation übergehen, so gibt es dem ersten Anschein nach keinen Grund, warum die Streitkräfte einer großen Nation sich nicht einer regionalen Struktur bedienen sollten, um innerhalb der Truppenteile ein Quentchen sozialer Kohäsion zu gewährleisten (wie es tatsächlich die Bundeswehr praktiziert), oder warum man nicht ein Regimentssystem nach britischem Vorbild trotz der damit verbundenen administrativen Komplikationen beibehalten sollte. Es scheint außerdem auch keinen Grund zu geben, warum große Einheiten nicht an spezifische Ausbildungszentren gebunden sein, ihre Rekruten und ihren Personalersatz in geschlossenen Marschbataillonen erhalten und sie in Feldersatzbataillonen aufnehmen sollten; bei der Bundeswehr gibt es tatsächlich beide Institutionen.

Im Hinblick auf die Details der Personalverwaltung erscheint das Verfahren des deutschen Heeres, den Kompaniechefs und Bataillonskommandeuren die Verantwortung für die Ernennung und Entlassung von Unteroffizieren zu übertragen, immer noch anwendbar und ist auch tatsächlich von mehreren Streitkräften beibehalten worden. Auch ist im Prinzip kein Grund ersichtlich, warum es nicht möglich sein sollte, sogar noch einen Schritt weiter zu gehen und den Regimentskommandeuren ein gewisses Maß an Kontrolle über Auswahl, Ausbildung und Ernennung (möglicherweise nach einer Probezeit) ihrer eigenen Offiziere zu geben. Beide Maßnahmen würden sich bis zu einem gewissen Grade für die Verwaltung als unrationell und sogar unwirtschaftlich erweisen, aber man sollte in jedem Fall sorgfältig prüfen, ob diese Nachteile nicht durch den größeren Zusammenhalt der Truppenteile aufgewogen würden. Ein solches Verfahren könnte durch die Delegierung wichtiger Verantwortung dazu beitragen, den niedrigen sozialen Status zu verbessern, an dem das Offizierkorps der meisten hochentwickelten Länder anscheinend krankt.

In vielen Fällen würde die Organisation moderner Armeen nach diesen Grundsätzen durch das Vorhandensein moderner Datenverarbeitungssysteme eher erleichtert als erschwert werden, da sie ohne weiteres so zu programmieren wären, daß sie die regionale Herkunft und berufliche Qualifikation einerseits und freie Stellen andererseits aufeinander abstimmen könnten. Um noch ein Beispiel zu nennen: man könnte auch Computer und mathematische Modelle verwenden, um die Rotation so zu regulieren, daß die Rückkehr jüngerer Offiziere nach ihrer Ausbildung zu ihren eigenen Truppenteilen möglich wird. Man könnte das Vorhandensein und die Leistungsfähigkeit moderner Kommunikations- und Transportmittel nutzen, um die Verbindung zwischen Front und Hinterland, zwischen Heimatgebiet und Übersee in einem Ausmaß aufrechtzuerhalten, wie es im Zweiten Weltkrieg noch unmöglich war. Kurz gesagt, der technische Fortschritt hat die Erfahrungen des deutschen Heeres im Erreichen hoher Kampfkraft nicht bedeutungslos gemacht. Diese Erfahrung behält immer noch genug Relevanz, um daraus zu lernen. Das sollte jedoch nicht heißen, daß man zu primitiveren Organisations- und Verwaltungsformen zurückkehrt. Vielmehr sollte das wirkliche Lernen aus dem Versuch bestehen, ein Verfahren zu entwickeln, das nicht nur die notwendigen technischen und fachlichen Anforderungen erfüllt, sondern auch den sozialen und psychologischen Bedürfnissen des Menschen Rechnung trägt.

In diesem Zusammenhang ist eine Warnung angebracht. Zwar verfügte das deutsche Heer über eine außerordentlich hohe Kampfkraft, allerdings um den Preis, daß es Soldaten hervorbrachte, für die ein Befehl ohne Rücksicht auf seinen Inhalt ein Befehl war, und von denen man daher erwarten konnte, daß sie nicht nur mit Härte kämpfen, sondern ebenso jede Art von Grausamkeit begehen würden. Kampfkraft um einen weniger hohen Preis hervorzubringen, das ist die wahre Herausforderung für die westlichen Armeen.

Betrachtungen über die Kampfkraft

Wir nähern uns dem Ende unserer Darstellung, und schon kann man die Kritiker fragen hören: Verzerrt diese Arbeit nicht das Wesen des modernen Krieges, wenn sie sich auf die Kampfkraft konzentriert und dabei eigentlich alle übrigen Faktoren ausklammert, die ihn beherrschen? Begeht sie nicht eine Ungerechtigkeit, nicht nur gegenüber der US-Army, sondern an dem gesamten sozialökonomischen, industriell-militärischen Komplex, mit dem die Vereinigten Staaten den Zweiten Weltkrieg führten und gewannen? Schließlich hatte das deutsche Heer zwar eine furchteinflößende Kampfkraft entwickelt, aber doch nur auf Kosten anderer Faktoren, die genauso wichtig waren. Dahinter stand außerdem ein politisches und industrielles System, das, gemessen an seiner reinen Leistungsfähigkeit, mit dem amerikanischen Potential nicht konkurrieren konnte.

Um es noch deutlicher auszudrücken: Man könnte sagen, daß die deutsche Führung von 1939 bis 1945 ihr kriminelles Fehlurteil in bezug auf die Kräfte unter Beweis stellte, die die heutige Welt formen, und daß sie am Ende in gerechter Vergeltung das Leben von vier Millionen Landsleuten opferten und ihr Land in ein Chaos verwandelten, das in der Geschichte ohnegleichen ist. Im Gegensatz dazu setzte die amerikanische Führung, gestützt auf einen hohen Stand der Technologie und ein ungeheuer produktives System der Wirtschaftsorganisation, lediglich das Leben von 300.000 Landsleuten ein – und um diesen vergleichsweise geringfügigen Preis gewann sie nicht nur den Krieg, sondern katapultierte ihr Land in die Stellung der größten Weltmacht, ja tatsächlich fast der einzigen Supermacht. Ist das nicht ein Beweis dafür, daß der moderne Krieg, ja die gesamte moderne Welt von anderen Kräften als der Kampfkraft beherrscht wird?

Meine Antwort auf diesen Einwand lautet so: er verwendet Ergebnisse – in diesem Fall den endgültigen Sieg – als einzigen Maßstab für die Leistung und verfängt sich dabei genau in der Falle, vor der auf der ersten Seite der vorliegenden Arbeit gewarnt wurde. Indem sie eine Unmenge grundlegender Faktoren, die zur deutschen Niederlage führten (den Unterschied in der relativen Stärke der Gegner, um nur den offensichtlichsten zu erwähnen), einfach nicht zur Kenntnis nimmt und es versäumt, innere Eigenschaften zum Messen der Leistung heranzuziehen, verzerrt eine solche Einstellung die Realität in demselben Maß wie eine, die die Kampfkraft als den einzigen Bestandteil des Sieges ansieht. Wir erinnern nochmals an die Formel, die auf der ersten Seite dieser Arbeit verwendet wurde: innerhalb der durch ihre Größe bestimmten Grenzen entspricht der militärische Wert einer Armee der Quantität und Qualität ihrer Ausrüstung, multipliziert mit ihrer Kampfkraft. Diese Formel wird beiden Faktoren, der Moral und dem Material, gerecht, da sie bedeutet, daß das eine das andere nur in begrenztem Maße ersetzen kann und das eine ohne das andere vollkommen wertlos ist. Das trifft heute genauso zu wie früher. Entgegen allem modischen Gerede über elektronische Schlachtfelder und Kriege per Knopfdruck, deutet nichts an der Geschichte der bewaffneten Konflikte, die seit 1945 geführt wurden, darauf hin, daß die Kampfkraft weniger entscheidend geworden wäre, ja, gegen eine Nation, die sich allein auf Technologie und wissenschaftliche Methoden des Managements stützt, könnte ihr in der Tat entscheidende Bedeutung zukommen.

Anmerkungen

1 Eine Parallele, die sich dabei aufdrängt, ist die israelische Armee von 1967 – aber dieser Krieg dauerte statt sechs Jahren nur sechs Tage.

2 In den dreißiger Jahren „emigrierten“ viele Leute ins Heer, gerade weil man es als nicht nationalsozialistisch oder sogar als anti-nationalsozialistisch ansah.

3 Aus diesen Befragungen entstanden die „Studies" ehemaliger deutscher Offiziere, auf die sich die vorliegende Arbeit häufig stützt.

4 Es ist interessant und keineswegs ohne Bedeutung, daß es für viele Schlüsselbegriffe, die in der deutschen Militärliteratur verwendet werden, keine englische Entsprechung gibt. Oft sind sie sogar fast unübersetzbar. Dazu gehören Begriffe wie „Truppenführung", „Verantwortungsfreudigkeit" und natürlich „Kampfkraft".

5 Sachße, Roter Mohn, S. 93 f.

6 Rede am 4. Mai 1941 vor dem Reichstag, in: Domarus, Hitler, Bd 2, S. 1697–1709.

7 Um diesen Mißstand abzustellen, wurde im Koreakrieg das „Kumpelsystem" („buddy System") eingeführt, das es jeweils vier Mann gestattete, gemeinsam die Ausbildung zu absolvieren, zu reisen und ins Gefecht zu gehen.

8 Siehe Luttwak/Canby, Mindset. National Styles in Warfare and the Operational Level of Planning, Conduct and Analysis, bes. S. 4.

9 Anläßlich der Einweihung der Freiheitsstatue in New York 1886 (s. FAZ vom 4. Juli 1986),

10 Greenfield, Organization, S. 316.

11 Siehe Fleishman, Differences between Military and Industrial Organizations, in: Patterns of Administrative Performance, S. 31–38.

12 Van Doorn, The Soldier and Social Change, S. 19 f.

13 Auch dieser Begriff hat keine exakte englische Entsprechung.

14 Man mag bezweifeln, ob diese extreme Spezialisierung tatsächlich nötig ist. Das Urteil hierüber liegt außerhalb der Zuständigkeit des Verfassers. Siehe den Bericht der Kommission des Bundesministers der Verteidigung zur Stärkung der Führungsfähigkeit und Entscheidungsverantwortung in der Bundeswehr, Bonn 1979. Spezialisierung ist natürlich nur ein Glied in einer langen Kette, in der viele Teile gegen die Erlangung hoher Kampfkraft durch die in dieser Arbeit beschriebenen Methoden zu sprechen scheinen. In typisch „modernen" Organisationen neigt die Autorität zur Zersplitterung. Horizontale Kommunikationswege ergänzen oder ersetzen sogar die vertikalen und untergraben so die Stellung von Kommandeuren oder Vorgesetzten. Gerechtigkeit, besonders bei der Verleihung von Belohnungen für eine Leistung, läßt sich immer schwerer durchführen. Die vielen verschiedenen Arten von Ausbildungsgängen, die die verschiedenen Personen durchlaufen, könnten sehr wohl zu einem Rückgang von Homogenität und Zusammenhalt führen. Man könnte die Liste der Schwierigkeiten endlos verlängern.

15 Das gilt im jetzigen Zeitalter der Abschreckung genauso wie in jedem früheren. Man kann die Aufgabe der heutigen Streitkräfte mit den Worten Helmut Schmidts zusammenfassen: „kämpfen zu können, um nicht zu müssen".

Anmerkungen zur Methode

Es war das Ziel der vorliegenden Arbeit, dem Geheimnis der außergewöhnlichen Kampfkraft des deutschen Heeres auf die Spur zu kommen. Dazu wurde die vergleichende Methode gewählt, weil sie allein zuläßt, daß die Fakten für sich sprechen. Um dem Anspruch auf Objektivität gerecht zu werden, mußte der Vergleich „dicht" sein, d. h. soviele verschiedene Punkte enthalten, wie es technisch machbar war. Umgekehrt bedeutete es auch, daß – mit wenigen unwichtigen Ausnahmen – nur beiläufige Hinweise auf andere Streitkräfte zugelassen werden konnten, alle anderen, wie die britischen, russischen oder japanischen, ausgelassen werden mußten. Eine detaillierte Bezugnahme auf das britische Regimentssystem wäre zum Beispiel interessant gewesen, da es als zusätzlicher Beleg für die Bedeutung der geographischen Homogenität und des Truppenzusammenhaltes dienen könnte; im Rahmen der vorliegenden Arbeit wäre jedoch ein isolierter Verweis dieser Art auf reine Demagogie hinausgelaufen. Eine Arbeit, die nur zwei Armeen miteinander vergleicht, geht natürlich gewisse methodische Risiken ein. Da historische Phänomene, von zwei Armeen einmal ganz zu schweigen, sich niemals gleichen, kann man immer beschuldigt werden, man habe zwei verschiedene Dinge miteinander verglichen. Zweifellos war die US-Army anders als das deutsche Heer; sie hatte weit weniger Erfahrung, verließ sich viel mehr auf materielle Ressourcen und spielte innerhalb der gesamten amerikanischen Streitkräfte bei weitem nicht die Rolle wie das deutsche Heer innerhalb der Wehrmacht.

Andererseits sollte man aber die Unterschiede zwischen den beiden Heeren auch nicht übertreiben. Beide bestanden größtenteils aus Männern der weißen Rasse, und beide waren in gewisser Weise Teil der westlichen Welt – wenn auch nur in dem Sinne, daß in beiden kaum Buddhisten oder Shintoisten vertreten waren. Beide waren, gemessen an ihrer Zeit, moderne technisch hochentwickelte Organisationen, die sich einer annähernd ähnlichen Garnitur von Waffen und Ausrüstung bedienten. Schließlich verkörperten beide Heere den Willen ihrer Nationen, den Sieg zu Lande zu erringen, und in diesem Maße vertraten sie auch einen ähnlichen Auftrag. Von einem anderen Standpunkt aus betrachtet ist darüber hinaus der Vergleich zweier verschiedener Streitkräfte der einzig mögliche, denn was ist durch den Vergleich zweier identischer Bereiche zu gewinnen?

Nachdem einmal diese nicht unerheblichen Schwierigkeiten aus dem Weg geräumt waren, erhob sich die Notwendigkeit, den Vergleich selbst zu objektivieren. Der einzige Weg dorthin lag in weitgehendem Vertrauen auf die Statistik, wobei alle anderen Arten von Belegen ausgeschlossen, ja sogar fast außer acht gelassen wurden. Dadurch war es mir beispielsweise unmöglich zu zeigen, ob das deutsche Heer mehr robuste Bauern enthielt (die sich angeblich ausgezeichnet für die Infanterie eignen), oder ob die US-Soldaten Maschinen besser bedienen, obwohl beide Behauptungen, die man so oft in historischen Büchern findet, vielleicht wirklich zutreffen. Deshalb konnte ich auch nicht von der Tatsache Gebrauch machen, daß alle Historiker, mit denen ich mich unterhielt, übereinstimmend der Meinung waren, das deutsche Heer habe im Zweiten Weltkrieg ausdauernder gekämpft als jedes andere – denn über diese Frage hat es bisher noch keine systematische Umfrage gegeben.[1] Unglücklicherweise können die Historiker ihr eigenes Material nicht auf Bestellung anfertigen, und es gibt auch keine Methode, nach der Fragebogen oder impressionistische Berichte eine längst vergangene Zeit noch einmal heraufbeschwören könnten.

Folglich habe ich in der Regel alles Material, das die vorliegende Studie außer den statistischen Tabellen enthält, nicht dazu verwendet, um Argumente vorzubringen, sondern um die Statistiken zu illustrieren. Größere Ausnahmen bilden hier natürlich die Erörterung der Führungsprinzipien einerseits und des Offizierbildes und ihrer Stellung andererseits. Da es zu diesen wichtigen Punkten statistisches Material eindeutig nicht gab, wurden lange Zitate aus den offiziellen Vorschriften aufgenommen, um den Leser in die Lage zu versetzen, seine eigenen Schlüsse zu ziehen. Eine wissenschaftliche Untersuchung der Geschichte, besonders der Militärgeschichte, auf der Grundlage schriftlicher Quellen, ist stets ein riskantes Unterfangen. Viele wichtige Dinge wurden niemals aufgezeichnet, und vieles, was aufgezeichnet wurde, war nicht wichtig. Zur Überprüfung der Zuverlässigkeit offizieller Quellen konnten gelegentlich persönliche Erinnerungen und sogar Romanliteratur herangezogen werden – aber sie sind ihrem Wesen nach subjektiv und aus diesem Grund wahrscheinlich nicht repräsentativ. Kurz gesagt: es gibt kein pannensicheres Verfahren, um zu untersuchen, wie und bis zu welchem Grade die offiziellen Quellen – zum Beispiel bei der Gewährung von Urlaub oder über die Ausbildungsmethoden – die tatsächliche Praxis an der Front widerspiegelten. Jedoch ist für eine vergleichende Studie wie die vorliegende die Unzuverlässigkeit der schriftlichen Quellen verhältnismäßig unerheblich. Solche Quellen geben vielleicht kein wirkliches Bild davon, was ein Heer war, aber sie veranschaulichen auf jeden Fall das, was es sein wollte. Nur wenige Soldaten lasen (geschweige denn verarbeiteten) wahrscheinlich die in der „Truppenführung" von 1936 enthaltenen kriegerischen Gedanken über das Wesen des Krieges (oder die mehr am Führungswesen orientierten in den „Regulations" von 1941); dennoch stellten in beiden

Fällen die dort vertretenen Ansichten ein Ideal dar, das anzustreben war, und das, direkt oder indirekt, auf tausendfältige Weise die Praxis beeinflußte. Zum Schluß noch ein Gesichtspunkt: Die vorliegende Arbeit konzentriert sich auf das deutsche Heer. Aus diesem Grund folgt sie meist der deutschen Praxis im Hinblick auf die Terminologie, Klassifizierung, Organisation usw. Das verursachte manchmal Schwierigkeiten. So war es zum Beispiel keineswegs leicht zu entscheiden, welche Teile einer amerikanischen Division einer deutschen Kommandobehörde entsprachen. Soweit es möglich war, versuchte ich, Entsprechendes miteinander zu vergleichen.

Anmerkung

1 Aus dem gleichen Grund habe ich im allgemeinen auf die Verwendung sehr umfangreichen amerikanischen Materials verzichtet, für das es in Deutschland nichts Vergleichbares gibt – nämlich die sehr zahlreichen Meinungsumfragen, die während des Krieges bei den US-Soldaten durchgeführt und im „American Soldier“ publiziert wurden. Da die Deutschen aus vielerlei Gründen bei den Stichproben- und Umfragetechniken hinterherhinkten und sowieso nur wenig Interesse daran hatten, gibt es für den Historiker keine Möglichkeit herauszufinden, ob beispielsweise die deutschen Soldaten mit ihrem Soldatenleben zufriedener waren als die Amerikaner oder nicht. So groß die Versuchung auch war, dieses Material als Hinweis auf die Folgen der Organisation zu verwenden, mag sie nun schlecht gewesen sein oder auch nicht, in den meisten Fällen mußte ihr doch widerstanden werden.

Quellen und Literatur

I. Quellen

1. Archivmaterial

a) Bundesarchiv-Militärarchiv Freiburg i.Br.

OKW

RW 6/v. 129, Kriegs-Kriminalstatistik für die Wehrmacht, 1. Januar 1940– 31. Dezember 1940

RW 6/v. 130, Kriegs-Kriminalstatistik für die Wehrmacht, 1. Januar 1941–31. März 1942

Heerespersonalamt

H 6/737, Verlustlisten 1939-1944

RH 7/v. 299, Vorschläge für Orden und Auszeichnungen

OKH/Heeressanitätsinspekteur

H 20/90
H 20/122
H 20/477
H 20/480
H 20/481
H 20/482b
H 20/485
H 20/500
H 20/502
H 20/574

Heeresgruppenkommando C

RH 19 III/494, IIa, Personalangelegenheiten des Heeres allgemein sowie des Gruppenkommandos 2 bzw der Heeresgruppe C, Januar 1937 – Oktober 1938

Armee-Oberkommando 9

RH 20-9/331 = 29234/2, IIa, b, Anlagen zum Tätigkeitsbericht, 1. April 1942–30. Juni 1942

RH 20-9/333 = 29234/9, IIa, b, Anlagen zum Tätigkeitsbericht, 1. Juli 1942–30. September 1942

RH 20-9/335 = 29234/11, IIa, b, Anlagen zum Tätigkeitsbericht 1. Oktober 1942–31. Dezember 1942

RH 20-9/337 = 32878/26, IIa, b, Anlagen zum Tätigkeitsbericht 1. Januar 1943–25. März 1943

RH 20-9/340 = 52535/18, IIa, b, Tätigkeitsbericht, 18. August 1943–31. Dezember 1943

b) Militärgeschichtliches Forschungsamt Freiburg i. Br.

Unveröffentlichte Studien

B-068 Denkert, Walter, Einsatz der 3. Panzer-Grenadier-Division in der Ardennenoffensive
B-296 Blumentritt, Günther, Das alte deutsche Heer von 1914 und das neue deutsche Heer von 1939
B-338 Blumentritt, Günther, Warum hat der deutsche Soldat in aussichtsloser Lage bis zum Schluß des Krieges 1939–45 gekämpft?
D-110 Bachelin, Helmuth, Deckung des Offiziersbedarfs im deutschen Heer während des II. Weltkrieges
P-005 Müller-Hillebrand, Burkhart, Personnel and Administration
P-007 Simoneit, Max, Die Anwendung psychologischer Prüfungen in der deutschen Wehrmacht. Deutsche Wehrmachtpsychologie von 1927–1942
P-011 Müller-Hillebrand, Burkhart, Statistisches System
P-072 Müller-Hillebrand, Burkhart, Division Slice
P-133 Halder, Franz, Gutachten zu Field Service Regulations
P-134 Hofmann, Rudolf, Beurteilungen und Beurteilungsnotizen im deutschen Heer
P-139 Reinhardt, Hellmuth, Größe und Zusammensetzung der Kommandobehörden des Deutschen Feldheeres im II. Weltkriege

c) National Archives Washington, D.C.

407/14103/12/B
204/58/106-253
204-58(87)
322/Admin. File ETO 7/38
322/Admin. File ETO 7/38/183
RG/332/52/265
332/52/268
407/4103/12/3/B
204-58-90 (20-819)

2. *Ungedruckte Quellen*

Command and General Staff College, Fort Leavenworth, History of the Army Personnel Replacement System, 1948

Office of the Chief Military Historian, Study of Information and Education Activities, World War II, Washington, D.C. 1946

U.S. Department of the Army. Office of Military History, European Theater of Operations. Basic Needs of the ETO Soldier, n.p. 1946

U.S. Department of the Army. Replacement Board, Replacement System World Wide, World War II, Washington, D.C. 1947

U.S. War Office, Statistics of the Military Effort of the British Empire during the Great War, London 1922

Verhältnis von allgemeinbildenden und fachlichen Inhalten in der Ausbildung zum Offizier 1808–1970, von Jürgen Förster u. a., ungedr. Manuskript [Freiburg 1971]

II. Literatur

Absolon, Rudolf, Wehrgesetz und Wehrdienst 1935–1945. Das Personalwesen in der Wehrmacht, Boppard a. Rh. 1960 (= Schriften des Bundesarchivs, Bd 5)

Absolon, Rudolf, Die Wehrmacht im Dritten Reich, Bd 3, Boppard a. Rh. 1975 (= Schriften des Bundesarchivs, Bd 16,3)

Das Alte Heer. Von einem Stabsoffizier, Charlottenburg 1920

Andreski, Stanislav, Military Organization and Society, Berkeley, Los Angeles ^{2}1968

Ansbacher, Heinz Ludwig, Attitudes of German Prisoners of War. A Study of the Dynamics of National-Socialistic Followership, Washington, D.C. 1948 (= Psychological Monographs, 62)

Ansbacher, Heinz Ludwig, German Military Psychology, in: Psychological Bulletin, 38 (1941), S. 370–392

Ardant du Picq, Charles, Combat Studies, Harrisburg, Pa. 1947

Bald, Detlef, Lippert, Ekkehart, Zabel, Rosemarie, Zur sozialen Herkunft des Offiziers, Bonn 1977 (= Schriftenreihe Innere Führung. Reihe Ausbildung und Bildung, H. 29)

Barnett, Correlli, The Education of Military Elites, in: Journal of Contemporary History, 2 (1967), H. 3, S. 15–35

Bendix, Reinhard, Higher Civil Servants in American Society, Boulder, Col. 1949

Bernhardi, Friedrich v., Denkwürdigkeiten aus meinem Leben, nach gleichzeitigen Aufzeichnungen und im Lichte der Erinnerung, Berlin 1927

Bidwell, Shelford, Modern Warfare. A Study of Men, Weapons and Theories, London 1973

Bigler, Rolf R., Der einsame Soldat. Eine soziologische Deutung der militärischen Organisation, Frauenfeld 1963

Blecher, Major, Gedanken zur Erneuerung des Eisernen Kreuzes vor 25 Jahren, in: Soldatentum, 6 (1939), S. 242–246

Blumenson, Martin, Breakout and Pursuit, Washington, D.C. 1961 (United States Army in World War II. The European Theater of Operations)

Brickner, Richard M., The German Cultural Paranoid Trend, in: American Journal of Orthopsychiatry, 12 (1942), S. 611–632

Bronsart v. Schellendorff, Paul, Der Dienst des Generalstabes, 2 Teile, Berlin 1875–1876

Buchbender, Ortwin/Schuh, Horst (Hrsg.), siehe Heil Beil

Buchbender, Ortwin, Das tönende Erz. Deutsche Propaganda gegen die Rote Armee im Zweiten Weltkrieg, Stuttgart 1978 (= Militärpolitische Schriftenreihe, Bd 13)

Bullock, Allan, Hitler. A Study in Tyranny, London 1955, dt.: Hitler. Eine Studie über Tyrannei, Düsseldorf 1977

Coates, Charles H., Pellegrin, Roland J., Military Sociology. A Study of American Military Institutions and Military Life, University Park, Md. 1965

Cole, H.M., The Lorraine Campaign, Washington, D.C. 1950 (United States Army in World War II. The European Theater of Operations)

Cooke, Elliot D., All but Me and Thee. Psychiatry at the Foxhole Level, Washington, D.C. 1946

Cooper, Matthew, The German Army 1933–1945. Its Political and Military Failure, London 1978

Creveld, Martin van, Supplying War. Logistics from Wallenstein to Patton, Cambridge 1977

Creveld, Martin van, Warlord Hitler. Some Points Reconsidered, in: European Studies Review, 4 (1974), S. 57–79

Demeter, Karl, Das deutsche Offizierkorps in Gesellschaft und Staat 1650–1945, Frankfurt [4]1965

Dicks, Henry V., Licensed Mass Murder. A Socio-Psychological Study of Some SS-Killers, New York 1973

Doepner, Friedrich, Zur Auswahl der Offizieranwärter im 100.000-Mann-Heer, in: Wehrkunde, 22 (1973), S. 200–204, 259–263

Domarus, Max, Hitler. Reden und Proklamationen 1932–1945. Kommentiert von einem deutschen Zeitgenossen, 2 Halbbde, Neustadt a.d. Aisch 1962–1963

Doolittle Report, siehe U.S. War Department. The Complete Doolittle Report

Doorn, Jacques van, The Soldier and Social Change. Comparative Studies in the History and Sociology of the Military, Beverly Hills, Ca. 1975

Duncan, A. J., Some Comments on the Army General Classification Test, in: Journal of Applied Psychology, 31 (1947), S. 143–149

Dupuy, Trevor N., A Genius for War. The German Army and General Staff, 1807–1945, London 1977

Dupuy, Trevor N., Numbers, Predictions and War. Using History to Evaluate Combat Factors and Predict the Outcome of Battles, Indianapolis 1979

Eaton, J.W., Experiments in Testing for Leadership, in: American Journal of Sociology, 52 (1947), S. 523–535

Elkin, H., Aggressive and Erotic Tendencies in Army Life, in: American Journal of Sociology, 51 (1946), S. 408–413

Ellis, Joseph, Moore, Robert, School for Soldiers. West Point and the Profession of Arms, New York 1974

Erfurth, Waldemar, Die Geschichte des deutschen Generalstabes von 1918 bis 1945, Göttingen 1957 (= Studien zur Geschichte des zweiten Weltkrieges, Bd 1)

Erikson, Erik, Childhood and Society, New York 1950, dt.: Kindheit und Gesellschaft, Stuttgart [4]1971

Etzioni, Amitai, A Comparative Analysis of Complex Organisations. On Power, Involvement and their Correlates, New York 1961

Field Manual 100-5, siehe U.S. War Department. Field Service Regulations

Fleishman, Edwin A., Differences between Military and Industrial Organizations, in: Patterns of Administrative Performance, ed. by Ralph M. Stogdill and Carroll L. Shartle, Columbus, Ohio 1956 (= Ohio State University Bureau of Business Research Monographs, No 81), S. 31–38

FM 100-5, siehe U.S. War Department. Field Service Regulations

Forty, George, US Army Handbook 1939–1945, New York 1979

Frahm, Heinrich, Wehrbeschwerdeordnung (WBO) vom 23. Dezember 1956, Berlin, Frankfurt a. M. 1957

Führungsfähigkeit und Entscheidungsverantwortung in den Streitkräften. Bericht der Kommission des Bundesministers der Verteidigung zur Stärkung der Führungsfähigkeit und Entscheidungsverantwortung in der Bundeswehr vom 31. Oktober 1979, Bonn 1979

Gabriel, Richard A., Savage, Paul L., Crisis in Command. Mismanagement in the Army, New York 1978

Gilbert, Gustave Mark, Nürnberger Tagebuch, Frankfurt a. M. 1962

Ginzberg, E., The Ineffective Soldier. Lessons for Management and the Nation, 3 vols., New York 1959

Görlitz, Walter, Der deutsche Generalstab. Geschichte und Gestalt, gek. Ausg. Frankfurt [2]1953
Granahan, D.V., A Comparison of Social Attitudes among American and German Youth, in: Journal of Abnormal and Social Psychology, 41 (1946), S. 244–257
Greenfield, Kent R., Palmer Robert R., Wiley, Bell J., The Organization of Ground
Combat Troops, Washington, D.C. 1947 (United States Army in World War II. The Army Ground Forces)

Haffner, Sebastian, Anmerkungen zu Hitler, München 1978
Haggis, Arthur G., An Appraisal of the Administration, Scope, Concept and Function of the U.S. Army Troop Information Program, Diss. Wayne State University, Detroit, Mich. 1961
Halder, Franz, Kriegstagebuch. Tägliche Aufzeichnungen des Chefs des Generalstabes des Heeres 1939–1942, 3 Bde, Stuttgart 1962–1964
Handbuch zur deutschen Militärgeschichte 1648–1939, hrsg. vom Militärgeschichtlichen Forschungsamt, 6 Bde, München 1979
Harkabi, Y, Basic Factors in the Arab Collapse during the Six Day War, in: Orbis, 11 (1967), S. 677–691
Harrell, T. W., Churchill, R. D., The Classification of Military Personnel, in: Psychological Bulletin, 38 (1941), S. 331–353
Hausman, William, Rioch, David M., Military Psychiatry, in: Archives of General Psychiatry, 16 (1967), S. 727–739
H.Dv. 3/10, Beschwerdeordnung für die Angehörigen der Wehrmacht (B.O.) vom 8. April 1936
H.Dv. 29/a, Bestimmungen über die Beförderung und Ernennung der Unteroffiziere und Mannschaften während des Krieges, Berlin 1939
H.Dv. 81/15, Wehrmachtersatzbestimmungen bei besonderem Einsatz, Berlin 1941
H.Dv. 130/1, Ausbildungsvorschrift für die Infanterie. H. 1: Leitsätze für Erziehung und Ausbildung – Ausbildungsziele, Berlin 1938, 1940, 1943
H.Dv. 209/2, Richtlinien und Merkblätter für den Heeres-Sanitätsdienst, Berlin 1942
H.Dv. 252/1, Vorschrift über militärärztliche Untersuchungen der Wehrmacht (V.U.Wm.). Teil 1: Untersuchungen Dienstpflichtiger und Freiwilliger auf Tauglichkeit, Berlin 1937
H.Dv. 300, Truppenführung (T.F.), Teil 1 und 2, Berlin 1936 und 1934
H.Dv. 470, Ausbildungsvorschriften für die Panzertruppen. H. 1: Leitsätze für die Erziehung und Ausbildung im Heer, Berlin 1943
H.Dv.g. 151, Mobilmachungsplan für das Heer, Mob.-Plan (Heer), Berlin 1939
Heeresdruckvorschrift, siehe H.Dv.
Heeressanitätsinspekteur (Hrsg.), siehe Hosemann
Heeresverwaltungs-Taschenbuch. Hand- und Nachschlagebuch über Verwaltungsangelegenheiten für den deutschen Soldaten und Heeresbeamten 1941/42, Grimmen 1941
Heil Beil! Flugblattpropaganda im Zweiten Weltkrieg. Dokumentation und Analyse. Hrsg. von Ortwin Buchbender und Horst Schuh, Stuttgart 1974 (= Schriftenreihe der Studiengesellschaft für Zeitprobleme. Militärpolitik, Bd 10)
Hellpach, Willy, Partialkonstanten des deutschen Nationalcharakters, in: ders., Der deutsche Charakter, Bonn 1954, S. 171–229
Henderson, S. T., Psychology and the War, in: Psychological Bulletin, 40 (1942), S. 306–313
Hennicke, Otto, Auszüge aus der Wehrmachtkriminalstatistik, in: Zeitschrift für Militärgeschichte, 5 (1966), S. 438–456

Hesse, Kurt, Der Geist von Potsdam, Mainz 1967

Hesse, Kurt, Militärisches Erziehungs- und Bildungswesen in Deutschland, in: Die Deutsche Wehrmacht 1914–1939. Rückblick und Ausblick, hrsg. von Georg Wetzell, Berlin 1939, S. 463–483

Hesse, Kurt, Soldatendienst im neuen Reich, Berlin [1935]

Heuer, Gerd F., Vom „Marschallstab im Tornister". Deutsche Generale und Admirale des 2. Weltkrieges aus der Unteroffizierlaufbahn, T. 3, in: Deutsches Soldatenjahrbuch, 32 (1984), S. 88–93

Hittle, J. D., The Military Staff. Its History and Development, Harrisburg, Pa. 1961

Hobohm, Martin, Soziale Heeresmißstände als Teilursache des deutschen Zusammenbruchs von 1918, Berlin 1929 (= Das Werk des Untersuchungsausschusses der Verfassung gebenden Deutschen Nationalversammlung und des Deutschen Reichstages 1919–1930, Vierte Reihe, Bd 11, 1. Halbbd)

Horn, Daniel, The German Naval Mutinities of World War I, New Brunswick, N.J. 1969

Hosemann, Die Wiedereinsatzfähigkeit nach Verwundungen, Erfrierungen, Erkrankungen, hrsg. vom Heeres-Sanitätsinspekteur, Berlin 1944

Huie, William B., The Execution of Private Slovik. The Hitherto Secret Story of the Only American Soldier Since 1864 to be Shot for Desertion, New York 1954, dt.: Der Fall des Soldaten Slovik, Genf 1959

Huntington, Samuel P., The Soldier and the State. The Theory and Politics of Civil-Military Relations, Cambridge, Mass. 1957

Janowitz, Morris, Military Conflict. Essays in the Institutional Analysis of War and Peace, Beverly Hills, Ca., London 1975, S. 177–220

Janowitz, Morris, The Professional Soldier. A Social and Political Portrait, Glencoe, Ill. ^{2}1961

Janowitz, Morris, Little, Roger W., Militär und Gesellschaft, Boppard a.Rh. 1965 (= Praxeologie, Bd 1)

Jordan, Amos A., Jr., Troop Information and Indoctrination, in: Handbook of Military Institutions, ed. By Roger W. Little, Beverly Hills, Ca. 1971

Karldrack, G., Offizier und politische Bildung, Diss. München 1970

Kecskemeti, Paul, Leites, Nathan, Some Psychological Hypotheses on Nazi Germany, in: Journal of Social Psychology, 27 (1948), S. 91–117

Keilig, Wolf, Das deutsche Heer 1939–1945. Gliederung, Einsatz, Stellenbesetzung, 3 Bde, Bad Nauheim 1956–1970

Kitchen, Martin, The German Officer Corps, 1890–1914, Oxford 1968

Knight, M. E., The German Executive, 1890–1933, Stanford, Ca. 1952

Kortzfleisch v., Der Offizierberuf im Reichsheer, in: Dt. Adelsblatt 39 (1921), H. 22, S. 338

Krafft, Rudolf, Glänzendes Elend. Eine offene Kritik der Verhältnisse unseres Offizierkorps, Stuttgart 1895

Lahne, Werner, Unteroffiziere. Werden, Wesen und Wirken eines Berufsstandes, München 1965

Lang, Kurt, Military Institutions and the Sociology of War. A Review of the Literature, Beverly Hills, Ca., London 1972

Lerner, Daniels, Psychological Warfare against Nazi-Germany. The Syke War Campaign, D-Day to VE-Day, Cambridge, Mass., London 1971

Lewin, Ronald Ultra Goes to War. The Secret Story, London 1978, dt.: Entschied Ultra den Krieg? Alliierte Funkaufklärung im 2. Weltkrieg, hrsg. von Jürgen Rohwer, Koblenz, Bonn 1981

Loewenberg, Peter, Psychohistorical Perspectives on Modern German History, in: Journal of Modern History, 47 (1975), S. 229-279

Lossow, Walter v., Mission-Type Tactics versus Order-Type Tactics, in: Military Review, 57/6 (Juni 1977), S. 87–91

Luttwak, Edward N., Canby, Steven L., Mindset. National Styles in Warfare and the Operational Level of Planning, Conduct and Analysis, Washington D.C. 1980

McClelland, David C., The Roots of Consciousness, New York 1964

Macksey, Kenneth, Guderian. Panzer General, London 1975

Madej, W. Victor, Effectiveness an Cohesion of the German Ground Forces in World War II, in: Journal of Political and Military Sociology 6 (1978), No. 2, S. 233–248

Mantell, David Mark, Familie und Aggression. Zur Einübung von Gewalt und Gewaltlosigkeit. Eine empirische Untersuchung, Frankfurt a. M. 1972 (amerik. Originalausgabe: True Americanism. Green Berets and War Resisters, New York 1971)

Marshall, S.L.A., Soldaten im Feuer. Gedanken zur Gefechtsführung im nächsten Krieg, Frauenfeld [3]1959

Martin, A. H., Examination of Applicants for Commissioned Rank, in: German Psychological Warfare, ed. By L. Farago, New York 1941

Masuhr, Heinz, Zur Unterstützung militärischer Menschenauslese durch soziologische Statistiken (I), in: Soldatentum, 1 (1934), S. 145–161

Meier-Welker, Hans, siehe: Untersuchungen zur Geschichte des Offizierkorps

Meininger, William C., Psychiatry in a Troubled World. Yesterday's War and Today's Challenge, New York 1948

Messerschmidt, Manfred u. a., siehe: Verhältnis von allgemeinbildenden und fachlichen Inhalten (ungedr. Quellen)

Messerschmidt, Manfred, Die Wehrmacht im NS-Staat. Zeit der Indoktrination, Hamburg 1969 (= Truppe und Verwaltung, Bd 16)

Metz, Hermann, Die deutsche Infanterie, in: Die Deutsche Wehrmacht 1914–1939. Rückblick und Ausblick, hrsg. von Georg Wetzell, Berlin 1939, S. 169–207

Model, Hansgeorg, Der deutsche Generalstabsoffizier. Seine Auswahl und Ausbildung in Reichswehr, Wehrmacht und Bundeswehr, Frankfurt a. M. 1968

Moskos, Charles C., Eigeninteresse, Primärgruppen und Ideologie. Eine Untersuchung der Kampfmotivation amerikanischer Truppen in Vietnam, in: Beiträge zur Militärsoziologie, hrsg. von René König, Köln, Opladen 1968 (= Kölner Zeitschrift für Soziologie und Sozialpsychologie, Sonderh. 12), S. 199–220

Müller-Hillebrand, Burkhart, Das Heer 1933–1945. Entwicklung des organisatorischen Aufbaues, 3 Bde, Darmstadt, Frankfurt a. M. 1954–1969

Nass, G., Persönlichkeit des Kampfwagenführers, in: Beihefte zur angewendeten Psychologie, 79 (1938)

Nöbel, Wilhelm, Das Verhalten von Soldaten im Gefecht, in: Wehrwissenschaftliche Rundschau, 28 (1979), S. 113–121

Nothaas, Josef, Social Ascent and Descet Among Former Officers in the German Army and Navy After the World War, New York 1937

Nuber, Hans, Wahl des Offizierberufs. Eine charakterologische Untersuchung von Persönlichkeit und Berufsethos, Berlin 1935

Obligations to Self and Society in the US and Germany, by David C. McClelland et al., in: Journal of Abnormal and Social Psychology, 56 (1958), S. 245–255

O'Neill, Robert J., The German Army and the Nazi Party, 1933–1939, London 1966

Palmer, John McAuley, General von Steuben, Berlin 1938

Palmer, Robert R., Wiley, Bell J., The Procurement and Training of Ground Combat Troops, Washington, D.C. 1948 (United States Army in World War II. The Army Ground Forces)

Pappas, George S., Prudens Futuri. The U.S.Army War College, 1901–1967, Carlisle Barracks, Pa. o. J.

Parish, N. F., New Responsibilities of Air Force Officers, in: Air University Review, 23/3 (März/April 1972), S. 15 f.

Parsons, Talcott, Certain Primary Sources and Patterns of Aggression in the Social Structure of the Western World, in: ders., Essays in Sociological Theory Pure and Applied, rev. ed., New York, London [3]1966, S. 298–322

The Patton Papers, ed. by Martin Blumenson, 2 vols. Vol. 1: 1885–1940, Boston 1972. Vol. 2: 1940–1945, Boston 1974

Pennington, Leon Alfred, The Psychology of Military Leadership, New York 1943

Pershing Report, in: Infantry Journal, 15 (1919), S. 691–706

Personnel Research Section, the Adjutant General's Office, Personnel Research in the Army, VI. The Selection of Tank Drivers, in: Psychological Bulletin, 41 (1943), S. 499–508

Preradovich, Nikolaus v., Die militärische und soziale Herkunft der Generalität des deutschen Heeres, 1. Mai 1944, Osnabrück 1978 (= Studien zur Militärgeschichte, Militärwissenschaft und Konfliktforschung, Bd 14)

Quinett, Robert Lee, Hitler's Political Officers. The National Socialist Leadership Officers, Diss. University of Oklahoma, Norman, Okt. 1973

Richardson, Frank M., Fighting Spirit. A Study of Psychological Factors in War, London 1978

Robertson, William A., Officer Selection in the Reichswehr, 1918–1926, Diss. University of Oklahoma, Norman, Okl. 1978

Rodnick, David, Postwar Germans. An Anthropologist's Account, New Haven, Conn. 1948

Rose, Arnold M., The Social Psychology of Desertion from Combat, in: American Sociological Review, 16 (1951), S. 614–629

Roth, H., Zur Formulierung psychologischer Gutachten bei wehrpsychologischen Eignungsuntersuchungen, in: Soldatentum, 5 (1938), S. 175–185

Rumschöttel, Hermann, Bildung und Herkunft der bayerischen Offiziere 1866 bis 1914. Zur Geschichte von Mentalität und Ideologie des bayerischen Offizierkorps, in: Militärgeschichtliche Mitteilungen, 2 (1970), S. 81–131

Sachße, Friedrich, Roter Mohn. Tagebuch, Feldpostbriefe, Verse eines gefallenen Batteriechefs, 1939 bis 1941, München 1973

Schaffner, Bertram, Father Land. A Study of Authoritarianism in the German Family, New York 1948

Schall, Wolfgang, Führungsgrundsätze in Armee und Industrie, in: Wehrkunde, 14 (1965), S. 10–18, 75–81

Schmidt-Richberg, Wiegand, Die Regierungszeit Wilhelms II., in: Handbuch zur deutschen Militärgeschichte 1648–1939, Bd 3, Abschn. V, München 1979, S. 9–155

Schmirigk, Oberst, Die psychologische Beurteilung Dienstpflichtiger bei Musterung und Aushebung, in: Soldatentum, 6 (1939), S. 24–27
Schwinge, Erich, Die Entwicklung der Mannszucht in der deutschen, britischen und französischen Wehrmacht seit 1914, Berlin 1941 (= Tornisterschrift des Oberkommandos der Wehrmacht, Abt. Inland, H. 40)
Seashore, Stanley E., Group Cohesiveness in the Industrial Work Group, Ann Arbor, Mich. 1954
Seidenfeld, M.A., The Adjutant General's School and the Training of Psychological Personnel for the Army, in: Psychological Bulletin, 40 (1942), S. 381–384
Seidler, Franz W, Die Fahnenflucht in der deutschen Wehrmacht während des Zweiten Weltkriegs, in: Militärgeschichtliche Mitteilungen, 22 (1977), S. 23–42
Seidler, Franz W, Prostitution, Homosexualität, Selbstverstümmelung. Probleme der deutschen Sanitätsführung 1939–1945, Neckargemünd 1977
Shils, Edward A., Janowitz, Morris, Cohesion and Disintegration in the Wehrmacht in World War II, zuerst in: Public Opinion Quarterly, 12 (1948), S. 280–315, jetzt in: M. Janowitz, Military Conflict. Essays in the Institutional Analysis of War and Peace, Beverly Hills, Ca., London 1975, S. 177–220
Simoneit, Max, Leitgedanken über die psychologische Untersuchung des Offizier-Nachwuchses in der Wehrmacht, Berlin 1938
Simoneit, Max, Wehrpsychologie. Ein Abriß ihrer Probleme und praktischen Folgerungen, Berlin [2]1943
Sissoh, E.D., The New Army Rating, in: Personnel Psychology, 1 (1948), S. 365–381
Spires, David Nelson, The Career of the Reichswehr Officer, Diss. University of Washington 1979
Statistisches Jahrbuch für das Deutsche Reich, Bd 57, Berlin 1938
Steele, Richard W, The Greatest Gangster Movie Ever Filmed: Prelude to War, in: Prologue, 11 (1979), S. 211–235
Steinert, Marlis G., Hitlers Krieg und die Deutschen. Stimmung und Haltung der deutschen Bevölkerung im Zweiten Weltkrieg, Düsseldorf, Wien 1970
Stouffer, Samuel A., et. al., The American Soldier, 4 vols., Princeton, N.J. 1949 (Studies in Social Psychology in World War II)
Stumpf, Reinhard, Die Wehrmacht-Elite. Rang- und Herkunftsstruktur der deutschen Generale und Admirale 1933–1945, Boppard a. Rh. 1982 (= Wehrwissenschaftliche Forschungen, Abt. Militärgeschichtliche Studien, Bd 29)

Tätigkeitsbericht des Chefs des Heerespersonalamtes General der Infanterie Rudolf Schmundt, fortgeführt von General der Infanterie Wilhelm Burgdorf, 1. Oktober 1942–29. Oktober 1944, hrsg. von Dermot Bradley und Richard Schulze-Kossens, Osnabrück 1984

Untersuchungen zur Geschichte des Offizierkorps. Anciennität und Beförderung nach Leistung, von Gerhard Papke u. a., Stuttgart 1962 (= Beiträge zur Militär- und Kriegsgeschichte, Bd 4)
U.S. Army Medical Department, Medical Statistics in World War II, prepared and published under the direction of Richard R. Taylor, Washington, D.C. 1975
U.S. Army Medical Service, Neuropsychiatry in World War II, ed. by Robert S. Anderson, Washington, D.C. 1966
U.S. Army Medical Service, Personnel in World War II, by John H. McMinn and Max Levin, Washington, D.C. 1963

U.S. Army Medical Service, Physical Standards in World War II, ed. by Robert S. Anderson, Washington, D.C. 1967

U.S. Department of the Army, The Army Almanac, Washington, D.C. 1950

U.S. Department of the Army, The Personnel Replacement System of the U.S. Army, Washington, D.C. 1954

U.S. Department of the Army, Technical Manual TM 14-509, Army Pay Tables, Washington, D.C. 1945

U.S. Department of the Army. Statistical Accounting Branch of the Adjutant General, Army Battle Casualties and Nonbattle Deaths in World War II, n.p., n.y.

U.S. Federal Bureau of Investigations (FBI), Uniform Crime Reports for the US and Its Possessions, Washington, D.C. 1939

U.S. War Department, Absence without Leave, Washington, D.C. 1944

U.S. War Department, The Complete Doolittle Report. The Report of the Secretary of War's Board on Officer-Enlisted Man Relationships, Washington, D.C. 1946

U.S. War Department, Decorations and Awards, Washington, D.C. 1945

U.S. War Department, World Wide Strength Index, n.p., n.y.

Volkmann, Erich O., Soziale Heeresmißstände als Mitursache des deutschen Zusammenbruches von 1918, Berlin 1929 (= Das Werk des Untersuchungsausschusses der Verfassung gebenden Deutschen Nationalversammlung und des Deutschen Reichstages 1919–1928, Vierte Reihe, Bd 11, 1. Halbbd)

Vom Sterben des Deutschen Offizierkorps. Die Gesamtverluste unserer Wehrmacht im Weltkrieg, hrsg. von Constantin v. Altrock, Generalleutnant a. D., 2., erw. Aufl. Berlin 1922 (= Militärwochenblatt, 106. Jg, Beih. 1)

War Office, Statistics of the Military Effort of the British Empire during the Great War, London 1922

Watson, Peter, Psycho-Krieg. Möglichkeiten, Macht und Mißbrauch der Militärpsychologie, Düsseldorf, Wien 1982 (engl. Ausgabe: War on the Mind, London 1978)

Wedel, Hasso v., Die Propagandatruppen der Deutschen Wehrmacht, Neckargemünd 1962 (= Die Wehrmacht im Kampf, Bd 34)

Wehrmedizin. Kriegserfahrungen 1939–1943, hrsg. von Arnold Zimmer, 3 Bde, Wien 1944

Weigley, Russell F., A Historian Looks at the Army, in: Military Review, 52 (February 1972), S. 25–36

Weigley, Russell F., History of the United States Army, New York, London 1967

Weigley, Russell F., To the Crossing of the Rhine. American Strategic Thought to World War II, in: Armed Forces and Society, 5 (1979), S. 302–320

Weltz, Friedrich, Wie steht es um die Bundeswehr? Eine Untersuchung, Hamburg 1964

Weniger, Erich, Wehrmachtserziehung und Kriegserfahrung, Berlin 1938

Wiatr, Jerzy J., Social Prestige of the Military. A Comparative Approach, in: Military Profession and Military Regimes. Commitments and Conflicts, ed. by Jacques van Doorn, Den Haag, Paris 1969

Wiest, Bernard J., Devis, Donald A., Psychiatrie and Social Work Service, in: Handbook of Military Institutions, ed. by Roger W Little, Beverly Hills, Ca. 1971, S. 319–345

Wilkinson, Spenser, The Brain of an Army. A Popular Account of the German General Staff, London 1913

Wright, Quincey, A Study of War, Chicago, London [2]1965

Zwirner, Eberhard, Psychopathologische Lehren des Weltkrieges, in: Soldatentum, 2 (1935), S. 181–185